Schriftenreihe
der Gesellschaft für öffentliche Wirtschaft

Heft 47

Herausgeber: Helmut Brede
im Auftrag des Wissenschaftlichen Beirats
der Gesellschaft für öffentliche Wirtschaft

Wettbewerb in Europa und die Erfüllung öffentlicher Aufgaben

mit Beiträgen von:

Gerold Ambrosius
Achim-Rüdiger Börner
Günther E. Braun
Helmut Brede
Helmut Cox
Ulrich Cronauge
Peter Eichhorn
Volkmar Götz
Ralf Gruneberg
Jens Harms
Helmut Jenkis
Ulrich Kirchhoff
Thomas Muthesius
Karl Oettle
Viktor Wilpert Piel
Günter Püttner
Sabine Schulte-Beckhausen
Karl Soukup

Nomos Verlagsgesellschaft
Baden-Baden

Die Gesellschaft für öffentliche Wirtschaft dankt dem Finanz- und Wirtschaftsrat beim Verband Kommunaler Unternehmen e.V., Köln, dem Verband Deutscher Verkehrsunternehmen, Köln, sowie der Landesbank Hessen-Thüringen, Frankfurt/M., für die finanzielle Förderung dieser Publikation.

Die Deutsche Bibliothek – CIP-Einheitsaufnahme

Ein Titeldatensatz für diese Publikation ist bei
Der Deutschen Bibliothek erhältlich. (http://www.ddb.de)

ISBN 3-7890-6891-8

1. Auflage 2000/2001

Inhaltsverzeichnis

Drittes Kapitel
Die Bedeutung europäischer und nationaler Wettbewerbsregelungen für einzelne Sektoren

Viertes Kapitel
Übersicht über die europäische Wettbewerbsrechtsprechung

Vorwort

Die Wirtschaft in Europa wird zurzeit gleichsam einer intensiven Kurbehandlung unterworfen. Die Mittel heißen Deregulierung und Marktöffnung. Davon ist auch die öffentliche Wirtschaft betroffen. Inwieweit die Kur anschlägt und welche Nebenwirkungen sie zeigen könnte, ist nur auf manchen Gebieten klar erkennbar, auf anderen nicht. Dies hat einen Arbeitskreis des Wissenschaftlichen Beirats der Gesellschaft für öffentliche Wirtschaft seit Ende 1997 veranlasst, Informationen über die Auswirkungen des europäischen Wettbewerbsrechts auf die Erfüllung öffentlicher Aufgaben in Deutschland zu sammeln, Meinungen auszutauschen, zu diskutieren und zu dem Thema Standpunkte zu entwickeln. Der Arbeitskreis wurde dabei von namhaften Gästen, und zwar Fachleuten aus Wissenschaft und Praxis, unterstützt. Herausgekommen ist eine Aufsatzsammlung, mit der sich der Arbeitskreis vornehmlich an die Vertreter der öffentlichen Wirtschaft und der Wirtschaftspolitik in Deutschland wendet. Das Buch soll ihnen eine Orientierungshilfe bieten. Darüber hinaus enthält es für die öffentliche Wirtschaft die Aufforderung, die Herausforderungen des europäischen Wettbewerbs anzunehmen. In vielen Fällen hilft Wettbewerb, stärker zu werden – auch unter Beachtung von Gemeinwohlinteressen. Die Politik wird mit dem Buch daran erinnert, dass die europäischen Verträge Möglichkeiten bieten, nationalstaatlich Bewährtes zu erhalten – und dass dazu auch die meisten der tradierten öffentlichen Aufgaben und Formen der Aufgabenerfüllung gehören. Würde der Gesetzgeber die Möglichkeiten besser nutzen, wären manche Probleme, die hier angesprochen sind, entschärft oder beseitigt.

Bei der teilweise hektischen Entwicklung auf den Märkten und in der Rechtsprechung kann die eine oder andere Aussage im Zeitpunkt der Veröffentlichung bereits an Aktualität eingebüßt haben. In diesem Zusammenhang erwies es sich als sinnvoll, den Sammelband in mehrere Kapitel zu gliedern. Die Aussagen im Zweiten Kapitel mit Beiträgen, die grundsätzliche Informationen und Einschätzungen enthalten, dürften auch auf längere Sicht Bestand haben, während bei den sektoren-bezogenen Aussagen des Dritten Kapitels auch künftig noch mit manchen Veränderungen zu rechnen ist.

Der Arbeitskreis hat sehr viel von der Sachkenntnis seiner Gäste und von der Unterstützung durch die Geschäftsstelle der Gesellschaft für öffentliche Wirtschaft, namentlich von der Unterstützung durch Herrn Dipl.-Volksw. Wolf Leetz, profitiert. Ihnen sei an dieser Stelle herzlich gedankt.

Prof. Dr. Helmut Brede

Erstes Kapitel:

Einführung

Helmut Brede

Der Zusammenhang zwischen öffentlichen Aufgaben und Wettbewerb auf europäischer Ebene

Die Meinungen über den Zusammenhang zwischen öffentlichen Aufgaben und Wettbewerb auf europäischer Ebene gehen weit auseinander. Am einen Ende des Spektrums steht die Auffassung, Wettbewerb bilde den entscheidenden Antrieb zu effizienterer Aufgabenerfüllung. Dementsprechend werden wettbewerbsfördernde Maßnahmen auf allen Feldern befürwortet. Nach der Auffassung am anderen Ende des Meinungsspektrums schiebt vermehrter Wettbewerb das Renditedenken in den Vordergrund und schadet so dem Gemeinwohl. Verstärkter Wettbewerb bei der Erfüllung öffentlicher Aufgaben wird aus diesem Grund abgelehnt.

Beide – extremen – Meinungen erweisen sich bei näherer Betrachtung als falsch und durch die Wirklichkeit widerlegt. Tatsächlich ist die Situation von Chancen und Risiken geprägt, die dicht beieinander liegen und deren künftige Entwicklung nicht in allen Fällen absehbar ist.

War der Kurs der Europäischen Kommission bei der Öffnung der Märkte für öffentliche Dienstleistungen bzw. Universaldienste und bei der Mindestharmonisierungsstrategie für Standards der öffentlichen Dienst richtig – und zwar richtig im Hinblick auf die nach wie vor unbestrittene Notwendigkeit eines öffentlichen Dienstleistungsangebots? Welche Chancen haben öffentliche Unternehmen, die bisher schon Dienstleistungen im Allgemeininteresse erbracht haben – und denen das europäische Wettbewerbsrecht keinen Sonderstatus zubilligt (*Harms*, S. 25) – unter den veränderten Bedingungen, vor allem im Wettbewerb mit privaten Anbietern? Führt der Wettbewerb der unterschiedlichen institutionellen Arrangements zu einem Abbau öffentlicher Dienstleistungen und zu einer Zurückdrängung des klassischen öffentlichen Unternehmens? Diesen Fragen geht aus der spezifischen Sicht des Wettbewerbs der Institutionen der Beitrag über neuere Entwicklungen der Unternehmensstrukturen im Bereich der öffentlichen Wirtschaft nach (*Cox*, S. 65).

Es ist allerdings problematisch geworden, überhaupt noch den Ausdruck »öffentliche Wirtschaft« (im Sinne staatlicher oder kommunaler Unternehmen) zu verwenden. Der EG-Vertrag gebraucht an entscheidender Stelle – in

Art. 86 EGV (früher Art. 90 EGV) – einen ganz anderen Ausdruck: »Unternehmen, die mit Dienstleistungen von allgemeinem wirtschaftlichem Interesse betraut sind«, und es hat sich erst im Laufe der Zeit herausgestellt, wie groß die Abweichung des damit Gemeinten von den in Deutschland verbreiteten begrifflichen Vorstellungen von »öffentlicher Wirtschaft« oder »öffentlichen Unternehmen« ist. Aber – bleiben wir bei der hierzulande herrschenden Begrifflichkeit – gerade die in den genannten europäischen Vertragstexten zum Ausdruck kommende Gleichstellung der öffentlichen Unternehmen mit ihren privaten Konkurrenten hat in einigen Branchen für eine stürmische Aufbruchstimmung gesorgt. Das gilt, wie jeder Verbraucher mittlerweile weiß, vor allem für die Stromwirtschaft (*Schulte-Beckhausen*, S. 111) und den Bereich der Telekommunikation. Leider kann der zuletzt genannte Bereich aus nicht näher zu erläuternden Gründen hier nicht behandelt werden.

Viele der betroffenen Unternehmen der öffentlichen Wirtschaft begreifen den zunehmenden Wettbewerb bereits als Herausforderung. Sie versuchen durch Rationalisierung, Rechtsformwandel, modernes Marketing, veränderte Leistungsprofile, durch Standortverlagerungen oder gar den Gang zur Börse Bedingungen zu schaffen, die denen ihrer privaten Mitanbieter gleichen. Öffentliche Unternehmen werden auf diese Weise privaten ähnlich: Flexibilität, Innovationsbereitschaft und Durchsetzungsvermögen nehmen zu.

Damit zeigen sich zugleich Verschiebungen in der Zielsetzung. Sachziele geraten in den Hintergrund, Renditedenken dominiert. Mitunter wird die Unternehmensführung bewusst auf den Shareholder Value ausgerichtet.

Manche Veränderungen wären auch eingetreten, wenn sich die Europäische Union nicht der Öffnung des Binnenmarktes und der Beseitigung von Wettbewerbshindernissen verschrieben hätte. Die von den modernen Informations- und Kommunikationsmöglichkeiten hervorgerufene Globalisierung des Kapital-, Waren- und Dienstleistungsverkehrs hätte schon ausgereicht, um z.B. im Kreditwesen verstärkten Wettbewerb zu entfachen.

Wenn sich, wie festgestellt wurde, öffentliche Unternehmen in Erscheinungsbild und -verhalten privaten Unternehmen anpassen, bleibt die Frage nicht aus, ob und inwieweit überhaupt noch öffentliche Unternehmen benötigt werden. Die Autoren dieses Bandes geben eine Antwort, die kurz gefasst wie folgt lautet: Öffentliche Aufgaben werden in den Dienstleistungsbereichen wohl in geringerem Umfang als bisher von rein öffentlichen Unternehmen erfüllt werden (*Eichhorn*, S. 83). Wir werden uns also daran gewöhnen müssen, dass öffentliche Aufgaben mehr und mehr auch von nichtöffentlichen Unternehmen ausgeführt werden. Die Tätigkeit wird, sofern es sich um sogenannte »Universaldienstleistungen« handelt, für alle Unternehmen – öffentliche und nichtöffentliche – vertraglich festgelegt und von Regulierungsbehörden oder ähnlichen Institutionen überwacht. Dabei wird nach dem in Art. 5 EGV verankerten Subsidiaritätsprinzip (*Ambrosius*, S. 55 – *Püttner*, S. 47) die europäische Gemeinschaft für die Erfüllung öffentlicher Aufgaben nur dann verantwortlich, wenn die verfolgten Ziele durch die Mitgliedsländer nicht ausreichend erfüllt werden können oder wenn sich die Ziele besser auf der Gemeinschafts- als auf der nationalen Ebene erreichen lassen. Dies lässt für den Fortbestand der kommunalen Selbstverwaltung in Deutschland und der damit verbundenen kommunalen Wirtschaft hoffen. Gestützt wird die Hoffnung auch durch Art. 16 EGV, der den Mitgliedstaaten für die Gestaltung der »Dienste von allgemeinem wirtschaftlichem Interesse« erhebliche Spielräume verschafft.

In den Beiträgen des vorliegenden Bandes überwiegen die positiven Erwartungen, doch sind angesichts des zunehmenden Wettbewerbs einige Sorgen nicht zu übersehen:

Beim hohen Wettbewerbsdruck, dem sich vor allem kleinere kommunale Unternehmen ausgesetzt sehen (*Cronauge/Gruneberg*, S. 145), fragt es sich, ob sie auf Dauer bestehen können, ohne dass ihnen erlaubt wird, das Betätigungsfeld über den Wirkungskreis des Trägers (Stadtgebiet, Landkreis usw.) auszudehnen.

Zu berücksichtigen ist ferner der hohe Regulierungsbedarf bei den Universaldiensten. Die Anbieter derartiger Dienste werden immer versucht sein, sich renditeschmälernden Gemeinwohlverpflichtungen zu entziehen, und es kostet großen Einsatz, solchen Bestrebungen wirksam entgegenzutreten. Dabei heißt es, im Blick zu behalten, dass der Regulierungsaufwand nicht den Regulierungsertrag übersteigt.

Art. 87 EGV erlaubt in zahlreichen Fällen staatliche Beihilfen und verlangt darüber nur Transparenz (*Soukup*, S. 93). Wenn aber Beihilfen zahlreichen Unternehmen, darunter auch öffentlichen, überhaupt erst ermöglichen, im Wettbewerb zu bestehen, und die Beihilfebestimmungen mehr oder weniger enge Interpretationsmöglichkeiten aufweisen, ist ein besorgter Blick – etwa der Freien Wohlfahrtspflege (*Piel*, S. 173) – in die Zukunft nicht unbegründet. Es könnte auf längere Sicht geschehen, dass Anbieter, die ihre Gemeinwohlverpflichtung besonders ernst nehmen, mit knappen Beihilfen nicht mehr auskommen und dann vom Markt verschwinden.

Schließlich ist manche Besorgnis mit der Rechtsetzung der Europäischen Institutionen und der Rechtsprechung des EuGH verknüpft. Bekanntlich weisen die Länder der Europäischen Union erhebliche Unterschiede in Rechtstradition und Rechtskultur auf. Das wirkt sich natürlich auch in der Akzeptanz des europäischen Rechts aus. Zwei Beiträge machen dies deutlich. Der eine bietet einen Überblick über die Entwicklungstendenzen der europäischen Wettbewerbsrechtsprechung (*Götz*, S. 189), der andere beschreibt die komplexe wettbewerbsrelevante Rechtsprechung des EuGH zur Energiewirtschaft (*Börner*, S. 101). In beiden Beiträgen wird erkennbar, wie schwierig es oftmals ist, in der deutschen Rechtstradition und -kultur verankerte Auffassungen – beispielsweise von öffentlichen Aufgaben und öffentlicher Wirtschaft – mit Auffassungen zu vereinbaren, die z.B. vom angelsächsischen oder französischen Recht geprägt sind.

Der Zusammenhang zwischen öffentlichen Aufgaben und Wettbewerb wird nicht nur von Chancen und Risiken, Hoffnung und Besorgnis bestimmt – es gibt auch zahlreiche Beispiele dafür, wie sich Bedenken einiger Branchen der öffentlichen Wirtschaft im Laufe der Zeit relativieren bzw. durch ideenreiche Problemlösungen abgebaut werden:

Die öffentlichen Sparkassen waren zunächst besorgt, ob sie das Regionalprinzip aufrechterhalten könnten. Inzwischen scheint von der EU-Kommission akzeptiert zu werden, dass das (räumliche) Betätigungsfeld einer Sparkasse, welches aus der kommunalen Selbstverwaltung erwächst, dem Kreditinstitut eine Betätigung nur innerhalb des Wirkungskreises ihres Trägers erlaubt. Ferner besteht für die Sparkassen und Landesbanken noch immer eine gewisse Hoffnung, dass Anstaltslast und Gewährträgerhaftung von der EU als marktkonform anerkannt werden (*Kirchhoff*, S. 133).

Die Krankenhäuser stellen sich dem Wettbewerb auf eine bemerkenswerte Weise. »Patienten-Import« heißt das Konzept, mit dem zumindest Spezialkliniken sowie Krankenhäuser in Grenzregionen und Flughafennähe ihre Position zu stärken suchen. Freilich war ein grundsätzliches Umdenken erforderlich. »Marketing« ist nun allgemein im Krankenhauswesen kein Fremdwort mehr (*Braun*, S. 161).

Ähnliches gilt für den öffentlichen Personennahverkehr. Wie *Muthesius* in seinem Beitrag zeigt (S. 119), haben die öffentlichen Unternehmen dieser Branche sehr Erfolg versprechende Schritte eingeleitet, um neben nichtöffentlichen Konkurrenten – die bereits auf den Markt drängen – bestehen zu können. Langfristig muss dies heißen, mit geringeren Zuschüssen als bisher, wenn nicht gar ohne Beihilfen auszukommen und sich in öffentlichen Ausschreibungen von Verkehrsleistungen durchzusetzen.

Die Nachfolgeunternehmen der Bundespost und die Energiewirtschaft haben sich schon längst für den Wettbewerb fit gemacht. Der Beitrag von *Schulte-Beckhausen* (S. 111) enthält nähere Einzelheiten zur Energiewirtschaft.

Alle diese Tatsachen demonstrieren, dass nicht die vorherrschenden – einseitigen – Meinungen die Sachlage zutreffend wiedergeben, sondern insgesamt eine Gemengelage von Chancen und Risiken den Zusammenhang zwischen öffentlichen Aufgaben und Wettbewerb in Europa kennzeichnet. Dementsprechend sahen sich die Mitglieder und Gäste des Arbeitskreises veranlasst, ihre Sicht der Dinge in der vorliegenden Veröffentlichung darzustellen. Das erschien um so nötiger, als sich zeigte, dass selbst Experten von der Vielschichtigkeit der Probleme zu überraschen waren.

Zweites Kapitel:

Die generelle Bedeutung der geltenden Wettbewerbsregelungen für die Erfüllung öffentlicher Aufgaben

Jens Harms

Daseinsvorsorge im Wettbewerb. Zur Abgrenzung von Dienstleistungen von allgemeinem wirtschaftlichem Interesse im Sinne der Art. 16 und 86 EG-Vertrag

I. Wettbewerb und Subsidiarität

Die Entstehungsgeschichte der Europäischen Gemeinschaft/Europäischen Union ist eng mit der Zielsetzung verbunden, einen Freihandelsraum zu schaffen, um den Wohlstand der Bürgerinnen und Bürger der Mitgliedsstaaten nachhaltig zu fördern. Gemäß Art. 4 Abs. 1 EG-Vertrag (EGV) sind die Mitgliedstaaten und die Gemeinschaft verpflichtet, eine Wirtschaftspolitik zu verfolgen, die den Grundsätzen einer offenen Marktwirtschaft mit freiem Wettbewerb entspricht.[1]

Die Förderung und Sicherung des freien Wettbewerbs bedarf einer entsprechenden Wirtschaftsordnungspolitik. Dazu gehören unter anderem folgende Wettbewerbsregeln des EG-Vertrags:

- das Kartellverbot (Art. 81),
- das Verbot des Missbrauchs einer marktbeherrschenden Stellung (Art. 82),
- die Nicht-Begünstigung von öffentlichen und monopolartigen Unternehmen (Art. 86) sowie
- das Verbot von Beihilfen, die den Wettbewerb verfälschen oder zu verfälschen drohen (Art. 87).

Eine wichtige Grundlage für das Verhältnis zwischen Gemeinschaft und Mitgliedstaaten ist das Subsidiaritätsprinzip (Art. 5 EGV). Aufgrund dieses Prinzips liegt es – mit Ausnahme jener Bereiche, die in die ausschließliche

1 Dies steht im Gegensatz zur bundesdeutschen Verfassung, die neutral im Hinblick auf die Wirtschaftsordnung ist; vgl. Art. 15 Grundgesetz. Zur verfassungsrechtlichen Legitimität einer interventionistischen Wirtschaftspolitik vgl. das Urteil des Bundesverfassungsgerichts v. 01.08.1953 zur Investitionshilfe (1 BvR 459/52).

Zuständigkeit der Gemeinschaft fallen – in der Verantwortung der Mitgliedstaaten, für die Umsetzung der im EG-Vertrag postulierten Vorgaben zu sorgen. Die Gemeinschaft soll nur dann tätig werden, wenn sich die mittels bestimmter Maßnahmen angestrebten Ziele ausschließlich (durch ihre transnationale Ausrichtung) oder besser durch eine gemeinschaftliche Politik erreichen lassen.[2]

Mit dem Subsidiaritätsprinzip wird nicht nur die Kompetenzverteilung im föderativen System thematisiert, vielmehr geht es auch um die Akzeptanz einer historisch vermittelten Arbeitsteilung, in der u.a. nationale Identität zum Ausdruck kommt.[3] Zu dieser Identität gehört – zumindest in Deutschland – auch die Leistungserstellung durch die öffentliche Wirtschaft, deren Entstehung eng mit dem Bestreben verbunden war, eine flächendeckende Versorgung der Bevölkerung mit Gütern der Daseinsvorsorge bereitzustellen sowie gesellschaftlich unerwünschte Folgen des marktwirtschaftlich-kapitalistischen Steuerungssystems zu kompensieren. Die materielle Dimension des Subsidiaritätsprinzips besteht somit einerseits darin, ein gesellschaftlich akzeptiertes und bewährtes Mischsystem von privater und öffentlicher Wirtschaft zu sichern[4], andererseits dieses System mit den Zielsetzungen eines gemeinsamen europäischen Marktes in Einklang zu bringen.

II. Dienste von allgemeinem wirtschaftlichem Interesse

Die Bedeutung der öffentlichen Wirtschaft, insbesondere der Bereich der Daseinsvorsorge, ist seit Beginn der 90er Jahre ein Thema der Europäischen Gemeinschaft. So wurde insbesondere vom Europäischen Parlament hervorgehoben, dass sich die Gemeinschaft nicht nur auf die Einrichtung eines Wettbewerbssystems konzentrieren solle, sondern auch der wirtschaftlichen und sozialen Kohäsion und dem Verbraucherschutz eine maßgebliche Bedeutung zukämen. Im Jahre 1996 veröffentlichte die Kommission eine Mitteilung mit dem Titel »Leistungen der Daseinsvorsorge in Europa«, worin betont wird, dass Solidarität und Gleichbehandlung in einer offenen und dynamischen Marktwirtschaft grundlegende Ziele der Europäischen Gemeinschaft seien,

2 Vgl. *Lenz (1999)*, S. 116 ff.

3 Die Maßnahmen der Gemeinschaft dürfen nicht über das für die Erreichung der Ziele erforderliche Maß hinaus gehen. Vgl. Art. 5 Abs. 3 EGV. Vgl. auch *Püttner (1994)*, S. 347 f.

4 Nach Art. 295 EGV lässt der Vertrag die Eigentumsordnung in den verschiedenen Mitgliedstaaten unberührt.

dabei jedoch auch die Leistungen der Daseinsvorsorge eine bedeutende Rolle spielen würden.[5] Diese Diskussion mündete schließlich im Jahre 1997 (Vertrag von Amsterdam) in der Aufnahme des Artikels 16 in den EG-Vertrag. Mit Art. 16 EGV wird eingeräumt, dass es Bereiche nichthoheitlicher Leistungserstellung gibt, die jenseits des marktwirtschaftlichen Steuerungssystems liegen. Da die Dienste von allgemeinem wirtschaftlichem Interesse für den territorialen und sozialen Zusammenhalt von Bedeutung sind, haben die Mitgliedstaaten und die Gemeinschaft dafür Sorge zu tragen, dass die Grundsätze und Bedingungen für das Funktionieren dieser Dienste so gestaltet werden, dass sie ihren Aufgaben nachkommen können.

Art. 16 EGV ist auch unter Beachtung von Art. 5 EGV (Subsidiaritätsprinzip) zu sehen. Da die Dienste von allgemeinem wirtschaftlichem Interesse in den Mitgliedstaaten sehr unterschiedlich ausgeprägt sind, beinhaltet Art. 16 EGV eine Anerkennung der Verschiedenheit der Leistungsstrukturen der Mitgliedstaaten und der dahinter liegenden gesellschaftlichen Werte. Somit werden ordnungspolitische Unterschiede und damit die Sicherung der Funktionsfähigkeit der jeweiligen Ordnungssysteme indirekt anerkannt. Dies ist Voraussetzung dafür, dass die Dienste ihre Aufgaben erfüllen können.

Es stellt sich die Frage, wieweit die Bestandsgarantie bzw. das Recht auf eigenständige Gestaltung der Dienste von allgemeinem wirtschaftlichem Interesse geht. Durch Art. 5 Abs. 3 EGV werden die Kompetenzen zwischen Gemeinschaft und Mitgliedstaaten funktional abgegrenzt. Dadurch wird – nach Meinung von Schmahl – jedoch kein wirksamer Schutz der Kommunen vor Eingriffen in ihre Zuständigkeit oder Aufgaben sichergestellt, zumal das Prinzip der Subsidiarität nicht über die staatlichen Ebenen hinaus geht.[6] Gerade im Hinblick auf die Kommunen, die sicherlich in Deutschland einen erheblichen Anteil an der Bereitstellung der in Frage stehenden Dienste haben, wäre es wünschenswert, wenn das Subsidiaritätsprinzip durch eine Ergänzung des Vertrags auch für den kommunalen Bereich für anwendbar erklärt würde.

Da in Art. 16 EGV kein Gestaltungsauftrag enthalten ist, bleibt unklar, was im Einzelnen unter den Diensten von allgemeinem wirtschaftlichem Interesse zu verstehen ist.[7] Der Vertrag bietet hier keine ausreichende Konkretisierung.[8]

5 Mitteilung der Kommission v. 11.09.1996, ABl. C 281 v. 26.09.1996, auszugsweise in: Zeitschrift für öffentliche und gemeinwirtschaftliche Unternehmen, Bd. 20, 1997. In jüngster Zeit dazu die Stellungnahme des Wirtschafts- und Sozialausschusses: Leistungen der Daseinsvorsorge, Brüssel, CES 949/99 v. 21.10.1999.

6 Vgl. *Schmahl (1999)*, S. 859.

7 Aufgrund der Stellungnahme des Wirtschafts- und Sozialausschusses (s. FN 5) handelt es sich bei den Leistungen der Daseinsvorsorge »um wirtschaftliche und soziale Tätigkeiten, die im allgemeinen nicht dem freien Spiel der Marktkräfte überlassen werden, sondern einem gewissen Maß an staatlicher Regulierung und Kontrolle unterliegen.« (S. 2).

8 Vgl. *Wimmer (1999)*, S. 12 f.

Auch Lenz vertritt die Auffassung, dass der Inhalt des Artikels nicht hinreichend genau bestimmt sei, weshalb von einer unmittelbaren Wirkung nicht ausgegangen werden könne.[9]
Nun verweist Art. 16 EGV u.a. auch auf Art. 86 und 87 EGV, also den Teil des Vertrages, in dem Wettbewerbsfragen behandelt sind. In Art. 86 EGV wird ausgeführt, dass die Anbieter der Dienstleistungen[10] von allgemeinem wirtschaftlichem Interesse grundsätzlich auch den Vorschriften des Vertrages, insbesondere den Wettbewerbsregeln unterliegen. Dies gilt jedoch dann nicht, wenn die Anwendung der Vorschriften es den Unternehmen, welche mit der Leistungserstellung betraut sind, rechtlich oder tatsächlich unmöglich machen würde, die gesellschaftlich gewünschten Leistungen zu erbringen. Gleichzeitig wird aber für den Umfang solcher Leistungen eine Grenze – wenn auch unbestimmt – gezogen. Sie liegt nach Art. 86 Abs. 2 Satz 2 dort, wo durch das Ausmaß der gemeinwirtschaftlichen Leistungserstellung die Entwicklung des Handelsverkehrs beeinträchtigt wird. Dies liefe den Interessen der Gemeinschaft zuwider.
Nach Art. 86 Abs. 3 EGV liegt es nicht allein in der nationalen Kompetenz, die Vereinbarkeit der nationalen Leistungserstellung von allgemeinem wirtschaftlichem Interesse mit den Prinzipien des EG-Vertrags zu überwachen. Vielmehr achtet die Kommission auf die adäquate Anwendung von Art. 86 EGV und richtet erforderlichenfalls geeignete Richtlinien oder Entscheidungen an die Mitgliedstaaten.
Für Unternehmen, die mit der Erbringung von Dienstleistungen von allgemeinem wirtschaftlichem Interesse betraut sind, gelten die Beihilfegrundsätze des Art. 87 EG-Vertrag sowie die Richtlinie 80/123/EWG (Transparenz-Richtlinie). Danach muss gewährleistet sein, dass Unternehmen, die auch andere als kaufmännische Ziele verfolgen und dafür vom Staat Ausgleichszahlungen erhalten, Transparenz zwischen beiden Bereichen herstellen müssen.[11] Eine beihilfemäßige Begünstigung von Unternehmen, seien sie öffentlich oder privat, ist – mit wenigen Ausnahmen – nicht statthaft.

9 Vgl. *Lenz (1999)*, S. 161.
10 Während (in der deutschen Fassung) von Art. 86 von Dienstleistungen die Rede ist, wird in Art. 16 von Diensten gesprochen.
11 Vgl. *Püttner (1994)*, S. 341 f.

III. Daseinsvorsorge versus Wettbewerb

Der EG-Vertrag bringt keine befriedigende Klarheit über die europapolitische Akzeptanz der Dienste in allgemeinem wirtschaftlichem Interesse. Grundsätzlich kann bei der Leistungserstellung durch öffentliche Träger (Verwaltungen, öffentliche Unternehmen) zwischen hoheitlichen und wirtschaftlichen Leistungen unterschieden werden, wobei sich letztere wiederum in Marktleistungen und Leistungen von allgemeinem wirtschaftlichem Interesse (Daseinsvorsorge) unterteilen lassen.

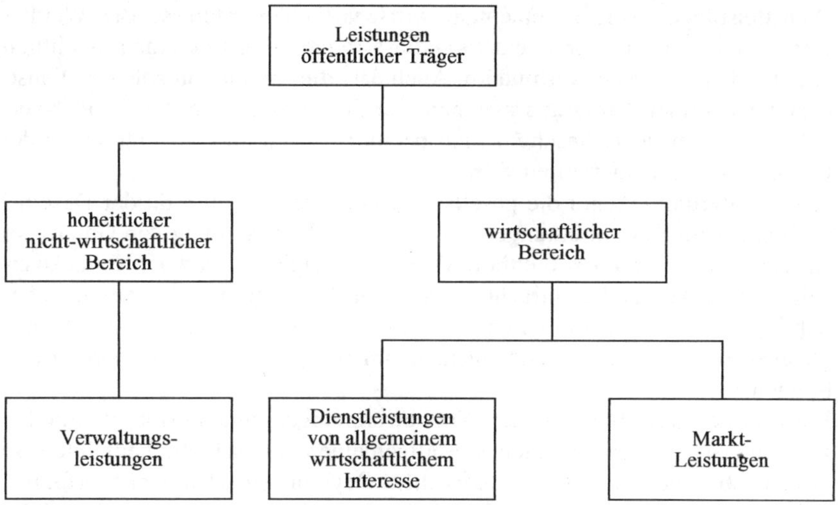

Hoheitliche Leistungen unterliegen nicht den Wettbewerbsregeln der Europäischen Union.[12] Was die Leistungen von allgemeinem wirtschaftlichem Interesse anbelangt, so scheint ein Spannungsverhältnis zwischen Art. 16 und Art. 86 EGV zu bestehen.[13] Während Art. 16 EGV u.a. auf die Pluralität der

12 Jedoch hat es den Anschein, dass EU-Organe durchaus auch bereit sind, hoheitliche Leistungen zu begrenzen. So die Rechtsprechung des EuGH hinsichtlich der Arbeitsvermittlung in Deutschland. Vgl. dazu den Beitrag von Volkmar Götz in diesem Band, S. 189-199.

13 Dies lässt sich sicherlich auch damit erklären, dass Art. 16 in den EG-Vertrag erst im Jahre 1997 durch den Vertrag von Amsterdam aufgenommen wurde. Bei diesem Gipfel spielte das Thema Subsidiarität und Sicherung nationaler Kompetenzen eine besondere Rolle.

Mitgliedsstaaten und die Bedeutung der Leistungen für ein funktionierendes Wirtschafts- und Sozialsystem abstellt, enthält Art. 86 EGV eher eine eindimensionale, wettbewerbsorientierte Betrachtungsweise. Gerade diese wird tendenziell dazu führen, relativ einheitliche Regeln hinsichtlich Umfang und Funktionsweise der Erstellung solcher Dienste festzulegen.

Da der Vertrag hinsichtlich der gesellschaftlichen Eigentumsstruktur nicht differenziert, unterliegen öffentliche und private Eigentümer gleichermaßen dem Wettbewerbsgebot.[14] Der EG-Vertrag kennt also keine öffentliche Wirtschaft, deren spezifische Aufgabe es ist, Leistungen der Daseinsvorsorge zu erstellen.

Insbesondere Art. 86 EGV, der dem Wettbewerbsteil des Vertrags zuzurechnen ist, ist nicht als gänzlich widerspruchsfrei zu sehen. Einerseits gelten für Dienstleistungen von allgemeinem wirtschaftlichen Interesse die Wettbewerbsregeln, soweit – andererseits – diese Regeln ihre Erstellung »rechtlich oder tatsächlich« nicht verhindern. Auch darf die Produktion solcher Dienstleistungen keinen Umfang annehmen, der die Entwicklung des Handelsverkehrs in einem unerwünschten Maß beeinträchtigen und den Interessen der Gemeinschaft zuwiderlaufen würde.

Der EG-Vertrag erkennt die gesellschaftspolitische Legitimität der Daseinsvorsorge – mit Einschränkungen – an. Solange die Erstellung von Gütern der Daseinsvorsorge mit den Wettbewerbregeln vereinbar ist und der Handelsverkehr nicht erheblich beeinträchtigt wird, hat der Staat eine Gestaltungsmöglichkeit: er kann private, öffentliche oder freigemeinnützige Unternehmen gleichermaßen betrauen, Leistungen, die im öffentlichen Interesse sind, zu erbringen.

Wohl sollte – aufgrund der dem Wettbewerb eingeräumten Priorität – die Erzeugung von Dienstleistungen von allgemeinem wirtschaftlichem Interesse primär über den marktwirtschaftlichen Regelungsmechanismus erfolgen. Jedoch unterstellt Art. 86 Abs. 2 EGV implizit, dass der Wettbewerb und das damit verbundene marktwirtschaftliche Ausschlussprinzip sowohl zu allokativen wie auch zu distributiven Ergebnissen führen kann, die gesellschaftspolitisch (rechtlich oder tatsächlich) nicht gewollt sind. Insoweit sollte der Staat gegebenenfalls dafür »Sorge tragen« (Art. 16 EGV), die Leistungen von allgemeinem wirtschaftlichem Interesse jenseits der Marktlogik zu erbringen.

Voraussetzung dafür ist – wie bereits erwähnt – eine Rechnungsführung, die Transparenz zwischen den Kosten der marktgesteuerten und der gemeinwirtschaftlichen Produktion herstellt. Dabei ist es nach EU-Recht durchaus statthaft, dass mit dem Ergebnis des marktgesteuerten Bereichs die gemeinwirt-

14 Vgl. *Cox (1999)*, S. 268 ff.

schaftliche Leistungserstellung subventioniert wird (Querverbund), während eine umgekehrte Unterstützung nach Art. 87 EGV verboten ist, weil sie einem funktionierenden Wettbewerb widersprechen würde.
Artikel 16 und 86 EGV und das darin zum Ausdruck kommende Verhältnis von Daseinsvorsorge und Wettbewerb scheinen einen Kompromisscharakter zu haben.[15] Einerseits wird die Bedeutung der gemeinwirtschaftlichen Leistungserstellung anerkannt, andererseits wird sie gegenüber der Leistungserstellung im Wettbewerbssystem abgegrenzt. Dass beide Facetten der Leistungserstellung den Charakter einer Kuppelproduktion haben können, also die Abgrenzung in der Rechnungsführung immer auch einen Moment der Künstlichkeit oder Willkürlichkeit hat, wird wohl der reinen Lehre wegen nicht thematisiert. Hierin liegt zumindest teilweise ein schwer lösbares Problem[16], zumal die nach Art. 87 EGV vorzusehende kostenmäßige Trennung beider Bereiche auch dazu führen kann, dass das Funktionieren der Dienste, wie es in Art. 16 EGV normiert ist, tatsächlich zu kaum lösbaren Schwierigkeiten führt.

IV. Konsequenzen

Die Verfolgung gemeinnütziger Interessen ist durch den Staat auf unterschiedlichen Wegen möglich. Traditionellerweise soll der Staat seine Aufgaben hoheitlich erfüllen. Sofern sich dies nicht als sinnvoll erweist, kann er sich Dritter bedienen: entweder durch Zuschüsse an Stellen außerhalb der Verwaltung[17] oder durch öffentliche Unternehmen, unabhängig von der Rechtsform des öffentlichen oder des privaten Rechts (Beteiligungsunternehmen)[18]. Stellen außerhalb der Landesverwaltung als Zuwendungsempfänger können selbst Unternehmen sein, wie es etwa im freigemeinnützigen Bereich (Wohlfahrtseinrichtungen) vielfach der Fall ist.
Nach deutschem Rechtsverständnis erfüllen öffentliche Unternehmen – in welcher Rechtsform auch immer – öffentliche Aufgaben und haben damit eine Instrumentalfunktion. Gebietskörperschaften dürfen daher auch nur Unternehmen errichten oder sich an solchen beteiligen, wenn erstens ein öffentlicher Zweck das Unternehmen rechtfertigt, zweitens die Leistungserstellung durch ein Unternehmen wirtschaftlicher erfüllt werden kann als auf andere

15 Vgl. *Lenz (1999)*, S. 839 ff.
16 Dieses könnte in der Praxis womöglich stets zugunsten einer marktgesteuerten Produktion gelöst werden.
17 § 14 Haushaltsgrundsätzegesetz (HGrG).
18 Z.B. entsprechend §§ 26 und 65 Bundeshaushaltsordnung (BHO).

Weise, drittens das Unternehmen nach Art und Umfang in einem angemessenen Verhältnis zur Leistungsfähigkeit der Gebietskörperschaft und zum voraussichtlichen Bedarf steht, viertens der öffentliche Zweck nicht ebenso gut/besser und wirtschaftlich/wirtschaftlicher durch einen anderen erfüllt wird oder werden kann und fünftens die Kontrollrechte des Staates über die Überwachungsorgane sichergestellt sind.[19]

Öffentliche Unternehmen werden im deutschen Recht im Wesentlichen hinsichtlich ihrer Begründetheit, ihres Umfangs und ihrer Kontrolle behandelt. Eine Differenzierung nach einer wettbewerbsorientierten und einer gemeinwirtschaftlichen Leistungserstellung ist weitgehend unbekannt und hat erst in den letzten Jahren – insbesondere im Hinblick auf Post- und Telekommunikationsdienste sowie die Energiewirtschaft – Eingang in ordnungspolitische Betrachtungen gefunden.

Der EG-Vertrag kennt nicht das öffentliche Unternehmen, das – wie im deutschen Recht – durch einen öffentlichen Zweck gerechtfertigt ist und diesen wirtschaftlich zu erfüllen hat. Dabei bedeutet »wirtschaftlich« nicht, dass das Unternehmen dem Wettbewerb auszusetzen ist, vielmehr soll es seine Ziele unter Beachtung des ökonomischen Prinzips verfolgen.

Nach EG-Vertrag unterliegt jedes Unternehmen, egal ob öffentlich oder privat, als Leistungsanbieter dem Marktwettbewerb. Die Verfolgung eines öffentlichen Zwecks, also die Erbringung von Diensten im allgemeinen wirtschaftlichen Interesse, kann an jedes Unternehmen – unabhängig von seiner Rechtsform und seinen Eigentümern – gebunden werden. Entscheidend ist, dass die Erbringung der genannten Dienste, also die gemeinnützige Leistungserstellung, explizit ausgewiesen wird, so dass sie dann einer spezifischen öffentlichen Förderung zugänglich gemacht werden kann.

Es hat den Anschein, dass die Dienste von allgemeinem wirtschaftlichem Interesse im EG-Recht als Appendix einer umfassenden wirtschaftlichen Betätigung gesehen werden. Dies kann, muss jedoch nicht der Fall sein. Vor dem Hintergrund des Subsidiaritätsprinzips, das die soziale und territoriale Integrität eines jeden Mitgliedstaates schützen soll, bleibt es jedem Staat unbenommen, den Umfang der Leistungen von allgemeinem wirtschaftlichem Interesse und die unternehmerische Betrauung autonom zu definieren.[20] Im Einzelnen wird zu entscheiden sein, wie die Abgrenzung zwischen gemeinnütziger

19 Vgl. *Harms (1998)*, S. 89 ff.; *Schneider u.a. (1997)*; Anmerkung zu § 121 Hessische Gemeindeordnung (HGO). Die Vorgaben in den Gemeindeordnungen der Länder weichen teilweise voneinander ab.

20 Dabei ist durchaus auch ein Wettbewerb von Unternehmenstypen denkbar, um die Wirtschaftlichkeit der gemeinnützigen Leistungserstellung sicherzustellen. Vgl. *Cox (1999)*, S. 273 ff.

Produktion und Wettbewerbsproduktion zu erfolgen hat. Da diese Grenzziehung im EG-Vertrag alles andere als klar ist, wird es in Zukunft – gerade in Anbetracht der positiven Bewertung solcher »Dienste« durch Art. 16 EGV – auch darum gehen, den gemeinwirtschaftlichen Gestaltungsraum von Fall zu Fall auszuloten.

Literaturverzeichnis

Bala (1997): Andreas Bala, Art. 90 Abs. 2 EGV im System des unverfälschten Wettbewerbs, Diss., Münster.

Cox (1996): Helmut Cox (Hrsg.), Öffentliche Dienstleistungen in der Europäischen Union. Zum Spannungsfeld zwischen Service Public und Wettbewerbsprinzip (Schriftenreihe der Gesellschaft für öffentliche Wirtschaft, H. 40), Baden-Baden.

Cox (1999): Helmut Cox, Öffentliche Unternehmen und Europäischer Binnenmarkt. Kommt es zu einem Paradigmenwechsel in der öffentlichen Wirtschaft; in: Dietmar Bräunig u. Dorothea Greiling (Hrsg.), Stand und Perspektiven der Öffentlichen Betriebswirtschaftslehre. Festschrift für Peter Eichhorn, Berlin, S. 268-279.

Harms (1998): Jens Harms, Öffentliche Unternehmen und ihre Kontrolle in Zeiten der »Modernisierung« des Staates, in: Zeitschrift für öffentliche und gemeinwirtschaftliche Unternehmen, Bd. 21, H. 1, S. 87-98.

Lenz (1999): Carl Otto Lenz (Hrsg.), Kommentar zu dem Vertrag zur Gründung der Europäischen Gemeinschaften, in der durch den Amsterdamer Vertrag geänderten Fassung, Köln.

Püttner (1994): Günter Püttner, Privilegierung oder Diskriminierung öffentlicher Unternehmen im Europarecht; in: Peter Eichhorn u. Werner W. Engelhardt (Hrsg.), Standortbestimmung öffentlicher Unternehmen in der Sozialen Marktwirtschaft. Gedenkschrift für Theo Thiemeyer (Schriftenreihe der Gesellschaft für öffentliche Wirtschaft, H. 35), Baden-Baden, S. 339-348.

Scheidemann (1991): Dieter Scheidemann, Der Begriff Daseinsvorsorge, Göttingen u. Zürich.

Schmahl (1999): Stefanie Schmahl, Europäisierung der kommunalen Selbstverwaltung; in: Die Öffentliche Verwaltung, 52. Jg., H. 20, S. 852-861.

Schneider u.a. (1997): Gerhard Schneider, Ulrich Dreßler u. Jürgen Lüll (Hrsg.), Kommentar zur Hessischen Gemeindeordnung, Mainz, 13. Ergänzungslieferung.

Wimmer (1999): Norbert Wimmer, Das öffentliche Interesse im Spannungsfeld von Staatsverantwortung und Wettbewerb; in: Zeitschrift für Gemeinwirtschaft, 37. Jg., H. 3-4, Wien.

Karl Oettle

Beeinflusst die europäische Wettbewerbsordnung die Erfüllung öffentlicher Sach- und Dienstleistungsaufgaben?

I. Der enge Gegenstand der gemeinsamen Wettbewerbsordnung

(1) Die gemeinschaftsrechtlich gefasste europäische Wettbewerbsordnung gilt handelbaren Gütern. Somit ist sie, was die Erfüllung öffentlicher Aufgaben betrifft, von vornherein auf jene beschränkt, die im Anbieten von Sach- oder Dienstleistungen bestehen. Mittels derartiger Angebote wollen die politisch maßgebenden Kräfte Versorgungs- oder Bedienungszustände in dem Gemeinwesen gewährleisten, für das sie treuhänderisch bestellt sind. Unmittelbare Gewährleistungen mittels Gesetzgebung, Verwaltungshandeln und Rechtsprechung sind nicht handelbar und damit dem marktlichen Wettbewerb entzogen.

(2) Dessen ungeachtet sind unmittelbare Gewährleistungen (wie wettbewerbsordnerisch möglicherweise tangierte mittelbare) Eigenschaften von Gemeinwesen, die für deren Kraft in der räumlichen Konkurrenz eine Rolle spielen können. Diese Art von Wettbewerb, auch Standortwettbewerb genannt, wird jedoch weder vom europäischen noch vom nationalen Wettbewerbsrecht erfasst.

(3) Gegenstand der gemeinschaftlichen rechtlichen Wettbewerbsordnung ist ausschließlich die marktliche Konkurrenz mit handelbaren Güntern und ihre etwaige Behinderung oder Ausschließung. Der marktliche Wettbewerb spielt sich ab auf der Anbieter- und auf der Nachfragerseite von Sachgüter- oder Dienstleistungsmärkten zwischen Unternehmen und privaten wie öffentlichen Haushalten. Beispielsweise treten auf dem Markt eines Unterhaltungsguts Unternehmen als Anbieter und private Haushalte als Nachfrager auf, welch letztere häufig auf Arbeitsmärkten, so auch auf dem der betreffenden Branche, Anbieter sind.

(4) Keine Gegenstände der europäischen Wettbewerbsordnung sind außer dem räumlichen Wettbewerb auch andere Erscheinungsformen der Konkurrenz.

Zum einen findet ökonomischer Anbieterwettbewerb um Kunden außer auf Märkten auch um solchen Einfluss auf politische, administrative und judikative Organe statt, der bedeutsam ist für Wirtschaftszweige, für zwischen ihnen etwa bestehende Substitutionskonkurrenz sowie für die Verteilung der vorhandenen Kaufkraft auf die Befriedigung der verschiedensten privaten und öffentlichen Bedürfnisse, die um sie konkurrieren.[1]
Zum anderen wird von Privaten unter Einsatz von Kapital und marktlichen Wettbewerbsergebnissen (Gewinnen) vielfach, so über Presseerzeugnisse und Einsatz von (anderen) Propagandamitteln sowie über Spenden und Beiträge an förderlich erscheinende Vereine oder Verbände, versucht, Einfluss auf nicht-wirtschaftlichen Wettbewerbsfeldern zu gewinnen, etwa auf wissenschaftlichen, ideologischen, karitativen, schulischen, kulturellen und sportlichen. Dabei gibt es Grauzonen, innerhalb derer es problematisch, wenn nicht gar ausgeschlossen ist, wirtschaftswettbewerblich neutrale Vorgänge von in dieser Hinsicht relevanten zu unterscheiden. Als Beispiel seien Bestrebungen von Unternehmungen wie von Verbänden der Computerwirtschaft genannt, schon in Schulen und Hochschulen eigene Produkte als existenzförderlich oder gar -notwendig darstellen zu lassen.

1 Dieser Bedürfniswettbewerb um die Verteilung von Kaufkraft wird von *Vershofen (1955)* als »totale Konkurrenz« bezeichnet, welche von *Schäfer (1966)*, S. 191 f., als Grenzfall des »vertikalen oder sphärischen Wettbewerbs« aufgefasst wird, der außer um die Kaufkraft von Nachfragern oft auch um deren »Verbrauchskapazität« geht, beispielsweise um Mußezeit. Gegenstück ist der Wettbewerb im engeren Sinne der horizontalen Konkurrenz zwischen Anbietern wie zwischen Nachfragern gleichartiger Sach- oder Dienstleistungen. Der sphärische Wettbewerb wird, so Schäfer, auf einem »höheren, früheren Entscheidungsfeld« ausgetragen als der horizontale und auf einem niedrigeren, späteren als der totale.
Da die (durch Hegung) vermeidbare ungezähmte Konkurrenz (in Anlehnung an die Rede vom »totalen Krieg«) als totale charakterisiert werden kann, erscheint es zweckmäßig, deren Verwechslung mit der unvermeidbaren, auch in nicht-marktwirtschaftlichen Systemen existierenden Bedürfniskonkurrenz vorzubeugen und letztere sinnfälliger mit eben diesem Wort zu benennen.

II. Zur unterschiedlichen Funktionsfähigkeit von Wettbewerb im engen Sinn

(1) Wenn von Konkurrenz und Konkurrenzstruktur gesprochen wird, ist es wichtig, die der Anbieterseite mit jener der Nachfragerseite in Beziehung zu setzen. Erst dann ist das hinreichend beschrieben, was man »Marktform« nennt. Der Vergleich zeigt, ob sie gleich oder ähnlich, erheblich voneinander abweichend oder gegensätzlich sind.

(2) Für das Wettbewerbsrecht und die ihm zugrunde liegende strukturelle wie die auf ihm beruhende prozessuale (regulierende) Wettbewerbspolitik ist die Beantwortung der Frage essential, an Hand welcher Kriterien sich das gute, das befriedigende und das schlechte Funktionieren marktlicher Konkurrenz feststellen lässt.[2]
Ein erster Schritt auf dem Weg zur Antwort ist die in jüngerer Zeit vernachlässigte Unterscheidung zwischen vollkommener und unvollkommener Konkurrenz, die leicht mit der zwischen vollkommenen und unvollkommenen Märkten verwechselt wird. Ein zweiter, mit dem ersten zusammenhängender Schritt wäre die Unterscheidung zwischen dem (unternehmungs-, konzern-, vernetzungs-)individuellen und dem kollektiven (Klassen-)Monopol. Vollkommener (freier) Wettbewerb läge nur vor, wenn jedermann, der sich an einem Markt beteiligen will, auch Zugang zu ihm hat.[3] Das ist auch in hochzivilisierten durchschnittlich wohlhabenden Ländern selbst für die Nachfragerseite von Märkten existenznotwendiger Sachgüter und Dienstleistungen nicht gesichert.[4]
Von Klassenmonopol[5] kann vor allem bezüglich der Nachfragerseite von Arbeitsmärkten gesprochen werden, soweit dem einen Arbeitgeber oder den wenigen bzw. dem Verband mehrerer oder vieler keine starke Gewerkschaft gegenübersteht und beide Seiten so ein bilaterales Monopol bilden. Die Wirkung von Klassenmonopolen muss die jeweilige Arbeitnehmerschaft nicht gleichmäßig treffen. Sie kann beispielsweise mit Konjunkturverläufen

2 Zum funktionsfähigen Wettbewerb vgl. etwa *Cox/Hübener (1991)*, S. 14 ff., S. 26 ff., sowie *Kantzenbach/Kallfass (1981)*, S. 103 ff.

3 So sagt *Peter (1950)*, S. 118: »Der klassische Begriff der freien Konkurrenz verlangt, daß sich jeder, der will, an der Produktion beteiligen kann und darf.«

4 So existiert beispielsweise in den Vereinigten Staaten von Nordamerika unter anderem insofern eine »Zweidrittelsgesellschaft«, als sich die breite Schicht der Armen mit einer kläglichen Gesundheitsvorsorge und Sicherung gegen Krankheitsfolgen abfinden muss. Vgl. etwa *Reinhardt (1982)* und *Ginsburg (1985)*.

5 Zu diesem Begriff *Oppenheimer (1939)*, S. 75 ff., S. 145 ff., und *Peter (1950)*, S. 186 f.

schwanken und ist gegenüber Trägern knapper Kenntnisse und Fähigkeiten (viel) schwächer als gegenüber anderen. Als signifikantes Ergebnis klassenmonopolistischer Verhältnisse darf das überdurchschnittliche Arbeitslosigkeitsrisiko älterer, aber keineswegs zwangsläufig damit auch weniger brauchbarer Angestellter bezeichnet werden. Es beruht auf einem wegen seiner großen Verbreitung in Arbeitgeberkreisen klassenmonopolitisch wirkenden Vorurteil.

(3) Unvollkommener Wettbewerb und Klassenmonopole sind, wie die Beispiele in (2) zeigen dürften, bedeutsame reale Erscheinungen. Vollkommene Märkte sind dagegen insofern wenig real, als sie nur als Grenzfälle vorkommen.[6] Im Gegensatz zu der Vernachlässigung der ersteren sind sie jedoch in der wissenschaftlichen Literatur wie in der politischen Argumentation sehr beliebt. Der einen erlauben sie elegante gedankliche Modelle, der anderen (verkürzende) Einfachheit, beiden (oft nur scheinbare) Plausibilität.

(4) Höchst unvollkommener Wettbewerb herrscht dort, wo Groß- und Größtunternehmen (»multinationale Konzerne«) mit von ihren strukturellen Kräften her viel schwächeren mittleren und kleinen Unternehmen konkurrieren. Misst man die Chancen, Wettbewerbsfähigkeit zu entwickeln und verteidigen, an der Größe einschlägiger Handlungsspielräume, so fallen beim Vergleich von beiderlei Unternehmenstypen insbesondere krasse Unterschiede in folgenden Chancen der risikomindernden Substitution auf:

- personelle, sächliche und finanzielle Möglichkeiten zur Substitution anbietbarer eigener Leistungen;
- temporale Möglichkeiten der Substitution längerfristiger eigener personal- und anlagenwirtschaftlicher Bindungen durch fremde im Wege des Verringerns der Produktionstiefe;[7]
- räumliche Möglichkeiten zur Substitution von Standorten wie von räumlichen Beschaffungs-, Absatz-, Arbeits- und Finanzmärkten.

Schlagwortartig kann von den höchst unterschiedlichen Unternehmungseigenschaften

6 Vollkommen sind nicht einmal jene wohlfunktionierenden Märkte für Aktien großer Publikumsgesellschaften, die frei von Eigentümerkonzentrationen sind; denn auch zwischen ähnlich stimmrechtsarmen Gesellschaftern gibt es ungleiche Marktübersicht, die beträchtliche Grade erreichen kann.

7 Was die öffentliche Wirtschaft angeht, vgl. etwa die vorwiegend positive Einstellung von *Naschold (1996)* mit der kritischen von *Oettle (1998)*.

- der Leistungsbreite,
- der Leistungstiefe und
- der Territorialität (von Standorten und Märkten), vielleicht genauer der territorialen Präsenz,

gesprochen werden. Je vielfältiger Leistungsbreite und Territorialität jeweils ausgeprägt sind, über desto mehr Substitutionsmöglichkeiten verfügt ein Unternehmen, um auf empfindliche Änderungen marktlich oder staatlich gesetzter Lebensbedingungen möglichst schadlos reagieren zu können. Je geringer die Leistungstiefe ist, desto geringer sind die eigenen Bindungen an Personal und in Sachanlagen für die einzelnen Leistungssparten. Das heißt auch, desto mehr Bindungen sind für größere Leistungsbreite und Territorialität möglich.
Je besser es einem Unternehmen gegenüber anderen gelingt, die Vielfalt in Leistungsbreite und Territorialität zu mehren, desto mehr wachsen seine wettbewerblichen Potentiale und damit vergleichsweise seine Fähigkeiten, in aktueller Konkurrenz zu bestehen. Wo die Territorialität groß ist, gibt es auch große Chancen, sich der Steuerlast durch Gestaltung innerkonzernlicher Verrechnungspreise wie durch Standortverlagerungen zu entziehen. Letzteres ist bei geringerer Produktionstiefe leichter als bei größerer. Die Existenz derartiger Handlungsspielräume zum Aushebeln staatspolitisch gesetzter Lebensbedingungen von Unternehmen diskriminiert die kleinen und mittleren Wettbewerber wie die Konsumenten, welche paradoxerweise aufgrund ihrer geringen Mitgestaltungskraft zu Hauptträgern der Steuerlast werden.

III. Zur Begründbarkeit öffentlicher Leistungsaufgaben außerhalb und innerhalb des Wettbewerbs im engen Sinn

(1) In freiheitlichen, demokratischen und humanitären Staatswesen sind der Erwerb von Einkommen und der Konsum im Grundsatz Privatangelegenheiten. Dem liegt die (nicht durchweg geteilte) Auffassung zugrunde, dass es sich bei öffentlichen Haushalten um produktiv- und nicht etwa um Konsumtivbetriebe[8] handelt; denn sie existieren nicht wie private um ihrer selbst willen, sondern um Leistungen für Dritte zu erzeugen.

8 So beispielsweise *Schäfer (1978)*, S. 8 ff., insbes. S. 12.

(2) Öffentliche Leistungen sind solche der Gewährleistung von Zuständen im Gemeinwesen, welche die jeweils maßgeblichen politischen Kräfte erhalten, herbeigeführt oder verändert wissen wollen. Aus dieser Definition ergibt sich, dass die öffentlichen Aufgaben, die wahrgenommen werden sollen, gesellschaftlichem und politischem Wandel unterliegen.

(3) Gewährleistungen sind auf direktem oder auf indirektem Weg möglich.[9] Direkt dient ihnen hoheitliches Handeln von Legislative, Administration und Judikative. Deren Tätigkeit setzt Rahmenbedingungen für das private wie für das öffentliche Wirtschaften. Indirekte Gewährleistrungen sind solche, die auf dem (Um-)Weg über jene öffentlichen Sach- oder Dienstleistungsangebote laufen, die der freiwilligen Annahme bedürfen. Direkte und indirekte Wege überschneiden sich dort, wo öffentliche Sach- oder Dienstleistungsangebote mit Abnahme- oder Anschlusszwängen verknüpft sind.

(4) Was die öffentlichen Sach- oder Dienstleistungsaufgaben angeht, so lassen sich in zeitlicher wie in räumlicher Hinsicht zwei Gegensatzpaare bilden: Zum einen können sie von vornherein zeitpunktuell oder zeitzonal begrenzt oder von offenem zeitlichen Horizont sein, zum anderen können sie räumlich begrenzt oder (siedlungs-)flächendeckend wahrgenommen werden. Zeitliche und räumliche Begrenzungen sind Selektionen. Außer ihnen gibt es auch (gesellschafts-)schichtenbezogene.

(5) Öffentliche Sach- und Dienstleistungsaufgaben können zwar ihrerseits, wie eben gesagt, selektiv oder nicht-selektiv deklariert werden. Sie greifen jedoch häufig dort Platz, wo es gilt, vom marktlichen Anbieterwettbewerb wie vom unternehmerischen Erwerbsstreben gesteuerte zeitliche, räumliche und schichtenbezogene Selektionen von Angeboten (durch Monopolbewirtschaftung) hintanzuhalten oder (sei es durch Konkurrenzierung, sei es durch Lükkenfüllung) zu kompensieren. Derartige Aufgaben dürften zumeist mit offenem zeitlichen Horizont konstituiert werden.
Bei kaufmännisch veranlassten Selektionen handelt es sich um Diskriminierungen, soweit man ordnungspolitisch die (ideologische) Einseitigkeit fallen lässt, die Verteilung von Sachgütern und Dienstleistungen habe sich zweckmäßigerweise allein nach der Bereitschaft (und somit auch nach der Fähigkeit) zu richten, die vom Marktergebnis geforderte Kaufkraft dafür einzusetzen. Soweit es bei dieser Einseitigkeit bleibt, wird durch Angebotsselektionen in sozialpolitischer und (oder) raumwirtschaftlicher Hinsicht diskriminiert.

9 Siehe *Oettle (1974)*.

Diskriminierungen zu beseitigen oder zu verhindern, ist jedoch ein zentrales Anliegen der gemeinsamen Politik, und zwar nicht nur der wirtschaftlichen.

(6) Öffentliche Sach- und Dienstleistungsaufgaben sind nicht auf die Gewährleistung von Angebotseigenschaften beschränkt. Sie können auch darin bestehen, durch Eintreten in den erwerbsunternehmerischen Wettbewerb dazu beizutragen, in diesem Erwerbschancen für Unternehmer zu erhalten oder zu verbessern. Hierbei handelt es sich entweder um Pionieraufgaben oder um Aufgaben der Mitbewältigung krisenhafter Übergangssituationen. Im einen wie im anderen Fall dürfte es oft zweckmäßig sein, den zeitlichen Horizont der Aufgabe von vornherein zu begrenzen.

(7) Öffentliche Aufgaben der direkten Gewährleistung betreffen die verschiedensten Lebensgebiete, so auch das der Wirtschaft (z.B. Gestaltung der Wirtschaftsordnung, Bekämpfung von Wirtschaftskriminalität). Öffentliche Aufgaben der indirekten Gewährleistung ergeben sich demgegenüber, soweit sie in (5) angesprochen sind, aus nicht-wirtschaftlichen Lebensgebieten (z.B. aus der Sozialpolitik, der Raumordnung, dem Umweltschutz). Anders verhält es sich bei den in (6) genannten Aufgaben; sie sind wirtschaftspolitisch (struktur-, konjunktur-, arbeitsmarktpolitisch) begründbar.

IV. Die Vielgestaltigkeit einzelwirtschaftlichen Trachtens nach Wettbewerbsfähigkeit

(1) Weiter, als nur auf den Handelsverkehr bezogen, ist das menschliche Trachten nach Wettbewerbsfähigkeit eine vielgestaltige Erscheinung. So gesehen, besitzt es eine subjekt-, eine objekt- und eine verhaltensbezogene Seite. Außer der intersubjektiven Konkurrenz gibt es eine intrasubjektive, die vom Thema her nicht weiter zu verfolgen ist. Nur soviel sei gesagt, dass sie die Verteilung knapper Mittel (Fertigkeiten, Aufnahmefähigkeit, Anteilnahme, Zeit, Kaufkraft) auf Bedürfnisse betrifft, die um sie konkurrieren.
Der marktliche Wettbewerb findet zwischen Betrieben (Unternehmen, privaten und öffentlichen Haushalten) statt. Unternehmen und private Haushalte haben wie Lebewesen eine begrenzte Lebenszeit, wenn auch einzelne ein Mehr- oder Vielfaches des maximalen menschlichen Lebensalters erreichen. Für Gemeinwesen als Träger öffentlicher Haushalte ist die lange Existenz weniger selten. Im allgemeinen agieren sie unter einem nicht begrenzten zeit-

lichen Horizont. Wo eines untergeht, müssen sie sogleich durch ein anderes oder mehrere andere ersetzt werden, so am Ort oder in der Region arbeitsteilige, zivilisierte Verhältnisse bestehen und bewahrt werden sollen.

(2) Objekte sind alle jene Lebensgebiete oder Teile solcher, in denen allein, vorwiegend oder auch nach Wettbewerbserfolgen ausgelesen wird. Genannt seien Sport und Spiele, Bildung und Ausbildung, Kunst, Haushaltswirtschaft, Erwerbswirtschaft, Politik von Gemeinwesen. Gegenprinzipien wettbewerblicher Auslese sind insbesondere Kooperation, Solidarität, Karitas, persönliche Zuneigung, Treubindung und Tradition, aber auch Zuteilung (Rationierung)[10], Entzug (so durch Enterbung, Enteignung, Besteuerung) und Beeinflussung von Auswahlentscheidungen (etwa durch Propaganda, moralische Argumentation, Eingriffe in Wettbewerbe, zu welch letzteren in zivilisierten Gemeinwesen zumindest das Setzen von Wettbewerbsregeln gehört, beispielsweise das wirtschaftsbezogene Wettbewerbsrecht).
Die intersubjektive Konkurrenz auf den verschiedenen Lebensgebieten ist wenigstens zunächst direkt auf hergehörige Lebensziele gerichtet. Es kann aber auch sein, dass sie indirekt solche eines anderen Lebensgebietes verfolgen will. So können Unternehmen oder Wirtschaftsverbände (Unternehmensverbände, Gewerkschaften) darauf aus sein, für sie günstige politisch gesetzte einzelwirtschaftliche Lebensbedingungen (zum Beispiel arbeits-, steuer-, wettbewerbsrechtliche) durch schiere Größe zu erwerben, welche erreicht wurde, weil durchwegs oder teilweise (etwa gegenüber Kleineren) überlegene wirtschaftliche Wettbewerbsfähigkeit vorlag und ausgespielt wurde.[11] So kann überlegene politische Konkurrenzfähigkeit aus wirtschaftlicher erwachsen und diese in der Folge weiter vergrößern.

(3) Was die Verhaltensbezogenheit betrifft, so lässt sich die Wettbewerbsfähigkeit gegenüber Partnern ausbeuterisch oder pfleglich nutzen.[12] In bezug auf beiderlei Verhaltensweisen gibt es viele graduelle Unterschiede. Die rationale Wahl zwischen beidem und des jeweiligen Grades wird von der zeitlichen Reichweite der subjektiven Zielvorstellungen beeinflusst.[13] Privaten ist es unbenommen, hier frei zu wählen, Gemeinwesen dagegen nicht. Sie sind

10 Ein Beispiel für vorgesehene tatsächliche, wenn von den Akteuren auch nicht so benannte Rationierung inmitten der gegenwärtigen Privatisierungs- und Deregulierungswelle ist die der Deckung des Wärmebedarfs privater Haushalte. Siehe *Bering/Karl (1994)* sowie *Niehaus (2000)*.

11 Dass überlegene Wettbewerbsfähigkeit nicht etwa zwangsläufig ausgenützt wird, hat *Möller (1941)*, S. 175 ff., vor bereits sechs Jahrzehnten gezeigt.

12 *Schäfer (1978)*, S. 255.

13 Siehe FN 11.

im Gegensatz zu ersteren aufgrund ihrer Funktion im sozialen Leben (vgl. (1)) auf die lange Sicht verpflichtet (heute gern, aber ungenau: auf die Nachhaltigkeit).

Gemeinwesen ist unter anderem geboten, darauf zu verzichten, Substanzverzehr zu betreiben. Das gilt auch, wenn ihnen die europäische Wettbewerbsordnung und deren nationale Umsetzung diesen nahe legt, falls sie etwa verlangen sollte, Netzmonopole konkurrierenden Produzenten und (oder) Händlern transportierter Leistungen gegen unzulängliche Gebühren zu öffnen. Verstöße gegen das Gebot der Substanzerhaltung nachhaltig benötigter Infrastruktur wären das Gegenteil einer Ausbeutung von Nutzungsbewerbern, nämlich eine Selbstausbeutung des Gemeinwesens, das heißt ihrer Bürger, die vorübergehend mit ruinöser Konkurrenz zu verdankenden Preissenkungen getäuscht werden.

Die beispielhaft aufgezeigte Möglichkeit ergibt sich daraus, dass es unmöglich ist, marktlichen Wettbewerb auf der vollen Produktionstiefe bisheriger Alleinanbieter zu entfalten, wenn eine volkswirtschaftlich unzweckmäßige und oft auch räumlich infolge dichter Besiedlung gar nicht realisierbare Parallelisierung von Beförderungsnetzen und -stationen für konkurrierende Anbieter infrastruktureller Leistungen unterbleibt. Wo das zutrifft, wird eine Regulierungsbehörde benötigt. Sie hat entweder den nicht möglichen parallelen Wettbewerb zwischen Netz- und Stationsanbietern durch den sukzessiven (und damit durch einen temporalen Monopolisten) zu ersetzen oder den nachhaltig verbleibenden (bisherigen) Alleinanbieter zu überwachen.

In beiden Fällen sind die Bedingungen, unter anderem die Entgelte, aber bei weitem nicht nur diese, zu regulieren, die für mittelbare Netz- und Stationsnutzer (also für Produzenten und Händler) gelten sollen. Wohl kann es um begehrte Kapazitäten und deren Nutzungsmöglichkeiten einen funktionierenden, sukzessiven bzw. parallelen Nachfragerwettbewerb geben. Er vermag aber keineswegs die Erhaltung der fraglichen Kapazitäten zu gewährleisten, geschweige denn die der anderen, deren Nutzung weniger oder gar nicht umworben ist. Insoweit der Regulierer eingreift, wird das Urteil der Nachfragerseite eines solchen Marktes als Resultante aus vielen Teilnehmerentscheidungen durch ein Einzelurteil eines Nichtteilnehmers (oder weniger) ersetzt, das fehlen kann, selbst wenn sich der Regulierer pflichtgemäß völliger Interessenneutralität befleißigt.

Zur Erhaltung infrastruktureller Substanz gehören neben der Sicherung der Erneuerungsfähigkeit auch die der Modernisierungs- und gegebenenfalls der Erweiterungsfähigkeit. Außer der Erhaltung infrastruktureller Substanz kann die ungestörte Nutzbarkeit regulierungsseitig beeinträchtigt werden, wenn die Entgeltsetzung den Infrastrukturbetrieb dazu veranlasst, an der Instandhaltung wie an der Vorhaltung von Entstörungs- und sonstigen Notdiensten zu sparen.

Literaturverzeichnis

Behring u.a. (1994): Karin Bering u. Hans-Dieter Karl unter Mitarbeit von Peter Dullinger, Georg Goldrian und Karl-Heinz Nienhaus, Wirkungen einer CO_2-Minderungspolitik auf die Wohnungsversorgung (Schriftenreihe des ifo-Instituts für Wirtschaftsforschung, Nr. 136), Berlin u. München.

Cox/Hübener (1981): Helmut Cox u. Harald Hübener, Wettbewerb. Eine Einführung in die Wettbewerbstheorie und Wettbewerbspolitik, in: Helmut Cox, Uwe Jens u. Kurt Markert (Hrsg.), Handbuch des Wettbewerbs – Wettbewerbstheorie, Wettbewerbspolitik, Wettbewerbsrecht, München, S. 1-48.

Ginsburg (1985): Paul B. Ginsburg, Hospital Reimbursement in the United States, in: Dietrich Adam und Peter Zweifel (Hrsg.), Preisbildung im Gesundheitswesen, (Beiträge zur Gesundheitsökonomie, Bd. 9), Stuttgart, S. 71-99.

Kantzenbach/Kallfass (1981): Erhard Kantzenbach u. Hermann H. Kallfass, Das Konzept des funktionsfähigen Wettbewerbs – workable competition, in: Helmut Cox, Uwe Jens und Kurt Markert (Hrsg.), Handbuch des Wettbewerbs – Wettbewerbstheorie, Wettbewerbspolitik, Wettbewerbsrecht, München, S. 103-127.

Möller (1941): Hans Möller, Kalkulation, Absatzpolitik und Preisbildung, Nachdruck mit einer neuen Einführung über »Die Entwicklung der modernen Preistheorie«, Wien 1941 bzw. Tübingen 1962.

Naschold (1996): Frieder Naschold u.a., Leistungstiefe im öffentlichen Sektor – Erfahrungen, Konzepte, Methoden, Berlin.

Nienhaus (2000): Karl-Heinz Nienhaus, Ziel ist das »Dreiliter-Haus«, in: Welt am Sonntag v. 02.01.2000.

Oettle (1974): Karl Oettle, Einzelleistungs- und Gewährleistungsbetriebe, Sonderdruck der Kommunalen Gemeinschaftsstelle für Verwaltungsvereinfachung (KGSt), Köln-Marienburg, wieder abgedruckt in: ders., Betriebswirtschaftliche Beiträge zur öffentlichen Finanzwirtschaft – Ausgewählte Aufsätze zum Haushalts- und Rechnungswesen öffentlicher Verwaltungen (Schriften zur öffentlichen Verwaltung und öffentlichen Wirtschaft, Bd. 101), Baden-Baden 1991, S. 26-39.

Oettle (1998): Karl Oettle, Verkleinerung von Leistungsprogrammen (»lean production«) in öffentlicher Wirtschaft und Verwaltung, in: Dietrich Budäus (Hrsg.), Organisationswandel öffentlicher Aufgabenwahrnehmung (Schriftenreihe der Gesellschaft für öffentliche Wirtschaft, H. 44), Baden-Baden, S. 155-175.

Oppenheimer (1939): Franz Oppenheimer, Das Kapital – Kritik der Politischen Ökonomie – Ein kurzgefaßtes Lehrbuch der nationalökonomischen Theorie, Leiden (Holland) o.J. (1939).

Peter (1950): Hans Peter, Einführung in die Politische Ökonomie, Stuttgart u. Köln.

Reinhardt (1982): Uwe E. Reinhardt, Health Economics in the United States, in: Philipp Herder-Dorneich, Günter Sieben u. Theo Thiemeyer (Hrsg.), Wege zur Gesundheitsökonomie II (Beiträge zur Gesundheitsökonomie, Bd. 2), Gerlingen, S. 277-324.

Schäfer (1966): Erich Schäfer, Grundlagen der Marktforschung – Marktuntersuchung, Marktbeobachtung, 4. neubearb. u. erweiterte Aufl., Köln u. Opladen.

Schäfer (1978): Erich Schäfer, Die Unternehmung – Einführung in die Betriebswirtschaftslehre, 9. Aufl., Wiesbaden.

Vershofen (1955): Wilhelm Vershofen, Totale Konkurrenz als Kern der Absatzproblematik, in: Deutsche Gesellschaft für Betriebswirtschaft in Verbindung mit dem Verband Deutscher Diplom-Kaufleute (Hrsg.), Rationelle Absatzwirtschaft – heute und morgen, Berlin, S. 17 ff.

Günter Püttner

Die Relevanz des europarechtlichen Subsidiaritätsprinzips für die Erfüllung öffentlicher Aufgaben

I. Die Bedeutung des Subsidiaritätsprinzips

Was Subsidiarität bedeutet oder bedeuten kann, ist nicht von vornherein klar und wird recht verschieden beantwortet werden. Wahrscheinlich fällt de Antwort in den einzelnen Mitgliedstaaten der EU nicht einheitlich aus, und auch in Deutschland sind unterschiedliche Sichtweisen möglich. Immerhin lässt sich als Grundgedanke festhalten, dass einer den Vorrang genießt und ein anderer dahinter zurücktreten soll.
Im einzelnen kann das Subsidiaritätsprinzip mehr gegenständlich aufgefasst werden (bestimmte Arten von Gegenständen treten hinter anderen zurück), es kann auch zeitlich gemeint sein (im Sinne eines Nacheinander), und es kann schließlich entsprechend der landläufigen Auffassung territorial bzw. anknüpfend an größere und kleinere Einheiten verstanden werden (die größere Einheit soll nur tätig werden, wenn die kleinere Einheit eine Aufgabe nicht bewältigt). Darüber hinaus wird der Vorrang privaten Wirtschaftens vor öffentlicher Wirtschaftsbetätigung, wo er postuliert wird, gern mit dem Stichwort »Subsidiarität« gekennzeichnet, wobei in diesem Fall unter Umständen die kleinere Einheit (Sparkasse) hinter der größeren Einheit (Deutsche Bank) zurücktreten soll.
Es muss also, wenn in amtlichen Texten von Subsidiarität die Rede ist, jeweils durch Auslegung ermittelt werden, was gemeint ist. Im Europarecht, wo es um das Verhältnis von EG und Mitgliedstaaten geht, ist im Zweifel die territoriale oder Größenkomponente angesprochen.
Im europäischen Integrationsprozess hat es bekanntlich in den 80er und den frühen 90er Jahren eine starke Tendenz zur Ausweitung der Kompetenzen der EG/EU gegeben, die von Seiten der Mitgliedstaaten zunehmend auf Kritik gestoßen ist. Auf dem Maastrichter Gipfel bemühte man sich deshalb um eine Art Gleichgewicht zwischen den Zuständigkeiten der EG/EU (die nochmals ausgeweitet wurden) und der Mitgliedstaaten. In diesem Kontext wurde das Subsidiaritätsprinzip in den Art. 5 (früher 4b) des EG-Vertrages aufgenommen.

Ehe darauf im einzelnen eingegangen wird, soll nicht unerwähnt bleiben, dass sich bisher das Subsidiaritätsprinzip im deutschen Staatsrecht keiner allgemeinen Anerkennung erfreute. Dieses Prinzip entstammt nämlich der katholischen Soziallehre (Enzyklika rerum novarum) und stieß deshalb vor allem in preußisch-protestantischen Kreisen bis in die Nachkriegszeit auf Vorbehalte. Man findet in der staatsrechtlichen Literatur immer wieder den Hinweis, dieses Prinzip sei vom Grundgesetz nicht rezipiert worden (was eindeutig richtig ist), und wer es ins Feld führte, setzte sich dem Vorwurf einseitigen katholischen Denkens aus. Zwar hat sich diese Polarisierung inzwischen weitgehend verflüchtigt, sie erklärt aber immer noch eine gewisse Zurückhaltung gegenüber diesem Prinzip in der älteren Generation der Staatsrechtler[1], die im übrigen in ihrer Mehrzahl auch nicht gerade föderalismusfreundlich eingestellt war. In der jüngeren Generation ist aber die Erinnerung an diese früheren Gegebenheiten bereits sehr verblasst, und die Vokabel Subsidiarität wird nunmehr unbefangen in der Diskussion verwendet.
Im Gefolge der Verabschiedung und Ratifizierung der Maastrichter Vertragstexte hat es eine wahre Flut von Darstellungen und meistens emphatischen Lobpreisungen des Subsidiaritätsprinzips gegeben[2], die den Kenner der alten Zeit etwas verwundern musste, die aber vor allem von dem realen Stellenwert dieses Prinzips im Vertragswerk eher ablenkte. Inzwischen ist Nüchternheit eingekehrt, und man hört in Juristenkreisen nicht mehr viel vom Subsidiaritätsprinzip. So ist nun ein günstiger Zeitpunkt gekommen, um sich Rechenschaft darüber zu geben, was es wirklich mit diesem Prinzip auf sich hat und wie es auf die Erfüllung der öffentlichen Aufgaben durch die EG-Organe und durch die Mitgliedstaaten wirkt.

II. Das Subsidiaritätsprinzip in Art. 5 EGV

Der heutige Art. 5 EGV geht auf Vorwürfe aus den Mitgliedstaaten zurück, die EG erweitere mit Deckung durch den EuGH ständig ihre Befugnisse, und zwar ohne Rechtfertigung durch den EG-Vertrag. Auf dem Maastrichter Gipfel wurde deshalb dieser Artikel formuliert, um für die Zukunft solche Zuständigkeitsanmaßungen durch die EG zu verhindern.

1 Vgl. die Ausführungen von *Stern (1984)*, S. 660 f., mit weiteren Nachweisen; auch: *Hesse (1995)*, Rn. 219. *Badura (1986)*, I 106, erwähnt das Prinzip nur im Zusammenhang mit öffentlichen Unternehmen.

2 Vgl. statt vieler *Möschel (1993)*, S. 3015.

Im ersten Absatz des neuen Art. 5 steht deshalb, dass die Gemeinschaft »innerhalb der Grenzen der ihr in diesem Vertrag zugewiesenen Befugnisse und gesetzten Ziele tätig« wird, also nicht darüber hinaus. Dies verdeutlicht der dritte Absatz, wonach die »Maßnahmen der Gemeinschaft . . . nicht über das für die Erreichung der Ziele dieses Vertrages erforderliche Maß hinaus(gehen)«. In diesen Kontext ist der zweite Absatz eingebettet, der lautet:

> »In den Bereichen, die nicht in ihre ausschließliche Zuständigkeit fallen, wird die Gemeinschaft nach dem Subsidiaritätsprinzip nur tätig, sofern und soweit die Ziele der in Betracht gezogenen Maßnahmen auf Ebene der Mitgliedstaaten nicht ausreichend erreicht werden können und daher wegen ihres Umfangs oder ihrer Wirkungen besser auf Gemeinschaftsebene erreicht werden können.«

Klargestellt ist damit zunächst, dass die EG überhaupt nur tätig werden darf, wenn sie eine Kompetenzgrundlage vorweisen kann, und dass sie im Rahmen ihrer ausschließlichen Zuständigkeiten nicht dem Subsidiaritätsprinzip unterliegt (was in der Logik der Sache liegt). Insoweit greift aber das Verhältnismäßigkeitsprinzip (Abs. 3), das aber nicht nur die Beziehungen der EG zu den Mitgliedstaaten betrifft, sondern auch oder sogar in erster Linie auf die Bürger zielt. Nur in den Fällen, in denen sowohl die Gemeinschaft als auch die Mitgliedstaaten handlungsbefugt sind, greift das Subsidiaritätsprinzip. Dessen Anwendungsbereich ist damit zunächst dadurch eingegrenzt, dass einige Handlungsermächtigungen der EG ausschließlichen Charakter aufweisen; allerdings sind das bisher nicht extrem viele.[3] Aber es ist unsicher, ob nicht auch von der EG voll besetzte Materien dazu gehören müssen.

Die eigentlichen Anwendungsprobleme des Art. 5 Abs. 2 EGV liegen aber in der Schwierigkeit zu beurteilen, ob die angestrebten Ziele auf der Ebene der Mitgliedstaaten nicht oder nicht ausreichend erreicht werden können. Der deutsche Föderalist fühlt sich an Art. 72 Abs. 2 GG alter und neuer Fassung erinnert, wonach sich fragt, ob eine bundesrechtliche Regelung im Interesse bestimmter Ziele »erforderlich« ist. Wenn die Länder zupackend und aufeinander abgestimmt regeln, müsste Bundesrecht eigentlich nicht oft notwendig sein, aber die Staatspraxis sieht das ganz anders. Sie unterstellt, einem verbreiteten Gefühl folgend, dass eine bundesrechtliche Regelung irgendwie wirkungsvoller, effizienter sei als eine landesrechtliche. Bei nüchterner Betrachtung kann indessen nicht übersehen werden, dass eine landesrechtliche Regelung die Beteiligten ebenso bindet wie eine bundesrechtliche. Die Effizienz liegt in beiden Fällen im Grunde gleich.

3 Vgl. *von Bogdandy/Nettesheim (1999)*, Rn. 28, Art. 3b EGV.

Auch bei Art. 5 EGV geht es letztlich um einen Effizienzvergleich, der nur wirklich durchführbar ist, wenn anerkannte Effizienzkriterien zugrunde gelegt werden können und über sie Effizienz messbar wird. Angesichts gleicher Wirkkraft der Gesetz der verschiedenen Stufen fehlt es regelmäßig an solchen Kriterien.
Im übrigen spricht Art. 5 Abs. 2 EGV von der »Ebene der Mitgliedstaaten« und lässt damit offen, ob ein Effizienzmangel auf dieser Ebene auch vorliegt, wenn 14 Mitgliedstaaten eine Frage effizient geregelt haben, der 15. aber untätig bleibt, oder wenn ein Teil der Staaten vorbildlich effizient, ein anderer Teil aber weniger effizient tätig geworden ist. Unklar ist auch, ob beispielsweise bei derzeit tragbarer Regelung in den Mitgliedstaaten schon die Gefahr jederzeitigen Auseinanderdriftens die EG berechtigt, »sicherheitshalber« ihrerseits tätig zu werden.
Der Katalog der Anwendungsschwierigkeiten ließe sich beliebig verlängern. Die EU hat sich mit diesem Prinzip auf sehr unsicheres Terrain begeben, und es besteht die Gefahr, dass das gut gemeinte Subsidiaritätsprinzip in der Praxis leerläuft.

III. Die Handhabung des Subsidiaritätsprinzips durch die Organe der EG

Die Organe der EG, insbesondere die Kommission, sind sich der mit dem Subsidiaritätsprinzip verbundenen Probleme von Anfang an bewusst gewesen. Im Bemühen, das Prinzip ernst zu nehmen und es nicht leer laufen zu lassen, hat die Kommission sich um eine Konkretisierung des Grundsatzes bemüht. Nach mehreren Versuchen wurde mit dem Amsterdamer Protokoll 1997 zum EGV Näheres über die Anwendung des Prinzips festgelegt und damit ein Beitrag zu dessen Operabilität geleistet.[4]
Das Protokoll hebt einleitend die Entschlossenheit der Vertragsstaaten hervor, die Konkretisierung des Subsidiaritätsprinzips und dessen »strikte Beachtung« durch die Organe der Gemeinschaft zu gewährleisten, und beschwört den Grundsatz der Bürgernähe der Entscheidungen in der Gemeinschaft. Dann widmet es sich den Einzelheiten.
Jedes Organ der Gemeinschaft hat danach die Einhaltung des Subsidiaritätsprinzips zu gewährleisten in dem Sinne, dass die Maßnahmen der Gemein-

4 Vgl. dazu und zum folgenden *Oppermann (1999)*, Rn. 519 ff.

schaft nicht über das »für die Erreichung der Ziele des Vertrages erforderliche Maß hinausgehen dürfen«. Andererseits sollen aber auch der »gemeinschaftliche Besitzstand« und das »institutionelle Gleichgewicht« gewahrt werden, sehr dunkle Formulierungen, die aber doch erkennen lassen, dass eine Reduzierung der Aktivitäten der Gemeinschaft nicht geplant ist. Die Befugnisse der EG als solche sollen nicht in Frage gestellt, sondern nur bei deren Ausübung soll Zurückhaltung geübt werden. Der Subsidiaritätsgrundsatz sei ein »dynamisches Prinzip«, das sowohl für erweiterte Aktivitäten, wenn erforderlich, als auch für deren Verminderung Raum lasse.
Wesentlich ist, dass jeder Vorschlag für gemeinschaftliche Rechtsvorschriften eine Begründung mit dem Beleg für die Beachtung des Subsidiaritätsgrundsatzes enthalten soll. Ein Qualitätsvergleich zwischen der Regelung einer Materie durch die EG oder durch die Mitgliedstaaten soll den Ausschlag geben, wer zu regeln hat. Dafür werden einige Leitgesichtspunkte angegeben, nämlich ob transnationale Aspekte eine EG-Regelung anraten, ob Maßnahmen nur der Mitgliedstaaten den Anforderungen des EG-Vertrages nicht entsprechen würden und damit Interessen der Mitgliedstaaten beeinträchtigen könnten (womit der Aspekt der Effizienz aus ökonomischer Sicht mit angesprochen ist), sowie ob Maßnahmen der EG wegen ihres Umfanges oder ihrer Wirkung Vorteile brächten. Andererseits sollten im Sinne von Spielraum für die Mitgliedstaaten im Zweifel eher Richtlinien als bindende Verordnungen ergehen. Die Kommission sollte ihre Vorschläge jeweils in diesem Sinne begründen, dazu auch Anhörungen durchführen und schließlich einen jährlichen Bericht über Anwendung des Subsidiaritätsprinzips vorlegen. Über diesen Bericht soll jeweils das Europäische Parlament beraten.
Ob diese Bemühungen praktischen Erfolg haben werden, lässt sich allerdings nicht voraussagen. Zwar kann es ein Ausweichen in formelhafte Begründungen geben, aber die anderen EG-Organe einschließlich des Gerichtshofs und die Mitgliedstaaten bekommen doch wenigstens einen Anhaltspunkt zur Überprüfung der Einhaltung des Subsidiaritätsprinzips. Der Rat und das Europäische Parlament sollen ebenso verfahren, müssen sich also auch jeweils Gedanken über diesen Punkt machen. Das kann durchaus heilsam sein, und es kann hoffentlich erreicht werden, dass der Gedanke der Subsidiarität sich nicht verflüchtigt, sondern aktuell im Bewusstsein der Beteiligten verbleibt.
In der Sache selbst gibt es allerdings keine wirklich handfesten Kriterien dafür, ob das Subsidiaritätsprinzip gewahrt erscheint. Man behilft sich nach dem Protokoll praktisch mit Tests und Prüflisten, aber die oben angesprochene Unbestimmtheit der Begriffe wie »besser«, »ausreichend« oder »erforderlich« lässt sich damit nicht aus der Welt schaffen.

Der definitive Erfolg dieser Anstrengungen bleibt also ungewiss. Immerhin hat die Kommission verschiedentlich Vorschläge aus Gründen der Subsidiarität zurückgezogen[5], und man kann beobachten, dass in der Aktivität der EG mehr Zurückhaltung besteht als in früheren Jahren. Es steht also zu hoffen, dass es künftig ein ausgewogenes Verhältnis von europäischem und nationalem Handeln geben wird.

IV. Die Relevanz des Subsidiaritätsprinzips für die Erfüllung öffentlicher Aufgaben in den Mitgliedstaaten

In der Regel dürfte die Zurückhaltung der EG beim Ergreifen von Maßnahmen den Spielraum der Mitgliedstaaten für die Erfüllung öffentlicher Aufgaben vergrößern. Denn die einseitig am wirtschaftlichen Wettbewerb orientierten EG-Vorschriften setzen immer wieder erschwerende Rahmenbedingungen für die Aufgabenerfüllung auf nationaler Ebene. Vielleicht könnte es unter der Devise des Art. 16 EGV (Förderung des Funktionierens öffentlicher Dienste) auch einmal anders sein, aber dafür gibt es bisher keine Anzeichen.

Über die Ebene, die innerhalb der Mitgliedstaaten zur Wahrnehmung öffentlicher Aufgaben berufen ist oder sein sollte, sagen weder der EG-Vertrag noch das europarechtliche Subsidiaritätsprinzip etwas aus. Vom Subsidiaritätsgedanken mag ein Impuls zur Stärkung der Aufgabenerfüllung durch Regionen und Kommunen ausgehen, aber eine rechtliche Garantie dafür gibt es nicht.

Länder, Regionen und kommunale Selbstverwaltungskörperschaften können aber über den Ausschuss der Regionen (Art. 263, 265 EGV) und in der Öffentlichkeit die Einhaltung des Subsidiaritätsgrundsatzes immer wieder einfordern. Sie vermögen so für sich die Chance unbehinderter Erfüllung ihrer öffentlichen Aufgaben zu verbessern.

5 Vgl. *EU-Kommission (1995), S. 558.*

Literaturverzeichnis

Badura (1986): Peter Badura, Staatsrecht, München.

von Bogdandy/Nettesheim (1999): Armin von Bogdandy u. Martin Nettesheim, Kommentierung von Art. 3b/Art. 5 EGV, in: Eberhardt Grabitz u. Meinhard Hilf, Das Recht der Europäischen Union (Stand Oktober 1999), München.

EU-Kommission (1995): Europäische Kommission, Mitteilung der Kommission, in: Europäische Zeitschrift für Wirtschaftsrecht, Jg. 6, 1995.

Hesse (1995): Konrad Hesse, Grundzüge des Verfassungsrechts, 20. Aufl., Heidelberg.

Möschel (1993): Wernhard Möschel, Zum Subsidiaritätsprinzip im Vertrag von Maastricht, in: Neue Juristische Wochenschrift, 1993, S. 3015 ff.

Oppermann (1999): Thomas Oppermann, Europarecht, 2. Aufl., München.

Stern (1984): Klaus Stern, Staatsrecht, Bd. 1, 2. Aufl., München.

Gerold Ambrosius

Kommunale Selbstverwaltung im Zeichen des Subsidiaritätsprinzips in Europa

I. Zur Aktualität des Problems

In jüngster Zeit wird wieder einmal – wie des öfteren im Laufe des vergangenen 20. Jahrhunderts – von einer Krise der kommunalen Selbstverwaltung gesprochen. Während aber bislang vornehmlich Reich/Bund und Länder von den Gemeinden als Bedrohung empfunden wurden, trat mit dem Integrationsschub seit Mitte der 1980er Jahre »Europa« als vermeintlich neue Gefahr hinzu. Die permanente Kompetenzerweiterung der gemeinschaftlichen Organe unterwandere – so die Befürchtung – die kommunale Selbstverwaltung zusätzlich, indem die Kommission mit Hunderten von Verordnungen und Richtlinien, Mitteilungen und Leitlinien, Förderprogrammen und Gemeinschaftsinitiativen immer mehr Einfluss auf die lokalen Verhältnisse nehme. Die Kommunen würden dadurch noch weiter zu rein exekutiven Organen ohne eigene Entscheidungsspielräume degradiert. Unabhängig davon, ob diese Ängste berechtigt sind oder nicht, müssen sich die Kommunen angesichts der enormen Dynamik des Integrationsprozesses verstärkt mit Europa auseinandersetzen, werden doch auch sie von den dadurch bewirkten Veränderungen der nationalen Wirtschafts-, Sozial-, Rechts- und Politiksysteme betroffen.

Wenn im Folgenden ganz überwiegend auf die Risiken eingegangen wird, so deshalb, weil aus spezifisch deutscher Perspektive wohl eher die Bedenken überwiegen. Es sei aber bereits an dieser Stelle daraufhin gewiesen, dass die Kommunen in den zentralistischer organisierten Staaten, die europäische Integration vornehmlich als Chance zur Weiterentwicklung der kommunalen Selbstverwaltung begreifen.

II. Kommunale Selbstverwaltung im Grundgesetz und im europäischen Recht

(1) Innerhalb der Bundesrepublik Deutschland ist das Prinzip der kommunalen Selbstverwaltung durch Art. 28 GG explizit verfassungsrechtlich geschützt. Die Verfassungsnorm sichert damit den Kommunen eine im Vergleich zu anderen Ländern der Europäischen Union starke Stellung im staatsorganisatorischen Aufbau. Die Verfassungswirklichkeit sieht allerdings etwas anders aus, entwickelte sich beim Aufbau des modernen Interventions- und Sozialstaates doch eine enge Aufgaben-, Finanz- und Politikverflechtung zwischen Bund, Ländern und Gemeinden. Dieser »kooperative Föderalismus« bescherte den Kommunen zwar eine größere Verantwortung für die Leistung und Legitimation des politischen Systems, degradierte sie aber gleichzeitig zu ausführenden Organen der übergeordneten Gebietskörperschaften. Immerhin steht es dem Landes- und Bundesgesetzgeber frei, nach eigenem Ermessen – unter Wahrung der Verhältnismäßigkeit und des Schutzes eines »Kernbereichs« der kommunalen Selbstverwaltung – Aufgaben zu delegieren bzw. einen gesetzlichen Rahmen zu schaffen, innerhalb dessen die Kommunen diese erfüllen müssen. Die zunehmende nationalrechtliche Regelungsdichte höhlt den Gehalt des Verfassungsgebots der kommunalen Selbstverwaltung somit immer mehr aus.

(2) Zum nationalen Recht tritt nun das europäische, wobei im Gemeinschaftsrecht der Union die kommunale Selbstverwaltung kein eigenständiges Prinzip darstellt; es genießt daher auch keinen gemeinschaftsrechtlichen Schutz. Umgekehrt kann es seinerseits auch keinen Schutz gegen gemeinschaftliche Rechtssetzungen und andere Maßnahmen bieten. Städte, Gemeinden und Landkreise besitzen gegenüber der EU kein Klagerecht; Rechtsverhältnisse bestehen nur zwischen der Gemeinschaft und den Mitgliedstaaten. Eine Verankerung der deutschen Selbstverwaltung im europäischen Recht ist auf absehbare Zeit kaum möglich, da sich in der Union Staaten mit ganz unterschiedlichen Politiksystemen zusammengefunden haben – mit mehr oder weniger föderalistischen bzw. mehr oder weniger zentralistischen. In anderen Ländern besitzen die Kommunen keinen autonomen Status, sondern stellen lediglich dezentrale Verwaltungseinheiten dar. Der Versuch, das deutsche Selbstverwaltungsprinzips im Gemeinschaftsrecht zu etablieren, würde insofern eine unzulässige Einmischung in deren interne Verfassungen bedeuten. Eher stellt sich die Frage, ob Art. 28 GG seinerseits »europafest« ist, ob das

Bundesverfassungsgericht bei seiner Verletzung wirkungsvoll eingreifen kann.
Die unterschiedliche Ausprägung der kommunalen Selbstverwaltung in den Mitgliedstaaten hat zur Folge, dass es keinen gemeinsamen Standard in dieser Hinsicht gibt, den die Gemeinschaftsorgane bei ihrer Rechtssetzung und ihren administrativen Eingriffen berücksichtigen könnten. Es besteht somit die Gefahr, dass sich ihre kommunalrelevanten Maßnahmen an einem relativ niedrigen Niveau kommunaler Selbstverwaltung orientieren und damit das höhere deutsche herunternivelliert wird.

(3) Das seit 1992 in den Gemeinschaftsverträgen verankerte Prinzip der Subsidiarität (Art. 5 EGV) bietet demgegenüber der kommunalen Selbstverwaltung nur bedingt Rückhalt. Seine Zielrichtung war ursprünglich weniger die lokale als die regionale Ebene, in Deutschland die Landesebene. In Staaten mit schwach entwickeltem Föderalismus wird das Subsidiaritätsprinzip sogar dahingehend interpretiert, dass nicht die sub-, sondern die nationale Ebene gestärkt werden soll. Die Kommission fordert daher nicht zu unrecht die Mitgliedstaaten auf, das Subsidiaritätsprinzip erst einmal »bei sich daheim« anzuwenden, bevor eine Aushöhlung subnationaler Vertretungs- und Verwaltungskörperschaften durch die Aktivitäten der Union beklagt wird.
Aber auch Art. 5 EGV hat mit der Betonung des Effizienzkriteriums – zumindest im Verständnis der Kommission – etwas anderes im Sinn als die Durchsetzung eines kompetenz- und machtverteilenden Prinzips. Das Wesen der kommunalen Selbstverwaltung im deutschen Verständnis bleibt den europäischen Institutionen jedenfalls fremd. Vielmehr legt die Entwicklung der vergangenen Jahre die Vermutung nahe, dass Kommission, Rat, Gerichtshof und auch Parlament eher eurozentralistisch denken und handeln. Ebenso verhalten sich die Mitgliedstaaten nicht gerade gemeindefreundlich, sofern sie über den europäischen »Umweg« ihre eigene Position stärken können. Die gemeinschaftlichen Organe sehen den Sinn der Subsidiarität nicht darin, ihre eigenen Kompetenzen einzuschränken, sondern in einer Arbeitsteilung zwischen den verschiedenen Politikebenen der Union, die auf einen Beteiligungs- und nicht auf einen Kompetenzföderalismus hinausläuft.
Immerhin ist mit dem Vertrag über die Europäische Union zusätzlich das Prinzip der »Bürgernähe« in das Gemeinschaftsrecht aufgenommen worden (Art. 1 EUV), so dass Hoffnung besteht, dass das Kriterium der Effizienz durch das der Demokratie und das der Transparenz ergänzt wird. Allerdings scheinen die politischen Akteure auch hier eher passiv auf die mangelnde Akzeptanz der Integration bei den europäischen Bevölkerungen zu reagieren,

als aus der Überzeugung zu handeln, die Menschen »vor Ort« durch selbstverwaltete Partizipation am europäischen Einigungswerk zu beteiligen.

III. Kommunale Selbstverwaltung und europäische Institutionen

(1) Das mangelnde Verständnis für das Wesen der kommunalen Selbstverwaltung wird an der Mitteilung zur »nachhaltigen Stadtentwicklung« von 1998 noch einmal deutlich. Sie fordert zwar, dass die europäischen Politiken »stadtbezogener« formuliert werden, aber nicht im Sinne der Bestätigung oder gar Erweiterung kommunaler Gestaltungsspielräume, sondern – entsprechend der Auslegung des Subsidiaritätsprinzips – im Sinne einer wirkungsvollen Durchsetzung gemeinschaftlicher Initiativen. Der in der Mitteilung verwendete Begriff der »Partnerschaft« wird nicht etwa dahingehend interpretiert, dass die Gemeinden stärker an der Konzeption gemeinschaftlicher Politiken beteiligt werden sollen, sondern lediglich auf die Verhältnisse in den Kommunen bezogen. Die Mitteilung vermittelt den Eindruck, dass in der Beteiligung der Bürger auf lokaler Ebene weniger ein Wert an sich gesehen wird, sondern mehr ein Instrument zur Durchsetzung gemeinschaftlicher Aktivitäten. Sie bestätigt insofern eher die bisherige Linie der Kommission, als dass sie neue Perspektiven eröffnet.

(2) Selbst in Deutschland wird mit Subsidiarität im europäischen Kontext nicht unbedingt die Stärkung der untersten Gebietskörperschaften verbunden. Dies zeigt schon die Tatsache, dass sich die deutschen Länder ohne Ausnahme weigerten, den Kommunen eine eigenständige Repräsentation innerhalb der Europäischen Gemeinschaft zuzugestehen. Erst nach langwierigen Verhandlungen waren sie bereit, drei der ihnen überlassenen 24 Sitze im »Ausschuss aus Vertretern der regionalen und lokalen Gebietskörperschaften« (Ausschuss der Regionen, Art. 263 EGV) den Kommunen zu überlassen. Subsidiarität und Föderalismus bedeuten für sie gerade nicht, einen neuen »Kreispartikularismus« auf einer vierten Ebene der Union zu installieren. Im übrigen besitzen die Kommunen aufgrund der unterschiedlichen Verwaltungsstrukturen in den einzelnen Mitgliedstaaten der EU zur Zeit noch die Mehrheit der Sitze im Ausschuss der Regionen.

(3) Die Wirkung der »Europäischen Charta der kommunalen Selbstverwaltung«, die 1988 in Kraft trat, ist ebenfalls eher zurückhaltend zu beurteilen.

Als Konvention des Europarates ist sie nicht Bestandteil des Gemeinschaftsrechts; die Europäischen Verträge beziehen sich daher auch nicht auf sie. Es gibt in Europa keinen allgemeinen Rechtsgrundsatz der kommunalen Selbstverwaltung, der die europäischen Staaten verpflichten könnte, eine bestimmte – über das jeweils herrschende Niveau kommunaler Selbstverwaltung hinausgehende – Form lokaler Autonomie zu übernehmen. Von einem durch die Ratifizierung der Charta erreichten acquis communitaire kann jedenfalls keine Rede sein.

(4) Wie immer gibt es eine gegenteilige Position. Sie geht davon aus, dass die deutsche kommunale Selbstverwaltung im europäischen Gemeinschaftsrecht ausreichend gesichert sei, da ihre Einschränkung nur unter Beachtung der Grundsätze der Gemeinschaftstreue und der Verhältnismäßigkeit erfolgen dürfe. Diese grenze – neben dem Subsidiaritätsprinzip – die Kompetenzerweiterung der Gemeinschaftsorgane wirkungsvoll ein. Sie verhindere nicht nur Eingriffe in den Kernbereich der kommunalen Selbstverwaltung, sondern auch in ihre Randbereiche. Die Union sei verpflichtet, einzelstaatliche Verfassungsgrundsätze zu berücksichtigen, zu denen in der Bundesrepublik Deutschland eben auch die kommunale Selbstverwaltung gehört. Allerdings scheint die Rechtsprechung des EuGH dieser Auffassung nur bedingt zu folgen. Bisher war eher die Tendenz zu beobachten, dem Gemeinschaftsrecht Priorität vor den verfassungsrechtlichen Besonderheiten der Mitgliedstaaten einzuräumen, um die europäische Integration voranzutreiben. Ob dies auch in Zukunft so sein wird, bleibt aber abzuwarten.

IV. Kommunale Selbstverwaltung und europäische Politik

(1) Generell konzentriert sich die Diskussion über die Folgen der europäischen Integration für die kommunale Selbstverwaltung sehr stark – vielleicht zu stark – auf den institutionell-verfassungsrechtlichen Aspekt. Dabei geht es weniger darum, ob die innerhalb der Bundesrepublik verfassungsrechtlich gesicherte Position der kommunalen Selbstverwaltung auch im Rahmen der EU abstrakt und prinzipiell die deutschen Gemeinden vor der Aushöhlung ihrer selbstverwalteten Bereiche schützt. Wichtiger ist, ob sich diese Aushöhlung – wie in der Bundesrepublik Deutschland – im politischen und administrativen Alltag »unter der Hand« vollzieht, indem sich die gemeinschaftlichen Institutionen in kleinen Schritten immer mehr Kompetenzen aneignen

und die kommunalen Entscheidungs- und Handlungsspielräume zunehmend einschränken. Dies kann über eine gesetzgebende bzw. rechtssetzende Kompetenzerweiterung geschehen. Dies kann aber auch über die Ausweitung der diskretionären Entscheidungsspielräume bei der Verwendung finanzieller Mittel erfolgen.

(2) Die gemeinschaftlichen Regelungen nehmen tatsächlich zu. Die Kommunen haben es nicht mehr mit zwei, sondern mit drei Politik- und Verwaltungsebenen zu tun. Durch die Verwirklichung des Binnenmarktes überschneiden sich mittlerweile fast alle kommunalen Politik- und Verwaltungsfelder und der damit zusammenhängenden wirtschaftlichen Betätigung mit den gemeinschaftlich bestimmten Freiheiten. Angeblich haben bereits 80 % aller Regelungen im Wirtschafts-, Sozial- und Steuerrecht und fast jedes zweite deutsche Gesetz einen europäischen Ursprung. Dabei sind die Verordnungen der Europäischen Kommission unmittelbar, d.h. ohne Umsetzung in nationales Recht, wirksam. Aber auch die Richtlinien entfalten zunehmend direkte Wirkungen. Daraus können sich Probleme für die Kommunen ergeben, u.a. im Hinblick auf konkurrierende Normen europäischen und deutschen Rechts, im Hinblick auf die Verantwortung für die richtige Anwendung der europäischen Richtlinien oder die daraus resultierenden Haftungsverhältnisse. Besonders dramatisch sind sicherlich die Auswirkungen der im Zuge des Aufbaus des Binnenmarktes konsequent vorangetriebene Deregulierung bzw. Liberalisierung der großen Versorgungsnetze. Aber auch das Primärrecht des europäischen Vertragswerkes entfaltet unmittelbare Rechtsbindungen, was z.B. im Falle von Beihilfen zu direkten Eingriffen in die kommunale Wirtschaftsförderung führen kann.
Mittelbare Einwirkungen können aus allen gemeinschaftlichen Aktivitäten folgen, die nicht die kommunale Selbstverwaltung als solche betreffen. Beispielsweise verändert der Binnenmarkt die Raumordnung und Wirtschaftsgeographie in Europa und verschärft den Standortwettbewerb zwischen den Gemeinden. Stärker als zuvor beeinflusst der entgrenzte Markt lokale Entscheidungen. Mittelbar wirken sich letztlich auch alle Fördermaßnahmen im Rahmen der verschiedenen Politiken der Kommission aus.

(3) Überschaut man alle möglichen Einflüsse – seien es unmittelbare oder mittelbare –, die von Europa auf die Kommunen ausgehen, dürften praktisch alle Politik- und Verwaltungsbereiche betroffen sein. Kommunalrelevant sind die Umwelt- oder die Beihilfepolitik, die Arbeits- oder die Sozialpolitik, der Ausbau der transnationalen Netze oder das Kommunalwahlrecht für ausländische EU-Bürger, das Diskriminierungsverbot bei nicht hoheitsbezogenen

Tätigkeiten oder die Normen zum Gesundheitsschutz, die Liberalisierung des Energiemarktes oder die Transparenzrichtlinien, das Ausschreibungsverfahren bei öffentlichen Aufträgen oder der Rechtsanspruch der EU-Ausländer auf Sozialhilfe. Die Liste der Elemente des europäischen Rechts und der europäischen Politik, die sich auf den selbstverwalteten Bereich der Kommunen auswirken, ließe sich fortsetzen. Etwa 60 % aller ausführungspflichtigen Regelungen, die auf europarechtlicher Grundlage beruhen, werden von den Gemeinden implementiert. Kommunen werden auch deshalb in immer stärkerem Maße zu Vollzugsorganen europäischer Verwaltungen, weil es zu einer Europäisierung des Verwaltungsrechtes kommt.

(4) Durch europäische Regelungen werden die kommunalen Handlungsspielräume nicht nur in administrativer, sondern auch in finanzieller Hinsicht beeinflusst. Die eigenständige Gestaltungskraft der Kommunen ist ja wesentlich von den bereitgestellten Finanzmitteln der oberen Gebietskörperschaften abhängig, wobei die Beschlüsse der europäischen Institutionen eine zunehmende Bedeutung für die kommunalen Haushalte gewinnen. Oft schränken sie die fiskalischen Handlungsmöglichkeiten der Kommunen weiter ein. Allerdings sind es meist die nationalen Regierungen und nicht die Kommission, die solche Beschlüsse auf der Ratsebene fassen, ohne die Interessen der Kommunen zu berücksichtigen und innerstaatlich für finanzielle Kompensation zu sorgen. In Zeiten extrem angespannter Budgets wirken sich solche Zusatzbelastungen besonders restriktiv aus.
Selbst mit Fördermaßnahmen, die ja prinzipiell die finanziellen Möglichkeiten der Gemeinden erweitern, kann eine Steuerung verbunden sein. So bietet beispielsweise die erwähnte Mitteilung der Kommission zur nachhaltigen Stadtentwicklung den Kommunen zwar Mittel aus den verschiedenen Strukturfonds an, benennt aber zugleich Kontrollen, mit denen sie deren Vergabe beeinflussen will. Vielen der Förderprogramme, Pilotvorhaben, Netzwerke, Gemeinschaftsinitiativen oder Modellversuche, über die Gelder verteilt werden, ist eine solche steuernde Perspektive immanent. Das Ziel all dieser Aktivitäten ist es, gleiche Lebensverhältnisse in Europa zu schaffen, was durchaus zu begrüßen ist. Daraus resultiert aber zugleich eine Gefahr für die kommunale Selbstverwaltung, die ja gerade auf der Vielfalt örtlicher Lebensumstände beruht. Im Bestreben, einen uniformen Typ »der« europäischen Gemeinde schaffen zu wollen, liegt wohl die größte Gefahr für die kommunale Selbstverwaltung.

V. Chancen für die kommunale Selbstverwaltung

Bisher wurden, wie eingangs angekündigt, recht einseitig die Risiken betont, die aus der europäischen Integration für die kommunale Selbstverwaltung in der Bundesrepublik Deutschland erwachsen können. Manche der erwähnten Tatbestände eröffnen den Kommunen aber auch neue Perspektiven: Generell werden ihnen von »Brüssel« ja nicht nur Regelungen oktroyiert, sondern auch Hilfen geboten. Zumindest potentiell besteht die Möglichkeit, in die Planung und Evaluierung gemeinschaftlicher Projekte nicht nur passiv ausführend, sondern auch aktiv konzeptionell eingebunden zu werden. Die europäischen Förderprogramme dienen primär nicht dazu, die Gestaltungsspielräume der Gemeinden einzuengen, sondern im Gegenteil sie zu erweitern. Der Modernisierungsdruck, der vom Binnenmarkt ausgeht, birgt ebenfalls nicht nur Risiken in sich. Aus der zunehmenden Standortkonkurrenz kann neue Kreativität und neues Bürgerengagement bei der Gestaltung der örtlichen Verhältnisse erwachsen. Eine aktive Beteiligung an der Integration wirkt sich sicherlich zugleich positiv auf die Standortpolitik der Kommunen aus. Die Anbindung an die transeuropäischen Netze bietet ebenso neue Chancen wie die transnationalen Städtenetzwerke die gemeindliche Solidarität und das kommunale Bewusstsein stärken. In diesem Zusammenhang muss überlegt werden, ob nicht größere Städte stärker von Europa profitieren als kleine. Auch das Prinzip der Bürgernähe sollte nicht vorschnell als inhaltsleeres Propagandamittel zentralistischer Eurokraten abgetan werden. Es kann durchaus sein, dass der kommunale Bürger in Zukunft eine aktivere Rolle im Integrationsprozess spielen muss, um auf dem Weg von der wirtschaftlichen zur politischen Union weiter voranschreiten zu können, dass weitere Integrationsschritte nur gemacht werden können, wenn die kommunale Selbstverwaltung auch in anderen Mitgliedstaaten gestärkt wird. Innerhalb der Bundesrepublik Deutschland könnte der europäische Integrationsprozess das föderale Machtgefüge wieder zugunsten der Gemeinden verschieben. Der Bund, der – zumindest im Vergleich zu den Ländern – mehr Verständnis für kommunale Belange zeigt, sitzt an einer strategisch günstigen Stelle im europäischen »Mehr-Ebenen-System«. Auf absehbare Zeit wird der Nationalstaat die europäische Politik bestimmen und europäisches in nationales Recht transformieren. Das »Europa der Regionen« braucht also nicht nur einseitig auf eine Stärkung der deutschen Länder hinauslaufen. Generell muss die Frage gestellt werden, wie groß die Gefahr eines Absenkens des Niveaus der kommunalen Selbstverwaltung in Deutschland tatsächlich ist. Zumindest theoretisch besteht ja auch die Möglichkeit, dass das deutsche System der kommunalen Selbstverwaltung in den anderen

Mitgliedstaaten der EU Schule macht. Tendenzen zur Stärkung der kommunalen (und regionalen) Selbständigkeit in den zentralistischeren Staaten sind unübersehbar.

VI. Die Perspektive der kommunalen Selbstverwaltung

Die Frage, ob sich aus der europäischen Integration eher Risiken oder eher Chancen für die kommunale Selbstverwaltung ergeben, ist nicht eindeutig zu beantworten. Eine wirkliche Gefahr scheint von Europa in dieser Hinsicht aber nicht auszugehen. Die deutschen Kommunen wären jeoch gut beraten, weder darauf zu warten, dass das Prinzip der kommunalen Selbstverwaltung im europäischen Vertragswerk verankert wird, noch sich auf den verfassungsrechtlichen Schutz des Grundgesetzes zu verlassen. Sicherlich sind sie bisher institutionell nur mangelhaft in das Politikgeflecht der Gemeinschaft eingebunden, und gerade deshalb müssen sie ihr Engagement verstärken, wollen sie die Chancen nutzen, die ihnen Europa bietet. Gefahren für die kommunale Selbstverwaltung gehen wie in der Vergangenheit in erster Linie von der Kompetenzverlagerung im deutschen Föderalismus, von der Gleichgültigkeit der Bürger, von der schwierigen Finanzlage und von der Ideenlosigkeit lokaler Politiker und Bürokraten aus. Wer die »Regelungswut« der Europäischen Kommission als den ärgsten Feind der kommunalen Selbstverwaltung ansieht, erkennt nicht, dass wahrscheinlich viele Gesetze und Verordnung der Länder und des Bundes nur den Umweg über Brüssel nehmen. Für die Kommunen kommt es darauf an, unter den sich verändernden wirtschaftlichen, politischen und rechtlichen, letztlich gesellschaftlichen Verhältnissen nicht nur die Rolle eines passiven Objekts zu spielen, sondern die eines aktiven Subjekts und zwar auf europäischer wie auf nationaler Ebene.

Literaturverzeichnis

Deutscher Städtetag (Hrsg.): Die deutsche kommunale Selbstverwaltung in der Europäischen Union, Köln 1998.

Grupp, Klaus (Hrsg.): Kommunale Selbstverwaltung in Deutschland und Europa, Berlin 1995.

Heberlein, Horst Christoph: Europa der Kommunen, Stuttgart 1995.

Hoppe, Werner/Schink, Alexander (Hrsg.): Kommunale Selbstverwaltung und Europäische Integration, Köln 1990.

Ipsen, Jörn/Rengeling, Hans-Werner (Hrsg.): Gemeinden und Kreise in einem vereinten Europa, Osnabrück 1999.

Kaltenborn, Jens: Der Schutz der kommunalen Selbstverwaltung im Recht der Europäischen Union, Baden-Baden 1996.

Knemeyer, Franz-Ludwig: Europa der Regionen – Europa der Kommunen: Wissenschaftliche und politische Bestandsaufnahme und Perspektive, Baden-Baden 1994.

Kommission der Europäischen Gemeinschaften: Mitteilung: Nachhaltige Stadtentwicklung in der Europäischen Union: ein Aktionsrahmen, KOM (1998) 605 endg., Brüssel 1998.

Martini, Alexander: Gemeinden in Europa: Einwirken der Europäischen Gemeinschaft auf die deutschen Gemeinden und Schutz der kommunalen Selbstverwaltung im Gemeinschaftsrecht, Köln 1992.

Nagler, Matthias-Berthold: Die Einwirkung sekundären EWG-Rechts auf die gemeindliche Selbstverwaltung nach Art. 28 II 1 des Grundgesetzes für die Bundesrepublik Deutschland, Göttingen 1992.

Schäfer, Thomas: Die deutsche kommunale Selbstverwaltung in der EU, Berlin u.a. 1998.

Schultze, Claus J.: Die deutschen Kommunen in der Europäischen Union. Europa-Betroffenheit und Interessenwahrnehmung, Baden-Baden 1997.

von Zimmermann-Wienhuss, Siegrid: Kommunale Selbstverwaltung in einer Europäischen Union: Deutsche Gemeinden und spanische »municipias« im europäischen Integrationsprozeß, Berlin 1997.

Helmut Cox

Neuere Entwicklungen der Unternehmensstrukturen im Bereich der öffentlichen Wirtschaft. Eine Betrachtung aus der spezifischen Sicht des Wettbewerbs der Institutionen.

I. Öffentliche Wirtschaftstrukturen im Wandel

Die Unternehmensstrukturen der öffentlichen Wirtschaft in Deutschland und in anderen europäischen Ländern haben in den vergangenen Jahren einen teilweise dramatischen Wandel erfahren. Dieser Prozess ist keineswegs abgeschlossen, sondern noch in vollem Gange. Es ist zu erwarten, dass in den kommenden Jahren des neuen Jahrhunderts der öffentliche Wirtschaftssektor kaum mehr wieder zu erkennen sein wird. Schon jetzt zeichnet sich hinsichtlich des Stellenwerts und des Selbstverständnisses des öffentlichen Eigentums sowie der Organisationsstrukturen ein Paradigmenwechsel ab. Das ehemals »klassische« öffentliche Unternehmen wird immer mehr dem gemischtwirtschaftlichen Unternehmen mit differenzierten Eigentumsstrukturen oder dem privatwirtschaftlichen Unternehmenstypus mit Aufgabenverpflichtung weichen. Dabei kann die öffentliche Aufgabenerfüllung künftig einen eher untergeordneten Stellenwert haben oder gar obsolet werden. Dies würde die Transformation eines ehemals öffentlichen Unternehmens in ein Privatunternehmen zur Folge haben, welches rentabilitätsorientiert geführt wird und dem Eigeninteresse der privaten Eigentümer bzw. Anteilsinhaber dient. Sollen neben den gewinnorientierten Geschäften auch öffentliche Aufgaben im Sinne spezieller öffentlicher Dienstleistungen, z.B. Universaldienste bzw. Dienstleistungen von allgemeinem Interesse erbracht werden, können selbst Privatunternehmen auf gesetzlichem oder vertraglichem Wege verpflichtet werden, solche Dienstleistungen im Interesse der Allgemeinheit zu erbringen. Eine derartige Aufgabenregulierung findet sich schon heute in diversen Gesetzen für bestimmte, inzwischen deregulierte Wirtschaftssektoren wie Post, Telekommunikation, Energiewirtschaft oder den öffentlichen Personen- und Nahverkehr.[1]

1 *Cox (1997).*

Wenn man die verschiedenen möglichen Organisationsformen öffentlicher Aufgabenwahrnehmung auf einem Kontinuum abtragen würde, das von den äußeren Eckpunkten »›klassisches‹ öffentliches Unternehmen« und »Privatunternehmen« gebildet wird, so dürften künftig die realen Typen öffentlicher Aufgabenwahrnehmung zwischen diesen Extrempunkten liegen, d.h. sich künftig stärker in Richtung des aufgabenregulierten Privatunternehmens bewegen, das zu bestimmten öffentlichen Dienstleistungen verpflichtet wird (Aufgabenregulierung). Diese Entwicklung ist gemeint, wenn hier vom »Paradigmenwechsel« in der öffentlichen Wirtschaft gesprochen wird.

II. Exogene und endogene Ursachen für den Strukturwandel in der öffentlichen Wirtschaft

Die Gründe für einen solchen unternehmensstrukturellen Paradigmenwechsel sind vielfältig und teils exogen, d.h. durch politische bzw. gesetzliche Vorgaben, teils endogen, d.h. durch marktwirtschaftliche Anpassungsprozesse, bedingt.

(1) Unter den exogenen Faktoren steht an erster Stelle die Binnenmarktkonzeption der Europäischen Union mit dem Ziel der konsequenten Deregulierung und Entmonopolisierung bisheriger Wettbewerbsausnahmebereiche, wozu auch viele öffentliche Dienstleistungssektoren gezählt werden. Die Wettbewerbsöffnung ist nicht ohne Folgen für die öffentlichen Unternehmen in den ehemaligen Wettbewerbsausnahmebereichen gewesen. Auch diese werden einem verstärkten Wettbewerb ausgesetzt sein, was wiederum eine Neu- oder Umorientierung der Unternehmenspolitik zur Folge haben wird. Das ehemals klassische öffentliche Unternehmen, das keinem wesentlichen Parallelwettbewerb ausgesetzt war und Verluste in bestimmten Sparten oder bei bestimmten Dienstleistungen durch höhere Preise in anderen Bereichen intern ausgleichen konnte (interner Finanzausgleich bzw. interne Quersubventionierung), hat sich künftig verstärkt am Markt zu orientieren. Deshalb werden Kostensenkungs- und Gewinnerzielungspolitik als Voraussetzungen für die künftige Wettbewerbsfähigkeit in einem intensiver werdenden Wettbewerb angesehen.

(2) Aus einer eher marktoptimistischen Sicht wird das ordnungspolitische Argument vertreten, dass private Unternehmen im Wettbewerb genauso gut,

wenn nicht gar besser auch Dienstleistungen von Allgemeininteresse erbringen können, und sofern dies nötig ist, gegebenenfalls durch öffentliche Bindung bzw. Aufgabenregulierung zu öffentlichen Aufgaben verpflichtet werden können. Zwischen freiem Wettbewerb und guten ökonomischen Marktergebnissen wird prinzipiell kein Zielkonflikt, sondern eher eine Zielharmonie gesehen. Die bisher vertretene Ansicht, dass die Wahrnehmung öffentlicher Dienstleistungen nur in der Organisationsform des öffentlichen Eigentums optimal erfüllt werden kann, wird infrage gestellt. Selbst privatisierte bzw. private Unternehmen könnten defizitäre öffentliche Aufgaben wahrnehmen, wenn sie hierfür einen entsprechenden Finanzausgleich erhielten. Unter diesen Bedingungen würden auch verliehene Alleinrechte mit der Möglichkeit der internen Quersubventionierung überflüssig, weshalb nicht nur die Privatisierung öffentlicher Unternehmen, sondern auch die Deregulierung, d.h. Entmonopolisierung ehemaliger Wettbewerbsausnahmebereiche gefordert und auch entsprechend umgesetzt wird. Die Deregulierungspolitik ergibt sich unmittelbar aus dem Europäischen Gemeinschaftsrecht und ist bindend für alle EU-Staaten, während die Frage der Privatisierung öffentlicher Unternehmen der Entscheidung der einzelnen Mitgliedstaaten bzw. ihrer Gebietskörperschaften obliegt. Dies ergibt sich aus dem Art. 295 n.F. EGV, der hinsichtlich der Eigentumsfrage eine neutrale Position einnimmt.

(3) Ob unter Wettbewerbsbedingungen die Erfüllung bisheriger öffentlicher Aufgaben, die aus Gründen eines Allgemeininteresses erbracht werden mussten und mehr oder weniger rentierlich oder gar nichtkostendeckend sind, noch möglich ist, ist fraglich, weil Unternehmen im Wettbewerb dahin tendieren, solche wenig oder gar nicht gewinnträchtigen Aufgaben abzubauen. Die Verpflichtung eines öffentlichen Unternehmens, eine flächendeckende Versorgung mit Universaldiensten zu sozial angemessenen Preisen und hoher Qualität sicherzustellen, hätte zur Folge, dass Startchancengleichheit im Wettbewerb für dieses Unternehmen nicht gewährleistet wäre, es sei denn, es würde für defizitäre Universaldienste einen äquivalenten externen Finanzausgleich erhalten. Auf jeden Fall haben sich durch die neue Entwicklung die Randbedingungen für die Erfüllung öffentlicher Aufgaben verändert. Neue Finanzierungsstrategien sind gefragt, weil künftig unter Wettbewerbsbedingungen die interne Subventionierung öffentlicher Dienste nur noch im Ausnahmefall praktiziert werden dürfte.

(4) Dem »klassischen« öffentlichen Unternehmen sind auch Wachstumsgrenzen gesetzt. Der öffentliche Träger müsste das öffentliche Unternehmen mit dem notwendigen Eigenkapital ausstatten, damit es wettbewerbsfähig

bleibt oder wird. Die meisten öffentlichen Unternehmen sind allerdings unterkapitalisiert, weil der Staat aufgrund der Krise der öffentlichen Haushalte nicht in der Lage oder willens ist, seine Unternehmen ausreichend mit Eigenkapital auszustatten. Deshalb sind auch öffentliche Unternehmen gezwungen, sich partiell mit privatem Kapital zu versorgen. Dies geschieht u.a. durch die Umwandlung in Aktiengesellschaften und durch den Gang an die Börse mit dem Ziel der Kapitalbeschaffung. Teil- oder gar Vollprivatisierung bewirkt einen Paradigmenwechsel vom »klassischen« öffentlichen Unternehmen weg in Richtung des gemischtwirtschaftlichen oder gar des voll privatisierten Unternehmens. Die in der Vergangenheit in fast allen europäischen Ländern durchgeführten Privatisierungen sind in vielen Fällen das Ergebnis solcher marktendogener Anpassungsprozesse und resultieren zudem mehr aus finanzierungspolitischen Motiven denn aus ordnungspolitischen Grundsatzüberlegungen. Das eigentumsneutrale europäische Recht fordert zwar die Wettbewerbsöffnung, aber nicht, wie gezeigt, die Privatisierung öffentlicher Unternehmen.

(5) Die Umwandlung öffentlicher Unternehmen in Aktiengesellschaften und anschließende Privatisierungen haben sicherlich einen positiven Effekt auf eine dauerhafte Eigenkapitalstärkung. Außerdem wird der Autonomiespielraum des Managements erheblich erweitert, was sich sicherlich auch positiv auf die Wettbewerbsfähigkeit auswirkt. Ebenso werden partikulare Interessen der Politiker, wie sie von der Public Choice-Theorie thematisiert werden, wesentlich zurückgedrängt. Zudem wird die Kontroll- und Fortschrittsfunktion funktionierender Märkte und der Börse voll wirksam, so dass auch von dieser Seite das Management immer wieder zu einer effizienten Unternehmenspolitik angehalten wird.

(6) Gleichwohl erschweren Privatisierungen die Wahrnehmung der Aufgaben von allgemeinem Interesse, wenn diese Aufgaben wenig rentierlich oder nichtkostendeckend sind, vom Unternehmensmanagement als Gemeinwohllasten empfunden werden und deshalb fast dazu bestimmt sind, als wenig rentierliche Geschäfte abgestoßen zu werden. Diese Tendenz wird durch die Börsennotierung einer Aktiengesellschaft noch verstärkt. Dem ohne Zweifel positiv zu bewertenden Effizienzeffekt der Unternehmensbewertung an der Börse steht das Streben des Managements gegenüber, solche wenig rentablen Gemeinwohlaufgaben abzubauen. Dies ist umso einfacher, je weniger konkret der öffentliche Dienstleistungsauftrag auf regulatorischem Wege vorgegeben ist. Das Management wird umso mehr in diese Richtung neigen, je höher das Agio bei der Aktienemission angesetzt ist. In der Regel ist mit einem aus Ka-

pitalbeschaffungsgründen hoch angesetzten Agio ein Vertrauensvorschuss der Börse und der Aktionäre verbunden. Deshalb ist das Unternehmensmanagement zu einer konsequenten wertorientierten Unternehmenspolitik zu Gunsten der Shareholder angehalten und versucht, diese auch umzusetzen, um die Ertragskraft und den Aktienkurs nachhaltig zu steigern. Wenn diese Hypothese richtig ist, dann erscheinen dem Unternehmensmanager wenig rentable Gemeinwohlaufgaben eher als Lasten, die abgebaut werden. Deshalb kann auf eine Aufgabenregulierung, die auf gesetzlichem Wege die Erfüllung von öffentlichen Dienstleistungen sicher stellt, nicht verzichtet werden, wenn solche Dienstleistungen gesellschaftspolitisch einen hohen Rang haben sollen und politisch gewollt sind. Dies ist auch ein wesentlicher Grund dafür, dass der Gesetzgeber, d.h. die Europäische Union und deren Mitgliedstaaten, davon ausgeht, dass ein funktionierender Wettbewerb nicht automatisch bestimmte, gesellschaftspolitisch gewünschte Wohlstandsniveaus automatisch hervorbringt. Schlüsselbegriff in diesem Zusammenhang ist der Begriff der »Universaldienstleistung«.[2] Das Universaldienstleistungskonzept der Europäischen Union hat eine Mindest- oder Basisversorgung zum Ziel, die bestimmte, staatlich zu garantierende Dienstleistungen von bestimmter Qualität und Quantität sowie zu sozial angemessenen, tragbaren Preisen für die Allgemeinheit beinhaltet. Als Beispiel wäre eine flächendeckende Versorgung mit Infrastrukturleistungen von bestimmter Quantität (Flächendeckungsgrad) und Qualität sowie zu angemessenen Preisen, die nicht die regionalen Kosten der Infrastruktur widerspiegeln (z.B. zu einheitlichen Tarifen im Raum).

III. Strukturwandel in der öffentlichen Wirtschaft im Lichte des Wettbewerbs der Institutionen

(1) Wie gezeigt, beginnen sich aufgrund exogener und endogener Einflüsse anstelle des »klassischen« öffentlichen Unternehmens neue, andersartige Unternehmenstypen zu etablieren. Hierbei zeichnet sich eine Entwicklung ab, die in Richtung des gemischtwirtschaftlichen und des privaten Unternehmens geht, welche der Aufgabenregulierung unterliegen. Dies gilt beispielsweise für die Sektoren Post und Telekommunikation, aber auch für andere Bereiche der öffentlichen Wirtschaft. Ob diese Entwicklung repräsentativ für alle öffentlichen Dienstleistungssektoren ist, scheint zurzeit nicht deutlich erkenn-

2 *Cox (1996a).*

bar zu sein. In anderen Sektoren kann nämlich nach wie vor ein ausgesprochen intensiver Wettbewerb zwischen unterschiedlichen Unternehmenstypen – öffentlichen, privaten, genossenschaftlichen und freigemeinnützigen Unternehmen – festgestellt werden, wenn man beispielsweise an den »Gruppenwettbewerb« innerhalb des deutschen Banken- und Versicherungssektors denkt. Im Kreditsektor konkurrieren Privatbanken, öffentliche Banken (Sparkassen, Landesbanken) und genossenschaftliche Kreditinstitute miteinander auf mehr oder weniger gleichen relevanten Bankenmärkten. Auf den Versicherungsmärkten gibt es einen mehr oder weniger intensiven Wettbewerb zwischen privaten, öffentlich-rechtlichen und genossenschaftlichen Versicherern und Versicherungsvereinen auf Gegenseitigkeit. Im städtischen Bereich dominiert nach wie vor der Typ des kommunalen Unternehmens (Stadtwerke), aber nicht mehr ausschließlich als Alleinanbieter in den klassischen Versorgungsbereichen der Kommunalwirtschaft, wie Strom, Gas, Wasser, Nahverkehr, Entsorgung, Kultur usw. Auch hier hat sich zum Teil schon ein intensiver Wettbewerb entwickelt, wenn man an die Energieversorgung denkt.

(2) In vielen dieser Bereiche nehmen die verschiedenartigsten Unternehmen teils gewinnorientierte Wettbewerbsgeschäfte, teils öffentliche Dienstleistungsaufgaben wahr. Sie sind durch Gesetz, Satzung oder auf andere institutionelle Art verpflichtet, (Universal-)Dienstleistungen für die Allgemeinheit zu erbringen, die von unregulierten Privatunternehmen im Wettbewerb aufgrund erwarteter niedriger Rendite oder gar Unrentabilität nicht ohne weiteres wahrgenommen würden. Ob dieser strukturelle Status quo stabil bleibt, ist schwer abschätzbar. Auch in diesen klassisch-öffentlichen Versorgungsbereichen scheinen die Unternehmensstrukturen, Organisationsformen und Regelungen zur öffentlichen Aufgabenwahrnehmung im Fluss zu sein. In welche Richtung sie sich konkret entwickeln werden, kann nicht ohne weiteres prognostiziert werden. Allenfalls kann ein allgemeines Entwicklungsmuster im Sinne einer »Mustervoraussage«[3] angegeben werden, die besagt, dass es auch in diesen Sektoren und Branchen künftig eine mehr oder weniger starke Anpassung an privatwirtschaftliche Unternehmensstrukturen geben wird.

(3) Es erscheint wissenschaftlich fruchtbar, die Entwicklung des öffentlichen Dienstleistungssektors und der Unternehmensstrukturen als Prozess und Ergebnisse des *Wettbewerbs der Institutionen* bzw. (synonym) des

3 *von Hayek (1968).*

Systemwettbewerbs, d.h. der unterschiedlichen Regeln und Regelungssysteme zu begreifen. Unter »Institution« sollen in Anlehnung an North interaktionsrelevante Regeln oder Regelsysteme verstanden werden[4], welche in Organisationen, hier solchen der öffentlichen Aufgabenwahrnehmung, zur Anwendung kommen. G. Weisser[5] hat schon wesentlich früher als die Institutionentheoretiker vom »Wettbewerb der Unternehmenstypen« gesprochen, verstanden als Wettbewerb um die bestmöglichen »Sinnstrukturen«, Organisationsformen und Regelsysteme zur Befriedigung materieller und immaterieller Interessen, zur Erfüllung eines (genossenschaftlichen) Förderauftrags oder eines öffentlichen Dienstleistungsauftrags. Bei der Übertragung des institutionentheoretischen Ansatzes auf die öffentliche Wirtschaft wird der evolutorisch-systemtheoretische Marktprozessansatz auf den Vorgang der öffentlichen Dienstleistungserbringung übertragen. Der Wettbewerb dient hier als »Such- und Entdeckungsverfahren« (von Hayek) zur Findung der optimalen Regel, Regulierung oder organisatorischen Form zur Erfüllung eines öffentlichen Auftrags. Der Wettbewerb als Such- und Entdeckungsverfahren wird aufgrund des »konstitutionellen Wissensmangels«[6] für notwendig erachtet, weil keiner ex ante wissen kann, welches institutionelle Arrangement bzw. welche Arrangements die geeignetsten Problemlösungs- bzw. Bedarfsdekkungsverfahren sind. Dieses Unwissen resultiert schon aus der Tatsache, dass die Präferenzen der Bürger vielfältig sind und sich im Laufe der Zeit immer wieder ändern und dass neue Problemlagen und Herausforderungen entstehen, wie sie beispielsweise für die öffentliche Wirtschaft in diesem Kapitel thematisiert werden. Dies alles sind Gründe für die Suche nach neuen institutionellen Arrangements auch im Bereich des öffentlichen Dienstleistungssektors.

(4) Der Wettbewerb der Institutionen bzw. Systeme wirkt in zwei Richtungen, zum einen bei der Entdeckung und zum anderen bei der Kontrolle institutioneller Arrangements.[7] Der institutionelle Wettbewerb wirkt als Entdekkungsverfahren insofern, als er institutionellen Nachfragern ermöglicht, die Leistungsfähigkeit gegebener Institutionen zu vergleichen und zu prüfen, und dass institutionelle Anbieter (die Politikverantwortlichen) immer wieder im demokratischen Wettstreit um Wählerstimmen herausgefordert sind, attraktivere Neuerungen für die Nachfrager zu entwickeln. Zum anderen wirkt Systemwettbewerb kontrollierend auf die Anbieter alter und neuer Arrange-

4 *North (1990).*
5 *Weisser (1954); Weisser (1960).*
6 *von Hayek (1968); Streit/Wegner (1989).*
7 *Mussler/Wohlgemuth (1995); Vihanto (1992).*

ments, weil damit gerechnet werden muss, dass im gegenseitigen Wettbewerb institutionelle Arrangements einer potentiellen oder auch tatsächlichen Substitution unterliegen können und werden. Entdeckungs- und Kontrollfunktion des institutionellen Wettbewerbs kommen deshalb zur Wirkung, weil die Möglichkeit der Abwanderung (Exit) und des Widerspruchs (Voice) die institutionellen Anbieter ständig zur Überprüfung, gegebenenfalls zur Korrektur der möglicherweise weniger attraktiven und weniger effizienten Arrangements veranlasst.[8] Diese Effekte werden im Bereich der öffentlichen Dienstleistung aber nur möglich, wenn die Nachfrager die Möglichkeit des Anbieterwechsels haben. Dies ist unter den geänderten Rahmenbedingungen zunehmend der Fall, weil auch die ehemaligen Wettbewerbsausnahmebereiche mit Alleinangebotsrechten zunehmend dereguliert, d.h. für den Angebotswettbewerb geöffnet worden sind und werden und somit auch Exit und Voice praktiziert werden können. Gerade durch die europarechtlich veranlasste Deregulierungspolitik, die zu Wettbewerbsöffnung, Abschaffung staatlicher Monopole und Wettbewerbsausnahmebereichsregelungen geführt hat, sind für die öffentliche Wirtschaft neue Herausforderungen entstanden. Die öffentlichen Unternehmen stehen heute in fast allen öffentlichen Wirtschaftsbereichen in einem intensiver gewordenen und immer intensiver werdenden Parallelwettbewerb mit anderen, meist privaten Anbietern. Das Gebot der Startchancengleichheit im Wettbewerb (Paritätspostulat) verbietet zudem öffentliche Beihilfen oder ähnliche Vorteile auch für die öffentliche Wirtschaft. Nach Art. 87 EGV n. F. stehen Beihilfen unter einem strikten Verbot. Öffentliche Unternehmen werden nach dem europäischen Gemeinschaftsrecht grundsätzlich wie Privatunternehmen bzw. private Investoren behandelt.[9] Ausnahmeregelungen sind bei Vorliegen eines wichtigen öffentlichen Interesses zwar möglich, werden aber sehr restriktiv gehandhabt, wie der Art. 86, Abs. 2 n. F. EGV zeigt. Auch diese neue Rechtslage zwingt den öffentlichen Unternehmenssektor zur Suche nach neuen institutionellen Arrangements.

(5) Ein weiteres Problem für die öffentliche Wirtschaft ist – wie schon angedeutet – die Verbesserung der Eigenkapitalbasis, die notwendig ist, um im Wettbewerb mit privaten Anbietern bestehen zu können. Aufgrund von Haushaltsengpässen sind die öffentlichen Träger nicht in der Lage, ihre Unternehmen ausreichend mit zusätzlichem Eigenkapital zu versorgen, deshalb wird in der Aufnahme privaten Kapitals, zum Teil durch Umwandlung der Unternehmen in Aktiengesellschaften und durch den Gang an die Börse, oft der einzige

8 *Hirschmann (1970).*
9 *Cox (1995).*

(leichtere) Ausweg aus der Finanzierungskrise gesehen. Die Aufnahme privaten Eigenkapitals stellt natürlich einen gravierenden Strukturumbruch eines öffentlichen Unternehmens dar, weil die Entscheidungs- und Willensbildungsstrukturen sowie die Unternehmensziele sich ändern und partiell privatwirtschaftliche Charakterzüge annehmen können. Wenn sich in einem solchen institutionellen Wettbewerb zunehmend privatwirtschaftliche Strukturen herausbilden und die Unternehmenspolitik im Interesse der privaten Anteilsinhaber konsequent nach dem Prinzip der Rentierlichkeit ausgerichtet wird, so kann das Ergebnis des Systemwettbewerbs durchaus in der Reduzierung bisheriger öffentlicher Aufgaben, Universaldienstleistungen oder Mindestversorgungsstandards bestehen, die im sog. Allgemeininteresse für geboten erachtet werden. Unter diesen Bedingungen kann der institutionelle Wettbewerb durchaus zu einer Anpassung der Versorgungsniveaus »nach unten« führen (»race to the bottom«).[10] Je mehr privates Kapital aufgenommen wird, umso schwieriger wird der »Spagat« zwischen öffentlichem Dienstleistungsauftrag und privatwirtschaftlicher Rentabilität, den Unternehmen mit Gemeinwohlorientierung zu bestehen haben.

(6) Der derzeitige Stand der Forschung lässt es noch nicht zu, allgemeingültige Aussagen und empirisch abgesicherte Hypothesen über die Wirkungen des institutionellen Wettbewerbs im Hinblick auf öffentliche Dienstleistungen zu formulieren, sofern dies überhaupt in konkreter Form möglich sein wird. Im Übrigen müsste man sicherlich nach Produkt- bzw. Dienstleistungsart, nach Branche, nach betriebswirtschaftlichen Kriterien, wie Grad der Kostendeckung, der Rentabilität oder anderen Kriterien, differenzieren. Die entscheidende Frage in diesem Zusammenhang ist, ob Dienstleistungen von allgemeinem Interesse, z.B. in Gestalt wenig rentabler Universaldienstleistungen, auch als Wettbewerbsdienste ohne jeglichen Regulierungsdruck erbracht werden können. Wenn dies sein sollte, bräuchte der institutionelle Wettbewerb nicht unbedingt zu einem Abbau der Versorgungsstandards führen. Dies setzt allerdings voraus, dass selbst defizitäre oder nur die Kosten deckende Universaldienstleistungen mit privatwirtschaftlichen Kosten-Nutzen-Überlegungen vereinbar sind. Hierfür könnten möglicherweise Kapazitätsauslastungsgründe, Imageförderung für das Unternehmen, Public Relations-Zwecke oder Gründe der künftigen Markterschließung bzw. Marktbesetzung sprechen. Bei flächendeckenden Netzen bzw. unteilbaren Großkapazitäten mit hohem Fixkostenanteil, die Vollauslastung verlangen, könnten Erwägungen dieser Art durchaus eine gewisse Rolle spielen. Gleichwohl kann dies nicht generell für

10 *H.-W. Sinn (1990)*; *Kiwit/Voigt (1997)*.

den gesamten öffentlichen Dienstleistungsbereich behauptet werden. Deshalb ist bei dieser Frage eine differenzierende Betrachtung angebracht, bevor allzu voreilige Schlüsse hinsichtlich der betriebswirtschaftlichen Rechenbarkeit von Universaldienstleistungen gezogen werden. Vieles spricht zum gegenwärtigen Zeitpunkt aber eher dafür, dass ohne eine gewisse Aufgabenregulierung Universaldienstleistungen, vor allem wenn diese nicht kostendeckend sind, nicht freiwillig erbracht werden. Deshalb werden Anreize in Form eines staatlichen Finanzausgleichs eine wichtige Voraussetzung für die Erbringung wenig oder nicht rentabler Universaldienstleistungen darstellen.

(7) Der institutionelle Wettbewerb braucht im Ergebnis nicht unbedingt zu einem Einheitstypus von Arrangements führen. Zwar kann nicht übersehen werden, dass sich zum gegenwärtigen Zeitpunkt eine starke Tendenz zum aufgabenregulierten (voll- oder teilprivatisierten) Unternehmen abzeichnet, und es zur Verdrängung gegebener öffentlicher Arrangements kommt (Substitutionseffekt). Gleichwohl sind aber auch andere Unternehmensstrukturen denkbar, die im Wettbewerb der Institutionen überleben und auf Dauer parallel bestehen können. Dann würde auch langfristig die Vielfalt der Formen öffentlicher Dienstleistungserbringung erhalten bleiben. Entscheidend dürfte sein, mit welchen (zusätzlichen) Parametern der institutionelle Wettbewerb geführt wird. Wenn es nicht nur auf den Preis, auf Quantität, Qualität und Rentabilitätsmaximierung ankommt, sondern verstärkt die Förderung spezieller, vom privatwirtschaftlichen Wettbewerb vernachlässigter Bevölkerungsgruppen angestrebt wird und darüber hinaus auch gemeinnützige, immaterielle Werte, wie z.B. Umweltziele, personelle Teilnahme an der Willensbildung, Kontrollrechte der Mitarbeiter und der Nachfrager, genossenschaftliche Strukturelemente oder dergleichen eine Bedeutung haben, und solche Werte im Bewusstsein der Bevölkerung und im Marktprozess internalisiert werden, könnten durchaus vielgestaltige Formen von Arrangements im institutionellen Wettbewerb entstehen und überleben. Dies gilt vor allem dann, wenn es gelingt, auch für öffentliche Arrangements neue, attraktive Rechtskonstruktionen und Modelle der Kapitalbeschaffung zu entwickeln. Welche einzelwirtschaftlichen Strukturen das letztlich sind, kann nur der Wettbewerb als Such- und Entdeckungsprozess zutage fördern.

IV. Vorab-Harmonisierung der Universaldienstleistungsstandards in der Europäischen Union aufgrund von Mängeln und Versagen des institutionellen Wettbewerbs?

(1) Wenn die Hypothese richtig ist, dass der institutionelle Wettbewerb eher zu einem Abbau wenig rentierlicher öffentlicher Dienstleistungen und Grundversorgungsstandards führt, bleibt zu diskutieren, ob solche nicht gewollten Wirkungen durch gesetzliche Verpflichtung im Wege von Auflagen und – bezogen auf die EU – durch eine Vorab-Harmonisierung der Universaldienstleistungsstandards verhindert werden können und sollen. Dieses Problem ist zunächst in hohem Maße ein politisches, weil über Universaldienstleistungsstandards bzw. die Aufgaben von allgemeinem Interesse nur auf politischem Wege entschieden werden kann. In der EU ist diese Frage dahingehend entschieden worden, dass aus gesellschaftspolitischen Überlegungen und aus Gründen der Kohäsion eine Basisversorgung mit wichtigen Universaldienstleistungen für alle Mitgliedstaaten einen hohen Stellenwert hat. Diese Grundsatzentscheidung hat schon Eingang in diverse Richtlinien über Universaldienstleistungen für die verschiedenen Wirtschaftssektoren gefunden. Die Entscheidung für den Weg der Vorab-Harmonisierung ist in Wissenschaft und Politik jedoch nicht unumstritten. Es sind vor allem Verfechter des institutionellen Wettbewerbs, die aus verschiedenen Gründen einen europaweiten Wettbewerb der Systeme gegenüber der Ex-ante-Harmonisierung für effizienter halten und präferieren.[11]
Im Folgenden soll zunächst geklärt werden, was die beiden alternativen Harmonisierungsstrategien beinhalten, und wie die Harmonisierungsergebnisse zu beurteilen sind, um anschließend zu prüfen, welcher Harmonisierungsweg für die Verwirklichung eines Universaldienstleistungskonzepts zu bevorzugen wäre.

(2) In der Diskussion über die Vollendung des Europäischen Binnenmarkts geht es im Hinblick auf die zum Teil großen Unterschiede bei den nationalen Regelwerken und Rahmenbedingungen zur öffentlichen Aufgabenwahrnehmung um die Frage, ob diese Regelungen vorab auf zentraler Ebene harmonisiert werden sollen oder ob ein (dezentraler) Wettbewerb der Institutionen bevorzugt werden soll, der über Wettbewerbsprozesse optimale Harmonisierungsergebnisse ex-post hervorbringt.[12] Der erstgenannte Harmonisierungs-

11 *Prosi (1991)*; *Mussler/Wohlgemuth (1995)*.
12 *Prosi (1991)*; *Pitlik (1997)*; *Ehlermann (1995)*; *Woolcock (1994)*.

weg erfolgt zentral von höchster EU-Ebene im Rahmen eines demokratisch-politischen Willensbildungs- und Entscheidungsprozesses über die zu regelnden Objekte, hier die gewünschten Universaldienstleistungsstandards. Dieser Willensbildungs- und Entscheidungsprozess auf zentraler Ebene hat Bargaining-Charakter, kann kompliziert und zeitaufwendig sein und beruht immer auf Kompromissentscheidungen. Beim zweiten Weg, dem des institutionellen Wettbewerbs, werden diese Probleme umgangen, weil der freie Wettbewerb der Regelsysteme es richten soll, und zwar in dem Sinne, dass sich das angeblich oder tatsächlich effizientere Regelwerk, hier: Universaldienstleistungskonzept, am Markt durchsetzen wird. Möglich ist aber auch, dass mehrere Regelsysteme und -konzepte sich parallel im Markt behaupten können. Im Rahmen des institutionellen Wettbewerbs wird der Systemwettbewerb, wie gezeigt, als ein offenes Such- und Entdeckungsverfahren angesehen, so dass die Harmonisierungsergebnisse prinzipiell vorab nicht bekannt sein können. Dagegen werden bei der Vorab-Harmonisierungsstrategie die Ergebnisse bzw. Ziele der Harmonisierung normativ-politisch auf dem Verhandlungsweg ex-ante vorgegeben und bewusst politisch bestimmt.

(3) Beide Harmonisierungsstrategien sind regelgeleitete Koordinations- und Kontrollsysteme, wirken jedoch in völlig unterschiedlicher Weise und basieren auf völlig unterschiedlichen Philosophien. Hier stehen sich gegenüber:

- Bargaining und politische Dezision versus Wettbewerbsprozess;
- Ex-ante- versus Ex-post-Harmonisierung;
- Zentrale versus dezentrale Lösung;
- Vorab bestimmte Harmonisierungsergebnisse versus unbekannte Harmonisierungsergebnisse aufgrund der Offenheit des Wettbewerbsprozesses.

Es ist denkbar und möglicherweise auch nicht unrealistisch anzunehmen, dass die politisch determinierten Harmonisierungsziele den im Wettbewerb zustande kommenden Harmonisierungsergebnissen partiell oder ganz widersprechen können. Dieser mögliche Widerspruch verdeutlicht die völlig unterschiedliche Ausgangs- und Grundposition dieser beiden Harmonisierungsstrategien.

(4) In der EU scheint es trotz allgemeiner Deregulierungstendenz eine stärkere Präferenz zu Gunsten der Vorab-Harmonisierungsstrategie zu geben, wenn im Hinblick auf die »öffentlichen Aufgaben«, das »öffentliche« bzw. »Allgemeininteresse«, »Universaldienstleistungen«, »schutzwürdige nicht wirtschaftliche Interessen« usw. die Richtlinienkompetenz der EU-Institutio-

nen reklamiert wird und sich dies in der Vergangenheit auch in diversen Richtlinien zu verschiedenen Sektoren bzw. Regulierungsbereichen niedergeschlagen hat.[13] Richtlinien zu Universaldienstleistungsstandards haben die Funktion, die nationalen Regulierungen bzw. Gesetze auf bestimmte Harmonisierungsziele hin abzustimmen und zu vereinheitlichen. Einem unregulierten institutionellen Wettbewerb der national unterschiedlichen Regelwerke und Konzeptionen scheint man von daher eher zu misstrauen, obwohl gerade das Wettbewerbsprinzip die tragende Säule der Europäischen Binnenmarktkonzeption ist. Wenn Universaldienstleistungsstandards für alle Mitgliedstaaten vorab harmonisiert werden und damit einen Verbindlichkeitscharakter bekommen, dann wird hiermit ein Wettbewerbspessimismus zum Ausdruck gebracht, der eine zentrale Aufgabenregulierung im sog. Allgemeininteresse begründet.[14]

(5) Kritiker der Vorab-Harmonisierung kommen vor allem aus der strikt marktliberalen Richtung.[15] Hierbei wird oft das kritische Gegenargument der zentralistischen Ex-ante-Koordination vorgebracht und ein Wettbewerbsoptimismus auch im Hinblick auf die Erfüllung öffentlicher Aufgaben bzw. Universaldienstleistungen vertreten. Kontrollnotwendigkeiten im Hinblick auf eine Aufgabenregulierung sollten deshalb auf ein Mindestmaß beschränkt werden. Ein weiterer Angriffspunkt gegen die Vorab-Harmonisierung ist der politische Bargaining-Charakter. Nach Ansicht der Vertreter der ökonomischen Theorie der Politik bzw. des Public-Choice-Ansatzes verlaufen die Bargaining-Prozesse aufgrund des Einflusses von Gruppeninteressenten irrational ab. Politiker entscheiden nicht rational, sondern, wie die positive Theorie der Regulierung zum Ausdruck bringt, im Interesse ihrer Klientel, um Wählerstimmen zu maximieren. Auch wird bestritten, dass die Regulierungs- und Vorab-Harmonisierungsergebnisse den tatsächlichen oder »wahren« Bürgerpräferenzen entsprechen. Eher entsprächen sie den individuellen Politikerinteressen und dem Interesse der jeweils vertretenen Gruppe. Mit dieser Ansicht hoffen vor allem liberale Ökonomen, dass der institutionelle Wettbewerb den Einfluss von partikularen Interessen zurückdrängt, damit der Wohlfahrtsstaat bzw. die »institutionelle Sklerose« (Olson) zurückgedrängt und damit der »Leviathan« gezähmt wird.[16] Hierbei geht man allerdings idealtypisch davon aus, dass der institutionelle Wettbewerb völlig friktionsfrei und ohne jeglichen Einfluss von Interessentengruppen abläuft.

13 *Cox (1996b)*; *Cox (1996c)*.
14 Ebenda und *Cox (1996a)*.
15 *Mussler/Wohlgemuth (1995)*; *Streit (1995)*; *Prosi (1991)*.
16 *S. Sinn (1992)*.

(6) Wenn der institutionelle Wettbewerb eher einen Abbau von Mindeststandards bewirkt, führt kein Weg an einer Vorab-Hamonisierung von Universaldienstleistungsstandards vorbei.[17] Dabei ist es eine andere Frage, auf welchen Niveaus die Mindeststandards für öffentliche Universaldienstleistungen festgelegt werden und ob anstelle eines EU-einheitlichen Mindestniveaus differenzierte Mindestniveaus für unterschiedliche Räume innerhalb der EU festgelegt werden sollen. Europa ist kein regionales Wunderland mit homogenen Räumen, sondern zum Teil äußerst heterogen hinsichtlich Bevölkerungsdichte, Wirtschaftssektoren, Branchen, städtischer und ländlicher Anteile, industrieller Ballungszentren und dünn besiedelter Regionen, Wohlstandsniveaus und dergleichen mehr. Deshalb bieten sich zwar vereinheitlichte Mindeststandards für Universaldienste an, die jedoch in ihrer Höhe nach unterschiedlichen Räumen ausdifferenziert werden sollten. Weil es sich um Mindestversorgungsstandards handelt, wäre auch die Höhe dieser Standards raumbezogen festzulegen. Im Sinne des Subsidiaritätsprinzips verblieben den Mitgliedstaaten ausreichende Spielräume, diese Mindeststandards im Rahmen nationaler Regulierungspolitik zu erhöhen und entsprechend auszugestalten. Hierbei könnten durchaus wettbewerbliche Elemente in die Regulierung integriert werden, wenn öffentliche Dienstleistungen, die nur im Wege eines externen Finanzausgleichs zustande kommen können, in einem öffentlichen Ausschreibungswettbewerb vergeben werden. Hierbei würde dann derjenige Bieter den Zuschlag erhalten, der zur Erfüllung des öffentlichen Dienstleistungsauftrags die niedrigste Subventionszahlung fordert. Ein solcher Subventionsunterbietungswettbewerb durch ein öffentliches Vergabeverfahren wäre auch durchaus in der Lage, den Interessenteneinfluss auf die Vergabepolitik zurückzudrängen. Die Bedenken marktliberaler Ökonomen wären dann gegenstandslos.

V. Zusammenfassende Schlussfolgerungen

Die Analyse hat zu folgenden Ergebnissen geführt:

(1) Im öffentlichen Sektor zeichnet sich europaweit ein Paradigmenwechsel vom »klassischen« öffentlichen Unternehmen hin zum im öffentlichen Interesse regulierten Unternehmen ab. Dieser Strukturwandel ist in vollem Gange.

17 *Cox (1995).*

Die Rolle des Eigentums, respektive des öffentlichen Eigentums, scheint sich im Hinblick auf die Erfüllung öffentlicher Aufgaben partiell zu ändern. Hierfür sind exogene und endogene Erklärungsgründe anzuführen.

(2) Der Paradigmenwechsel, d.h. die zunehmende Verdrängung des »klassischen« öffentlichen Unternehmens zugunsten anderer quasi öffentlicher Arrangements, z.B. zugunsten der Aufgabenregulierung privater Unternehmen oder gemischtwirtschaftlicher Lösungen, kann mit dem *Wettbewerb der Institutionen* durchaus plausibel erklärt werden. Das Modell des »klassischen« öffentlichen Unternehmens, das ehemals sogar mit Alleinrechten versehen war, scheint unter den veränderten Rahmenbedingungen im institutionellen Wettbewerb nicht mehr konkurrenzfähig zu sein, weil mehr Flexibilität unter Wettbewerbsbedingungen, freier Zugang zum Kapitalmarkt, privatwirtschaftliche Managementmethoden wie Kostenmanagement, Marketingstrategien, angemessene Gewinnanreize, und die Reduzierung des tagespolitischen Einflusses als wichtige Voraussetzungen auch für eine gemeinwohlorientierte Dienstleistungspolitik angesehen werden. Auch wenn die Erfahrungen zum gegenwärtigen Zeitpunkt noch begrenzt sind, scheint vieles für neuere öffentliche Arrangements zu sprechen.

(3) Der Wettbewerb der unterschiedlichen institutionellen Arrangements kann zur Substitution bisheriger öffentlicher Lösungen führen, braucht es aber nicht, wenn man bedenkt, dass im institutionellen Wettbewerb mehrere Arrangements parallel bestehen können, die den unterschiedlichen Präferenzen der Nachfrager oder unterschiedlichen Aufgaben Rechnung tragen. Der »Gruppenwettbewerb« im Banken- und Versicherungssektor könnte als ein Beispiel hierfür gelten. Denkbar und prüfenswert wäre auch, das »klassische« öffentliche Unternehmen im Kern zu erhalten, aber gleichzeitig notwendige Änderungen zuzulassen, z.B. die Angliederung von Kapitalbeschaffungsgesellschaften in Form stiller Beteiligungen, private Minderheitsbeteiligungen mit attraktiver Verzinsung, direkte Kontrollrechte der Bürger im Aufsichtsrat, mehr Flexibilität des Managements, Zurückdrängung des tagespolitischen Einflusses oder dergleichen.

(4) Allerdings kann der institutionelle Wettbewerb um die bestmöglichen Arrangements der öffentlichen Aufgabenerfüllung zu einer Reduktion wichtiger öffentlicher Aufgaben führen. In manchen Fällen kann diese Tendenz verifiziert werden. Dann versagt aus Sicht der Theorie der öffentlichen Wirtschaft der institutionelle Wettbewerb. Deshalb könnten durch politische Entscheidung *Mindestversorgungsstandards* in Bezug auf bestimmte öffentliche

Aufgaben festgelegt werden, gegebenenfalls auf dem Wege der Vorab-Harmonisierung in der Europäischen Union. Diese Mindestversorgungsstandards sollten allerdings nicht für die Europäische Union vereinheitlicht, sondern nach Räumen differenziert festgelegt werden. Der Subsidiarität Rechnung tragend, könnten die Mindestversorgungsstandards regional oder national sogar überboten werden.

Literaturverzeichnis

Apolte (1999): Th. Apolte, Institutioneller Wettbewerb um Regulierungen im Verbraucherschutz, Diskussionsbeiträge des Fachbereichs Wirtschaftswissenschaft der Gerhard-Mercator-Universität-Gesamthochschule Duisburg, Nr. 265.

Cassel (1996): D. Cassel (Hrsg.), Entstehung und Wettbewerb von Systemen, Berlin.

Cox (1995): H. Cox, Decision Criteria and Principles for Public Services, in: Annals of Public and Cooperative Economics, Bd. 66, Nr. 2, Oxford 1995.

Cox (1996a): H. Cox (Hrsg.),Öffentliche Dienstleistungen in der Europäischen Union. Zum Spannungsfeld zwischen Service Public und Wettbewerbsprinzip (Schriftenreihe der Gesellschaft für öffentliche Wirtschaft, Bd. 40), Baden-Baden.

Cox (1996b): H. Cox (Hrsg.), Perspektiven öffentlicher Unternehmen in der Wirtschafts- und Rechtsordnung der Europäischen Union, Bd. II (Schriftenreihe der Gesellschaft für öffentliche Wirtschaft, Bd. 37), Baden-Baden.

Cox (1996 c): H. Cox, Europäischer Binnenmarkt und Telekommunikations- und Postreform in Deutschland, in: *Cox (1996b)*, S. 83-113.

Cox (1997): H. Cox, Die Interdependenz von öffentlicher Leistungszielkonzeption und Finanzierungsinstrumentarium bei öffentlichen Unternehmen, in: G. Zimmermann (Hrsg.), Neue Finanzierungsinstrumente für öffentliche Aufgaben (Schriftenreihe der Gesellschaft für öffentliche Wirtschaft, Bd. 39), Baden-Baden, S. 125-144.

Downs (1957): A. Downs, An Economic Theory of Democracy, N.Y.

Ehlermann (1995): C.-D. Ehlermann, Ökonomische Aspekte des Subsidiaritätsprinzips: Harmonisierung versus Wettbewerb der Systeme, in: integration, Nr. 1/1995, S. 11-21.

von Hayek (1968): F. A. von Hayek, Wettbewerb als Entdeckungsverfahren, in: Freiburger Studien, Tübingen 1968, S. 249-266.

Herder-Dorneich/Roser (1977): Ph. Herder-Dorneich u. M. Roser, Ökonomische Theorie des politischen Wettbewerbs, Göttingen.

Hirschmann (1970): A. O. Hirschman, Exit, Voice and Loyality: Responses to Decline in Firms, Organizations and States, Princeton.

Kiwit/Voigt (1997): D. Kiwit u. S. Voigt, Grenzen des institutionellen Wettbewerbs (Diskussionsbeiträge des Max-Planck-Instituts zur Erforschung von Wirtschaftssystemen, Nr. 5/97), Jena.

Mussler/Wohlgemuth (1995): W. Mussler u. M. Wohlgemuth, Institutionen im Wettbewerb – Ordnungstheoretische Anmerkungen zum Systemwettbewerb in Europa, in: P. Oberender u. M. E. Streit (Hrsg.), Europas Arbeitsmärkte im Integrationsprozeß, Baden-Baden.

North (1990): D.C. North, Institutional Change and Economic Performance, Cambridge/Mass.

Pitlik (1997): H. Pitlik, Demokratische Regimes im Systemwettbewerb: Führt die Staatenkonkurrenz in einen ruinösen Deregulierungswettbewerb? (Diskussionsbeiträge aus dem Institut für Volkswirtschaftslehre der Universität Hohenheim, Nr. 138), Hohenheim.

Prosi (1991): G. Prosi, Europäische Integration durch Wettbewerb – eine politisch-ökonomische Analyse, in: G. Ragnitzki u. H. Bouillon (Hrsg.), Ordnungstheorie und Ordnungspolitik, Berlin, S. 119-135.

H.-W. Sinn (1990): H.-W. Sinn, The Limits of to Competition between Economic Regimes, in: Empirica-Austrian Economic Papers, Nr. 17/1990, S. 3-14.

H.-W. Sinn (1997): H.-W. Sinn, The Selection Principle and Market Failure in Systems Competition, in: Journal of Public Economics, Nr. 66/1997, S. 247-274.

S. Sinn (1992): S. Sinn, The Taming of Leviathan: Competition among Gouvernments, in: Constitutional Political Economy, Bd. 3, Nr. 2, S. 177-194.

Streit (1984): M. E. Streit, Reasessing Consumer Safety Regulation, in: H. Giersch, (Hrsg.), New Opportunities for Entrepreneurship, Tübingen, S. 190-215.

Streit (1994): M. E. Streit, Westeuropas Wirtschaftsverfassungen unter dem Druck des Systemwettbewerbs, in: List-Forum, Nr. 20/1994, S. 111-124.

Streit (1995): M. E. Streit, Dimensionen des Wettbewerbs – Systemwandel aus ordnungsökonomischer Sicht, in: Zeitschrift für Wirtschaftspolitik, Nr. 44/1995, Stuttgart, S. 113-134.

Streit/Wegner (1989): M. E. Streit u. G. Wegner, Wissensmangel, Wissenserwerb und Wettbewerbsfolgen – Transaktionskosten aus evolutorischer Sicht, in: ORDO, Bd.40, S. 183-220.

Vanberg/Kerber (1994): V. Vanberg u. W. Kerber, Institutional Competition among Jurisdictions: An Evolutionary Approach, Constitutional Political Economy, Bd. 5, S. 193-219.

Vihanto (1992): M. Vihanto, Competition between Local Gouvernments as a Discovery Procedure, in: Journal of Institutional and Theoretical Economics, Bd. 148, S. 411-436.

Weisser (1954): G. Weisser, Axiomatik der Einzelwirtschaftspolitik, in: Archiv für öffentliche und freigemeinwirtschaftliche Unternehmen, Bd. 1, Göttingen 1954, S. 289-324 (unter dem Titel »Privatisierung und Genossenschaftsreform, zugleich ein Beitrag zur Axiomatik der Einzelwirtschaftspolitik«); wiederabgedruckt in: G. Weisser (Hrsg.), Beiträge zur Gesellschaftspolitik, Göttingen 1978, S. 692-763.

Weisser (1960): G. Weisser, Einzelwirtschaftspolitik. Die gemeinwirtschaftlichen Unternehmen als Subjekte und Objekte der Politik, in: Ökonomische und sozialpolitische Themen zur Gemeinwirtschaft, Festschrift für Edgar Milhaud, Lüttich 1960; wiederabgedruckt in: G. Weisser (Hrsg.), Beiträge zur Gesellschaftspolitik, Göttingen 1978, S. 673-691.

Wohlgemuth (1995): M. Wohlgemuth, Economic and Political Competition in Neoclassical and Evolutionary Perspektive, in: Constitutional Political Economy, Bd. 6, Nr. 1, S. 71-95.

Woolcock (1994): S. Woolcock, The Single European Market. Centralisation or Competition among National Rules?, London.

Peter Eichhorn

Marktnahe und marktferne Erfüllung öffentlicher Aufgaben

I. Aktualität der Problemstellung

Der Begriff der öffentlichen Aufgaben wird zunehmend unbestimmter. Subsumierte man früher darunter die von Gebietskörperschaften wahrzunehmenden staatlichen und kommunalen Tätigkeiten bzw. Tätigkeitsbereiche wie Arbeitsmarktförderung, Bauleitplanung, Controlling, Datenschutz, Einwohnerwesen, Flurbereinigung . . . bis hin zu Zivilschutz, kommt es heute zu einer Entflechtung zwischen Aufgabenträger und -erfüller. Bund, Länder oder Gemeinden mögen je nach verfassungsmäßiger Zuständigkeit Träger von Aufgaben sein, die Art und Weise der Aufgabenerledigung gestaltet sich aber mehr und mehr diffus. Die zu erfüllenden öffentlichen Aufgaben werden

- aus den öffentlichen Verwaltungen ausgegliedert und auf öffentliche, gemischtwirtschaftliche oder rein private Unternehmen übertragen oder
- es sind öffentliche, gemischtwirtschaftliche oder private Generalunternehmen tätig, die Subunternehmen beauftragen, oder
- es übernehmen Immobilienfonds, Leasing-, Objekt- und andere Finanzierungsgesellschaften die Bereitstellung der finanziellen Mittel oder
- es kooperieren die Aufgabenträger im Rahmen von Public Private Partnership mit privaten Betreibern, Konzessionären, Mietern, Pächtern, Projektbetreuern und schließen Zuliefererverträge mit strategischen Allianzpartnern ab.

Die Entflechtung geht soweit, dass »öffentlich« weniger mit Staat bzw. Kommune gleichgesetzt, sondern im Sinne von Öffentlichkeit gebraucht wird. Beim »Öffentlichen Personennahverkehr« (ÖPNV) ist diese Wendung schon seit längerem üblich; auch öffentliche Energieversorgung wird so verstanden.
Das institutionelle Adjektiv »öffentlich« in der etatistischen Denk-, Sprach- und Handlungskultur in Deutschland weicht dem Funktionalismus Europas und der Welt unter angloamerikanischer Ägide. Die schlichte Übersetzung

beispielsweise von »öffentlichem Unternehmen« mit public companies wird außerhalb Deutschlands fehlinterpretiert, denn public companies sind nicht Unternehmen in öffentlicher Trägerschaft, sondern Publikumsgesellschaften im privaten Streueigentum. State owned oder municipally owned enterprises müsste es heißen, um im Ausland verstanden zu werden.
In der Europäischen Union wird diese Sprachbarriere umgangen, indem man nicht besetzte Begriffe gesucht und gefunden hat. Es ist nicht mehr von öffentlichen Aufgaben die Rede, sondern von öffentlichen Dienstleistungen, von Dienstleistungen von allgemeinem Interesse oder von Dienstleistungen von allgemeinem wirtschaftlichem Interesse. Was darunter zu verstehen ist und wer sie wie zu erfüllen hat, hängt im wesentlichen von rechtlichen Regelungen des EG-Vertrages, den Richtlinien der Kommission, den Entscheidungen des Europäischen Gerichtshofes und der Interpretation der Experten ab.
In Deutschland kommt auf der kommunalen Ebene das Problem hinzu, dass die Gemeindeordnungen der Länder unterschiedliche Voraussetzungen für die Erfüllung bestimmter kommunaler Aufgaben festlegen.
Im Folgenden soll versucht werden, diese institutionelle und funktionale Gemengelage aus betriebs- und marktwirtschaftlicher Sicht zu durchleuchten. Dabei wird vom Ist-Zustand ausgegangen und die marktnahe und marktferne Erfüllung öffentlicher Aufgaben thematisiert.

II. Ziele, Aufgaben und Leistungen

Es ist unbestritten, dass sich öffentliche alias staatliche und kommunale Aufgaben aus politischen Zielen der verschiedensten Art herleiten. Politikfelder bilden Außen-, Innen-, Justiz-, Finanz- und Verteidigungspolitik, um die klassischen Ressorts zu nennen. Auf enge Branchen, Gebiete oder Sektoren bezogen, stößt man unter anderem auf agrar-, ernährungs-, forst-, gesundheits-, sozial-, energie-, umwelt-, verkehrs- und wohnungspolitische Ziele. Sie resultieren ihrerseits aus Vorstellungen vom Gemeinwohl bzw. öffentlichen Interesse und entstehen in einem Prozess der Willensbildung in der Öffentlichkeit, bei Bürgerinitiativen, in Parteien, Medien und Verbänden, in Parlamenten, Regierungen, Stadträten usw. Dort werden Prinzipien und Prioritäten diskutiert, Programme konzipiert, Strategien formuliert, Strukturen und Abläufe festgelegt, Gesetze beschlossen und/oder kommunale Beschlüsse gefasst. Es folgen

Durchführung und Überwachung. Alle diese Tätigkeiten bzw. Tätigkeitsbereiche beinhalten öffentliche Aufgaben.
Die Aufgabenerfüllung geschieht aus betriebswirtschaftlicher Sicht mittels des Einsatzes von Ressourcen; durch Faktorkombination werden die Leistungen, in der Regel Dienstleistungen, hervorgebracht. Faktorbeschaffung, Leistungserstellung und Produktabgabe sind zwar weitgehend determiniert. Juristen pflegen von Normierung, Rechtsvorgaben oder Gesetzesbindung zu sprechen. Sie sehen dabei vor allem die Restriktionen, zum Beispiel die Marktzutrittsbeschränkungen, Sicherheitsvorschriften, Haftungsregeln, Mindeststandards, Wettbewerbsbedingungen. Von ökonomischer Warte aus interessieren dagegen mehr die Handlungsspielräume im Rahmen des gegebenen oder zu verändernden Rechts, also welche Spielregeln der Markt bietet, wo sich Innovationsanreize nutzen lassen und – bezüglich des Themas – wie öffentliche Aufgaben möglichst wirtschaftlich und wirksam erfüllt werden können.

III. Reengineering und Outputorientierung

Aus mehreren Gründen bahnt sich ein Umbruch im Verwaltungshandeln an. Haushaltskrisen, Aufgabenüberlast, Regelungsflut, Großbürokratien, Managementdefizite, Wettbewerbsdruck und (viel genannte, nichtsdestoweniger zu hinterfragende) Vorbilder im Ausland führen hierzulande zu einschneidenden Änderungen in der Aufgabenerfüllung bzw. Leistungshervorbringung. Erhöhte Leistungs- und Wettbewerbsfähigkeit bei zu bewahrender Rechtsstaatlichkeit, Sozial- und Umweltverträglichkeit verspricht man sich durch Reengineering und Outputorientierung. Reengineering ist der Weg zu rationalem und rationellem Handeln, und die Outputorientierung gibt die Richtung an hin zum Kunden.
Im Innern der Bundes-, Landes- und besonders der Kommunalverwaltungen finden sich Ansätze zur Reduktion von Aufgaben (Aufgabenkritik), zum Abbau von Hierarchien und zur Kürzung der Fertigungstiefe (Lean Administration); man bemüht sich um Dezentralisation von Zuständigkeiten mit Zusammenführung von Fach- und Ressourcenverantwortung, Beschleunigung von Verwaltungs-, Planungs- und Genehmigungsverfahren, Intensivierung von Projektmanagement und Teamarbeit, Entwicklung von Leistungsanreizen und von Indikatoren und Standards zur Leistungsmessung, um die Einführung von Budgets und Doppik samt Kostenrechnungen und Betriebsvergleiche zur

Fundierung von Entscheidungen (Controlling) sowie um die verstärkte Nutzung der Informations- und Kommunikationstechnik.
Eng damit verbunden sind Änderungen im Außenverhältnis von Verwaltungen zu Bürgern, Unternehmen, Verbänden, anderen Verwaltungen. Es verschiebt sich die Ausrichtung des Verwaltungshandelns vom Input zum Output. Anders gesagt: Beim Aufgabenvollzug interessiert nicht nur die korrekte Rechtsauslegung und -anwendung, sondern man fragt vermehrt danach, ob und inwieweit und wie effizient die politischen Ziele erreicht werden. Die bislang gern unterstellte Annahme, wonach rechtmäßige Aufgabenerfüllung allein zwingend wirksame Zielerreichung bedeutet, ist nicht haltbar. Mit der Outputorientierung wird versucht, zunächst die Leistungen quantitativ, tunlichst auch qualitativ zu erfassen und diesem Output den Input – nach Möglichkeit in Form von Kosten – gegenüberzustellen. Im Fall kausaler Beziehungen zwischen Zähler und Nenner informieren die Kennzahlen über die Wirtschaftlichkeit des Handelns. Kennzahlenvergleiche erlauben eine Aussage über die relative Wirtschaftlichkeit.
Für die Beurteilung der Wirksamkeit von Maßnahmen in Bezug auf Zielsetzungen reicht dies aber nicht aus, weil die Beachtung der Wirtschaftlichkeit regelmäßig nur ein Ziel bzw. ein Grundsatz neben anderen Zielen ist.

IV. Vom Output zu Outcome und Impact

Die Wirksamkeit bezieht auch außerökonomische Ziele ein, beispielsweise die Auswirkungen (Outcome) der angebotenen und abgegebenen Leistungen auf Bildung, Kultur, Gesundheit, Sicherheit, Demokratie, Natur usw. Hinzu kommen die Einwirkungen (Impact) auf die Individuen, ausgedrückt in deren Akzeptanz bzw. Wertschätzung, das heißt in der Mitarbeiter-, Kunden- oder Publikumszufriedenheit. Die Effektivität der Aufgabenerfüllung bzw. der hervorgebrachten Leistungen ist also nicht eine Frage bloßer Ökonomität im Sinne des Verhältnisses von Input zu Output. Effektivität stellt sich ein, wenn die Leistung, alias das Produkt oder die Ausbringung, den erwünschten Aus- und Einwirkungen, mithin den Zielsetzungen entspricht. Effizienz muss dann noch immer nicht vorliegen; dazu bedarf es eines günstigen Verhältnisses von eingesetzten Mitteln (z.B. ausgedrückt in betrieblichen oder auch gesellschaftlichen Kosten) und den erzielten positiven (Aus- und Ein-) Wirkungen bzw. Nutzen.

Teilt man öffentliche Aufgaben danach ein, ob sie marktnah oder marktfern erfüllt werden (können), stößt man auf eine plausible Hypothese. Mit Hilfe des Marktmechanismus – also über Angebot von und Nachfrage nach öffentlichen Dienstleistungen – erfüllte öffentliche Aufgaben gelten wegen des dadurch erzeugten Leistungs- und Wettbewerbsdrucks grundsätzlich als wirtschaftlich und wirksam wahrgenommen. Die mindestens kostendeckend abgegebenen Leistungen stehen zugleich für Nutzenstiftung.

Anders verhält es sich im Fall der marktfernen Aufgabenerfüllung. Sie geschieht auf der Absatzseite nur noch marginal marktkonform; in der Hauptsache findet die Koordination zwischen Leistungsanbieter und Leistungsnachfrager mittels vorgegebener gesetzlicher und behördlicher Regeln statt. Auf der Beschaffungsseite kommt dagegen der Markt voll zur Geltung, sei es bei der Rekrutierung von Personal, der Aufnahme von Darlehen oder bei Ausschreibungen von Sachgütern und Dienstleistungen. Definiert man Marktnähe und Marktferne nach der Art der Finanzierung, sprechen Marktpreise für erstere, nehmen administrative Preise eine Zwischenstellung ein und liegt Marktferne vor, wenn die Leistungen unentgeltlich abgegeben bzw. über allgemeine Deckungsmittel finanziert werden. Bei nichtkostendeckenden Entgelten und erst recht bei unentgeltlicher Leistungsabgabe ist der Output-Outcome-Impact-Zusammenhang nicht mehr offensichtlich. Es bedarf Nutzen-Kosten-Analysen, um entsprechende Nachweise zu erbringen. Diese Analysen haben dabei nicht nur die Interdependenzen zwischen Leistungsanbietern und Leistungsnachfragern, sondern auch indirekt (aktuelle und potenzielle) Betroffene (Begünstigte und Belastete) zu berücksichtigen.

Das Problem besteht nun darin, welche öffentlichen Aufgaben auf marktnahe oder marktferne Weise erfüllt werden sollen. Im Folgenden wird ein Lösungsansatz vorgestellt, der den Bogen spannt zwischen öffentlichen Aufgaben und Dienstleistungen von allgemeinem wirtschaftlichem Interesse.

V. Öffentliche Aufgaben im EU-Kontext

Aus ökonomischer Sicht – genauer aus betriebs- und marktwirtschaftlicher Sicht – lassen sich öffentliche Aufgaben in hoheitliche Aufgaben und Aufgaben der Daseinsvorsorge unterscheiden. Abgesehen von rechtlichen Differenzierungen bei den Gegenständen, Inhalten und Rechtsbeziehungen liegt der wesentliche wirtschaftliche Unterschied zwischen diesen Aufgaben in ihrer

Finanzierung: Hoheitliche Aufgaben werden weitgehend unentgeltlich ausgeübt und über allgemeine Deckungsmittel (insbesondere Steuern) finanziert, während Aufgaben der Daseinsvorsorge gegen Leistungsentgelte erfüllt werden. Daseinsvorsorge wiederum kann nach der Art der Finanzierung eingeteilt werden in nichtmarktbezogene und in marktbezogene Tätigkeiten. Nichtmarktbezogene Tätigkeiten werden in der Regel mischfinanziert, das heißt die Kosten tragen Nutznießer und Steuerzahler. Die marktbezogenen Tätigkeiten folgen dagegen weitgehend dem Äquivalenzprinzip, so dass der Käufer die angebotenen Leistungen in der Regel mindestens kostendeckend bezahlt. Kapital- oder Ertragzuschüsse seitens des Aufgabenträgers und Erfolgsausgleiche bei Mehrspartenunternehmen können allerdings ausnahmsweise bewirken, dass die administrierten Preise unterhalb von eigentlichen Marktpreisen liegen. Bei den marktbezogenen Tätigkeiten im Rahmen der Daseinsvorsorge handelt es sich um in Art. 86 Abs. 2 EG-Vertrag Amsterdamer Fassung vom 2. Oktober 1997 so genannte »Dienstleistungen von allgemeinem wirtschaftlichem Interesse«.
Diese Zweiteilung in nichtmarktbezogene und marktbezogene Tätigkeiten erinnert an die Klassifikation in den Gemeindeordnungen einiger Länder, wo zwischen nichtwirtschaftlicher und wirtschaftlicher Betätigung der Gemeinden unterschieden wird.
In der nachstehenden Übersicht wird von dieser Gliederung ausgegangen. Sie zeigt zunächst die drei Arten öffentlicher Aufgaben und ihre jeweilige Finanzierung. Darunter werden dann jene Sektoren subsumiert, die in Deutschland derzeit die betreffenden Merkmale aufweisen. Bei den Daseinsvorsorgeaufgaben stellt man gegenüber früher fest, dass sich ehedem nichtmarktbezogene Tätigkeiten in marktbezogene verwandelten. Anders gesagt: Die Mischfinanzierung wird durch eine Entgeltfinanzierung ersetzt, die die Aufgabenerfüllung mehr oder weniger ohne Beihilfen gewährleistet.
Es folgt ein Block mit Eigenschaften, die mehr oder weniger für alle öffentlichen Aufgaben gelten. Diese Eigenschaften sind es ja, die die öffentlichen Aufgaben von privaten Tätigkeiten unterscheiden. Im Hinblick auf den Umfang der öffentlichen Aufgaben lässt sich feststellen, dass hoheitliche Aufgaben auf eine Totalversorgung der Bevölkerung zielen, nichtmarktbezogene Daseinsvorsorge nur partiell Bedarf decken (z.B. für einen bestimmten Adressatenkreis), daneben private (gemeinnützig oder gewerblich tätige) Anbieter die Nachfrage befriedigen, und die marktbezogene Daseinsvorsorge lediglich eine Grundversorgung bereitstellt (z.B. ARD und ZDF, Universaldienste bei der Post), im Übrigen der Markt für Ausgleich sorgt. Fragt man nach den zugrunde liegenden Prinzipien, wird man für erstere das Solidarprinzip, für die mittlere Kategorie das Alimentationsprinzip und für letztere das Äquivalenz-

öffentliche Aufgaben

Arten	hoheitliche Aufgaben	Daseinsvorsorge	
		nichtmarktbezogene Tätigkeiten (EG) = nichtwirtschaftliche Betätigung (GO)	marktbezogene Tätigkeiten (EG) = Dienstleistungen von allgemeinem wirtschaftlichem Interesse (EG) = wirtschaftliche Betätigung (GO)
Finanzierung	Steuerfinanzierung	Mischfinanzierung	Entgeltfinanzierung
Sektoren	Finanzverwaltung Sozialverwaltung Justiz und Polizei Verteidigung sonstige klassische Verwaltungsaufgaben	Bildung und Erziehung Erholung und Sport Gesundheitsversorgung Soziale Dienstleistungen Wirtschaftsförderung Ausstellungswesen Forschungs- und Technologieförderung Tourismusförderung	Energieversorgung Verkehrsleistungen Telekommunikation Postdienste Rundfunk Wasserversorgung Straßenreinigung Abwasserbeseitigung Abfallentsorgung Kreditversorgung Wohnraumversorgung Messewesen
Eigenschaften	gesetzlich determiniert, flächendeckend, preisgünstig, qualitativ hochwertig, hohe Sicherheitsstandards, Vorhaltung und Zugang für alle Bürger, dauerhafte Gewährleistung, Gleichheits- und Gleichbehandlungsgrundsatz, Objektivität, willkürfrei, verbraucherfreundlich, umweltverträglich		
Umfang	Totalversorgung	Partialversorgung	Grundversorgung
Prinzipien	Solidarität	Alimentation	Äquivalenz
Träger	öffentliche Verwaltungen öffentliche Vereinigungen (IHK, GKV)	öffentliche Verwaltungen öffentliche Unternehmen freigemeinnützige NPO	öffentliche Unternehmen privatgewerbliche Unternehmen
Tendenzen	→ Ausgliederung/Dezentralisierung/Budgetierung/EEE-Aspekte → → selbstständige öff.-rechtl. und zunehmend privatrechtl. Rechtsformen → → private Aufgabenerledigung (Rückgang öff. Dienstleistungen) → → Kommerzialisierung (Abnahme der Zuschuss-/Mischfinanzierung) → → Kundenorientierung → → Wettbewerb (zunächst Abnahme des Regulierungsumfangs) →		

prinzip nennen dürfen. In weiteren Feldern werden die Träger der Aufgaben und schließlich die gemeinsamen Tendenzen genannt, denen diese öffentlichen Aufgaben in der Gegenwart unterworfen sind.
Wie angedeutet, ist gegenüber früher die Einheit von Aufgabenträger und Aufgabnerfüller nicht mehr gegeben. Öffentliche Aufgaben werden demnach sowohl von öffentlichen Institutionen (siehe unterlegte Fläche in der Abbildung) als auch von privaten Wirtschaftssubjekten, nämlich freigemeinnützigen Nonprofit-Betrieben (NPO) und privatgewerblichen Unternehmen, wahrgenommen. Dementsprechend schwierig ist die Sprachregelung. Öffentliche Dienst- und Sachleistungen ließen sich in der Vergangenheit leichter identifizieren. Sie lagen vor, wenn die öffentlichen Aufgaben von öffentlichen Trägern ausgeübt wurden. Heute entfällt mehr und mehr der Trägerbezug. Es ist von Dienstleistungen von allgemeinem wirtschaftlichem Interesse die Rede, die nicht institutionell, sondern funktional definiert werden – unabhängig davon, wer sie erfüllt: ein öffentlicher oder privater Anbieter. Wesentlich bleibt aber, dass dessen Dienstleistungsangebote spezifischen Gemeinwohlverpflichtungen unterliegen.

VI. Öffentliche Aufgaben im Wettbewerb

Ohne auf Formen, Intensität und Wirkungen von Wettbewerb bei öffentlichen Aufgaben einzugehen, sollen hier nur die marktbezogenen öffentlichen Aufgaben bzw. die Dienstleistungen von allgemeinem wirtschaftlichem (i.e. gemeinwirtschaftlichem) Interesse thematisiert werden. Bei diesen findet Wettbewerb einmal um Kunden statt zwischen öffentlichen und privaten Anbietern, zwischen öffentlichen Anbietern und zwischen privaten Anbietern, zum anderen auch zwischen diesen als Nachfrager auf den Beschaffungsmärkten um Lieferanten, Arbeitskräfte, Finanzmittel und um sonstige (Produktions-) Faktoren. Für die öffentlichen und die privaten Unternehmen, die diese gemeinwirtschaftlichen Dienstleistungen anbieten, stellt sich jeweils ein spezifisches Problem.
Die öffentlichen Unternehmen werden wettbewerbsrechtlich wie private Unternehmen behandelt, diesen also gleichgestellt ohne Rücksicht auf ihren Daseinsvorsorge- bzw. Leistungsauftrag. Haushalts- und kommunalrechtlich sind die Bundes-, Landes- und Gemeindeunternehmen allerdings vielfältigen Restriktionen unterworfen. Genauer gesagt, ist die Zulässigkeit wirtschaft-

licher Betätigung an einen »öffentlichen Zweck«, die »Leistungsfähigkeit der Gemeinde und den voraussichtlichen Bedarf«, an (einfache oder verschärfte) Subsidiaritätsklauseln bzw. Funktionssperren und das Örtlichkeitsprinzip gebunden. Bei der Wahl der Rechtsform und bei den Regelungen in Satzungen, Gesellschaftsverträgen und Geschäftsordnungen ist abzuwägen, ob und inwieweit der Träger über Einwirkungsmöglichkeiten verfügt und seiner demokratischen Legitimationsverantwortung nachzukommen vermag sowie etwaige Haftungsrisiken begrenzen kann. Von Seiten öffentlicher Unternehmen wird zunehmend nach der Rechtfertigung dieser Beschränkungen gefragt, die der wettbewerblichen Gleichbehandlung mit privaten Konkurrenten widersprechen. Eine wesentliche Begründung bildet dabei die Notwendigkeit sowohl der Diversifikation öffentlicher Unternehmen in neue Geschäftsfelder als auch der Expansion über die Gebietsgrenzen des Trägers hinaus, um die Kernaufgaben besser und nachhaltig gewährleisten zu können.

Sobald öffentliche Unternehmen (z.B. Stadtwerke) erweiterte Geschäftsfelder zu erschließen und Gebietsgrenzen aufzuheben suchen, um in liberalisierten Märkten (z.B. Energiemarkt, Abfallmarkt) konkurrenzfähig zu sein, wendet sich die private Wirtschaft mit folgenden Argumenten dagegen: Es gelte in unserem Wirtschaftssystem ein Vorrang privatwirtschaftlicher Betätigung, es fehle das Insolvenzrisiko bei öffentlichen Unternehmen und der Steuerzahler müsse diese gegebenenfalls subventionieren. Bei diesen Einwendungen muss bedacht werden, dass gerade bei Daseinsvorsorgeaufgaben permanente Betriebsbereitschaft unerlässlich ist. Die Konsequenz: Insolvenz muss ausgeschlossen sein.

Das spezifische Problem bei mit Dienstleistungen von allgemeinem wirtschaftlichem Interesse betrauten privatgewerblichen Unternehmen besteht darin, dass sie die damit verknüpften Gemeinwohlverpflichtungen einhalten müssen, obwohl diese ihre Rendite schmälern dürften. Es ist wohl nicht ganz von der Hand zu weisen, dass eine kommerzielle Erfüllung marktbezogener öffentlicher Aufgaben den Keim in sich trägt, diese mengenmäßig zu verkürzen, ihre Qualität zu senken und das Preis-Leistungs-Verhältnis zu verschlechtern. Entsprechende gesetzliche und vertragliche Vorkehrungen und ständige Überwachungen der einzuhaltenden Gemeinwohlverpflichtung scheinen durch Träger-, Aufsichts- und Regulierungsbehörden geboten. Ein überraschendes Ergebnis: Je stärker sich der Markt ausbreitet, je intensiver der Wettbewerb wird und je mehr die Konzentration fortschreitet, desto mehr Gestaltungs- und Überwachungsaufgaben resultieren daraus für den Staat. Kurz gesagt: Je mehr Markt, desto mehr Staat!

Karl Soukup

Transparenz-Richtlinie und die Erfüllung öffentlicher Aufgaben

I. Die bestehende Transparenz-Richtlinie

Die sogenannte Transparenz-Richtlinie[1] gab in ihrer bisherigen Form[2] der Europäischen Kommission die Möglichkeit, die finanziellen Beziehungen zwischen der öffentlichen Hand und den öffentlichen Unternehmen zu untersuchen. Unter öffentlicher Hand werden dabei sowohl der Staat als auch alle Gebietskörperschaften verstanden, unter öffentlichen Unternehmen alle Unternehmen, auf die die öffentliche Hand einen maßgeblichen Einfluss ausüben kann. Ein solcher Einfluss wird insbesondere vermutet, wenn die öffentliche Hand die Mehrheit des gezeichneten Kapitals oder die Mehrheit der Stimmrechte besitzt oder die Mehrheit der Mitglieder des Leitungs- oder Aufsichtsorgans bestellen kann.

Der Begriff der finanziellen Beziehungen ist umfassend zu verstehen und schließt auch den Verzicht auf Finanzmittel durch die öffentliche Hand mit ein. Die Richtlinie nennt als Beispiele explizit den Ausgleich von Betriebsverlusten, Kapitaleinlagen, nicht rückzahlbare Zuschüsse, Darlehen zu Vorzugsbedingungen, Verzicht auf Gewinne, Nichteinziehung von Schuldforderungen, Verzicht auf eine normale Verzinsung der eingesetzten Mittel sowie den Ausgleich von auferlegten Belastungen. Die Mitgliedstaaten sind verpflichtet, einschlägige Informationen bereit zu halten und der Kommission auf Anfrage zu übermitteln. Bezüglich Unternehmen des verarbeitenden Gewerbes mit einem Umsatz von über 250 Mio. € besteht die Verpflichtung, jährlich bestimmte Angaben automatisch, d.h. ohne Anfrage der Kommission, zu über-

1 Richtlinie 80/723/EWG der Kommission v. 25.06.1980 über die Transparenz der finanziellen Beziehungen zwischen den Mitgliedstaaten und den öffentlichen Unternehmen, ABl. der EG L 195 v. 29.07.1980.

2 In der Fassung der Richtlinie 85/413/EWG der Kommission v. 24.07.1985 zur Änderung der Richtlinie 80/723/EWG, ABl. der EG L 229 v. 28.08.1995 und der Richtlinie 93/84/EG der Kommission v. 30.09.1993 zur Änderung der Richtlinie 80/723/EWG, ABl. der EG L 254 v. 12.10.1993.

mitteln. Diese jährlichen Informationen umfassen Lagebericht und Jahresabschluss sowie ergänzende Angaben, die aus diesen Dokumenten nicht ersichtlich sind.
Die Richtlinie stellt somit ein Instrument der Beihilfekontrolle dar. Sie ermöglicht der Kommission, einerseits auf einer systematischen jährlichen Basis, andererseits in Einzelfällen auf Anfrage (z.B. auf Basis einer Beschwerde von Konkurrenten) Informationen darüber zu erhalten, ob (verdeckte) Beihilfen an öffentliche Unternehmen gewährt wurden. Allerdings trifft die Richtlinie keine Aussagen darüber, inwieweit einzelne Maßnahmen als Beihilfen zu betrachten sind oder nicht. Die Feststellung, dass eine bestimmte finanzielle Maßnahme eine staatliche Beihilfe darstellt, sowie die Entscheidung über ihre Vereinbarkeit müssen im Rahmen des normalen Beihilfeverfahrens getroffen werden.

II. Die jüngste Änderung der Richtlinie[3]

1. Hintergründe und Ziele der Initiative

In den letzten Jahren hat sich die Kommission in zunehmendem Maße mit Beschwerden über das Verhalten einer bestimmten Kategorie von Unternehmen befassen müssen. Die fraglichen Unternehmen erbringen einerseits Dienstleistungen von allgemeinem wirtschaftlichem Interesse (gemeinwirtschaftliche Leistungen) und erhalten dafür Ausgleichszahlungen oder besondere oder ausschließliche Rechte, betreiben jedoch andererseits auch normale kommerzielle Tätigkeiten und stehen daher im Wettbewerb mit anderen Unternehmen. Das Entstehen solcher Unternehmen ist zweifelsohne eine Konsequenz der zunehmenden Liberalisierung vieler Wirtschaftsbereiche.
Der »Doppelcharakter« dieser Unternehmen kann zu Wettbewerbsverzerrungen führen. Ressourcen, die der Erfüllung gemeinwirtschaftlicher Aufgaben dienen sollen (d.h. Einnahmen aus geschützten Märkten oder direkte Ausgleichszahlungen), könnten zur Quersubventionierung kommerzieller Geschäftsbereiche verwendet werden. Bei der Bearbeitung einschlägiger Beschwerden muss die Kommission beurteilen, ob die den fraglichen Unter-

3 Richtlinie 2000/52/EG der Kommission v. 26.07.2000 zur Änderung der Richtlinie 80/723/EWG über die Transparenz der finanziellen Beziehungen zwischen den Mitgliedstaaten und den öffentlichen Unternehmen, ABl. der EG L 193 v. 29.07.2000.

nehmen gewährten Rechte bzw. Zahlungen in einem angemessenen Verhältnis zu den gemeinwirtschaftlichen Verpflichtungen stehen.
Gegenwärtig ist es der Kommission vielfach nicht möglich, gesicherte Informationen über die Kosten und Leistungen der einzelnen Unternehmensbereiche zu erhalten, da die Unternehmen oft selbst nicht über solche Angaben verfügen. Damit Beschwerden über Quersubventionierungen entsprechend geprüft werden können, ist es notwendig, die interne Buchführung so zu gestalten, dass hier Transparenz entsteht. Dies lässt sich durch eine entsprechende Kostenrechnung erreichen, die Kosten und Erlöse der reservierten bzw. durch öffentliche Mittel unterstützten Aktivitäten und der nicht reservierten, wettbewerblichen Aktivitäten gesondert darstellt.
Durch getrennte Rechnungsführung werden die Mitgliedstaaten in die Lage versetzt, der Kommission auf Anfrage die Informationen zu liefern, die diese benötigt, um für eine ordnungsgemäße Anwendung des Art. 86 Abs. 1 und 2 EG-Vertrag (EGV) zu sorgen. Die Daten erlauben es gleichzeitig den Unternehmen, einen angemessenen Ausgleich für die Erfüllung gemeinwirtschaftlicher Leistungen zu erhalten, ohne undifferenzierten Verdächtigungen einer Überkompensation – und damit einer Bevorzugung im Wettbewerb – ausgesetzt zu sein. Damit unterstützt die neue Richtlinie den in der Mitteilung über »Leistungen der Daseinsvorsorge«[4] dargestellten Ansatz der Kommission, die Entwicklung von Diensten der Daseinsvorsorge zu fördern und gleichzeitig dafür zu sorgen, dass die einschlägigen Regeln der Gemeinschaft Beachtung finden.

2. Inhalt der neuen Richtlinie

Die bestehende Transparenz-Richtlinie wurde dahingehend geändert, dass die Einführung einer getrennten Buchführung in den fraglichen Unternehmen vorgesehen wird. Die Verpflichtungen zur Transparenz, die bislang für die finanziellen Beziehungen zwischen öffentlicher Hand und öffentlichen Unternehmen bestehen, wurden auf die finanziellen und organisatorischen Beziehungen innerhalb eines Unternehmens mit den beschriebenen unterschiedlichen Tätigkeitsbereichen ausgeweitet. Es sollte angemerkt werden, dass die Verpflichtung zur getrennten Buchführung nicht gilt, wenn ein Unternehmen lediglich Aufgaben von allgemeinem wirtschaftlichem Interesse erfüllt, jedoch keine sonstigen Tätigkeiten ausübt.

4 Mitteilung der Kommission: Leistungen der Daseinsvorsorge, ABl. der EG C 281 v. 26.09.1996.

Da das Problem möglicher Quersubventionierung von der Gewährung besonderer oder ausschließlicher Rechte gemäß Art. 86 Abs. 1 EGV oder von bestimmten Maßnahmen im Sinne von Art. 86 Abs. 2 EGV herrührt, knüpft die Definition der Unternehmen, die unter die neuen Regelungen fallen, an diese beiden Bestimmungen des EG-Vertrags an.
Eine Harmonisierung der Kostenrechnungssysteme wird durch die Richtlinie nicht angestrebt. Die erscheint auch kaum möglich, da diese Systeme auf die spezifische Situation jedes Unternehmens abgestimmt sein müssen. Die Richtlinie legt daher nur fest, welche Art von Informationen die Systeme zu liefern in der Lage sein müssen, ohne die Einzelheiten der Systeme selbst zu regeln. Die getrennte Buchführung muss eine nach den verschiedenen Geschäftsbereichen getrennte Aufstellung der Kosten und Erlöse erlauben. Die Zuordnung von Kosten und Erlösen muss laut Richtlinie auf Basis einheitlich angewandter und objektiv gerechtfertigter Kostenrechnungsgrundsätze geschehen, und diese müssen eindeutig festgelegt sein.
Die Kommission ist sich bewusst, dass eine Trennungsrechnung Quersubventionen nicht automatisch unterbindet oder sichtbar macht. Allerdings bedeutet es bereits einen wesentlichen Schritt vorwärts zu mehr Transparenz, wenn die Grundsätze und Zuordnungsschlüssel explizit festgelegt sind und damit auch überprüfbar werden. Auch würde sicherlich eine rechtliche Trennung der verschiedenen Unternehmensbereiche verdeckte Quersubventionen schwieriger bzw. offene Quersubventionierungen deutlicher machen. Allerdings dürfte eine solche Verpflichtung den mit der Richtlinie verfolgten Zielen nicht mehr angemessen sein und stellt somit keinen gangbaren Weg dar.

Die Richtlinie sieht mehrere Ausnahmen vor:
(1) Die Richtlinie findet keine Anwendung auf Sektoren, für die sektorspezifische Regelungen bereits eine getrennte Kontenführung vorsehen. Dies betrifft z.B. Postdienste, Telekommunikation, Teile des öffentlichen Verkehrs sowie Elektrizität und Gas. Die Ausnahme gilt auch, falls diese sektorspezifischen Regelungen weniger weitgehend sind als jene der neuen Richtlinie.
(2) Um eine unverhältnismäßige Belastung einer großen Zahl kleiner und mittlerer Unternehmen zu vermeiden, werden Unternehmen mit einem Nettoumsatz von bis zu 40 Mio. € ausgenommen. (Dies entspricht einer Ausnahmebestimmung in der bisherigen Fassung der Richtlinie.)
(3) Unternehmen, die die Erbringung von Dienstleistungen betreffen, die den Handel zwischen Mitgliedstaaten nicht merklich zu beeinträchtigen geeignet sind, sind ebenfalls ausgenommen. (Dies entspricht ebenfalls einer Ausnahmebestimmung in der bisherigen Fassung der Richtlinie.)

(4) Ausgenommen sind auch Fälle, in denen Ausgleichszahlungen für die Erbringung von Aufgaben von allgemeinem wirtschaftlichem Interesse im Rahmen eines offenen, transparenten und nicht diskriminierenden Verfahrens und für einen der Aufgabe angemessenen Zeitraum festgelegt wurden.

Wie bereits angemerkt, bestehen für einzelne Sektoren bereits verschiedene Regelungen, die eine getrennte Buchführung vorsehen. Durch die Änderung der Richtlinie werden entsprechende Vorschriften zur Transparenz für alle Unternehmen in allen Sektoren eingeführt, die sich in einer vergleichbaren Lage befinden. Damit wird auch sichergestellt, dass Unternehmen in vergleichbaren Situationen gleich behandelt werden.
Da Art. 86 Abs. 1 und 2 EGV in gleicher Weise für öffentliche wie für private Unternehmen gilt, bezieht sich auch die Richtlinie sowohl auf öffentliche als auch auf private Unternehmen, die mit der Erfüllung von Aufgaben von allgemeinem wirtschaftlichem Interesse betraut werden. Auf diese Weise wird die Gleichbehandlung von privaten und öffentlichen Unternehmen, die unter ähnlichen wirtschaftlichen Rahmenbedingungen tätig sind, sichergestellt.
Die Daten, die die getrennte Buchführung liefern kann, können nicht nur für eventuelle Untersuchungen gemäß den Beihilfebestimmungen des EG-Vertrages von Relevanz sein. Die Kommission kann sich auch mit einer Beschwerde konfrontiert sehen, dass ein Unternehmen, dem besondere oder ausschließliche Rechte übertragen wurden, Art. 82 EGV verletzt, d.h. eine marktbeherrschende Stellung missbräuchlich ausnutzt. Auch für eine diesbezügliche Untersuchung der Kommission sind entsprechende Daten unentbehrlich.

III. Auswirkungen der Transparenz-Richtlinie auf öffentliche Aufgaben

Weder die bisherige Transparenz-Richtlinie noch die Änderung versuchen, »Dienstleistungen von allgemeinem wirtschaftlichem Interesse«, in welchem Sektor auch immer, zu definieren, zu harmonisieren oder zu beschränken. Die Richtlinie ändert nicht die Bestimmungen des Art. 86 EGV und beschneidet somit nicht das Recht der Mitgliedstaaten, öffentliche Aufgaben zu definieren, ein oder mehrere Unternehmen mit ihrer Erbringung zu beauftragen und angemessene wirtschaftliche Rahmenbedingungen dafür zu schaffen. Sie läuft auch nicht den Bestimmungen des Art. 16 EGV zuwider, der die Bedeutung gemeinwirtschaftlicher Leistungen unterstreicht. Im Gegenteil, mit der Änderung der Richtlinie folgt die Kommission dem in Art. 16 definierten Auftrag, im Rahmen ihrer »Befugnisse im Anwendungsbereich dieses Vertrags dafür Sorge [zu tragen], dass die Grundsätze und Bedingungen für das Funktionieren dieser Dienste so gestaltet sind, dass sie ihren Aufgaben nachkommen können«, da auf Basis der so verfügbaren Daten eine adäquate Finanzierung der öffentlichen Aufgaben sichergestellt werden kann.

Die Richtlinie fordert auch keine rechtliche Trennung zwischen den verschiedenen Tätigkeiten, d.h. keine Aufspaltung des Unternehmens in mehrere juristische Einheiten. Damit greift sie auch nicht in den traditionellen (kommunalen) Querverbund oder andere gewachsene unternehmerische Strukturen ein. Sie fordert lediglich, dass die finanziellen Beziehungen zwischen den einzelnen Unternehmensteilen transparent sind. Quersubventionierungen sollen offengelegt werden, sind jedoch nicht per se mit den Wettbewerbsbestimmungen des EG-Vertrages unvereinbar.

Diesbezüglich gilt es, sich die unterschiedlichen Ansatzpunkte von Querverbund und Beihilfekontrolle der EG vor Augen zu halten. Vereinfacht gesagt, bezweckt Querverbund prinzipiell die Finanzierung von (unrentablen) gemeinwirtschaftlichen Leistungen durch Einnahmen rentabler Unternehmenstätigkeiten. Demgegenüber zielt die Beihilfekontrolle der Kommission primär darauf ab, die Quersubventionierung wettbewerblicher Tätigkeiten durch Mittel aus (mit Sonderrechten und/oder Ausgleichszahlungen unterstützten) gemeinwirtschaftlichen Bereichen zu verhindern. Die wettbewerblichen Tätigkeiten sollen ihre gesamten Kosten durch Markteinnahmen decken.

In Summe lässt sich somit festhalten, dass die Änderung der Transparenzrichtlinie prinzipiell weder die Definition und Übertragung öffentlicher Aufgaben beeinflusst, noch ihre Finanzierung in Frage stellt, noch in bestehende Unternehmensstrukturen eingreift. Sie zielt vielmehr darauf ab, dass solche Aufgaben in einem transparenten wirtschaftlichen Umfeld erbracht werden und alle Wettbewerber am Markt faire Rahmenbedingungen vorfinden.

Drittes Kapitel:

Die Bedeutung europäischer und nationaler Wettbewerbsregelungen für einzelne Sektoren

Achim-Rüdiger Börner

Wettbewerbsrelevante Rechtsprechung des Europäischen Gerichtshofs zur Energiewirtschaft[1]

I. Die primär- und sekundärrechtliche Entwicklung

Dem Europäischen Gerichtshof obliegt die Wahrung des Rechts bei der Auslegung und Anwendung der Verträge der Europäischen Gemeinschaften[2] im Rahmen seiner compétences d'attribution[3]. Funktional wahrt er die kommunitäre Rechtseinheit, kontrolliert die Rechtmäßigkeit des Handelns bzw. Unterlassens der Gemeinschaftsorgane und schützt die Rechte und Freiheiten der Gemeinschaftsbürger[4], wobei dieser letztgenannte Bereich zunehmende Bedeutung erhalten wird[5] mit Stärkung der Bürgerrechte durch den Amsterdamer Vertrag[6] und aufgrund der unmittelbaren Wirkung[7] der Vorschriften des EGV zum Wettbewerbsrecht.
Die Rechtsprechung ist daher nur verständlich, wenn man zugleich das Primärrecht und das Sekundärrecht der Gemeinschaften in die Betrachtung mit einbezieht.
Das Primärrecht schlägt den Bogen von einer Zollunion, die einen nationalen Vorbehalt der Bestimmung und Organisation von gemeinwirtschaftlichen Leistungen anerkannte (Römische Verträge), über einen Binnenmarkt (Einheitliche Europäische Akte) und einen Schutzraum für einen umfassenden Binnenmarkt (Vertrag von Maastricht) bis zur Öffnung der Gemeinschaften im Rahmen des europäischen Sicherheitsgefüges für eine Vielzahl von Beitrittskandidaten und die funktionale Ersetzung der EG-Kommission als zentrales Organ gemeinschaftlicher Willensbildung der Kernstaaten durch die

1 Der Text des Manuskripts wurde am 15.08.1999 abgeschlossen.
2 Art. 220 (ex-164) EGV, Art. 31 EGKSV, Art. 136 EAGV; die Kompetenz erstreckt sich nicht auf den Europäischen Unionsvertrag, Art. 46 (ex-L) EUV.
3 Art. 292 (ex-219)EGV.
4 *Fugmann u.a. (1999)*: A.II. Rn. 163.
5 Vgl. z.B. EuGH, Urt. v. 24.11.1998, Rs. C-274/96, EuZW 1999, 82 ff. – Bickel (betr. Gleichbehandlung bei der Gerichtssprache); s. auch *Hilf/Pache (1998)*, S. 705, 706 f.
6 ABl 1997 C 340, S. 1; BGBl. 1998 II 377; Überblicke: *Streinz (1998)*; *Hilf/Pache (1999)*.
7 *Oppermann (1999)*, Rn. 1033, 1043.

Europäischen Zentralbank[8]. Nach zum Teil debakelhaften Referenden wird die Gefahr erkannt, die Kraft einer verordneten Integration zu überschätzen. Die neuen, dann aber auch die alten Mitglieder, müssen einen Freiraum haben, der ein selbstfinanziertes Wachstum in die Integration bzw. eine fortschreitende Integration ermöglicht. Die Öffnung der Gemeinschaft und die Geltung des Subsidiaritätsprinzips gehen Hand in Hand.
Die Grenzen verordneter Integration haben die Konflikte bei der Schaffung des Sekundärrechts zur Liberalisierung der leitungsgebundenen Energiewirtschaft (Elektrizität und Erdgas) verdeutlicht:
Die Kompetenzen der Gemeinschaft reichen nicht für die zentralen Entscheidungen über Energiepolitik[9] sowie Inhalt und Reichweite der Daseinsvorsorge[10].
Die Richtlinien über gemeinsame Vorschriften für den Binnenmarkt für Strom[11] und den für Erdgas[12] mit ihrer stufenweisen Freigabe der Märkte und ihren diversen Liberalisierungsvorbehalten sind somit das Ergebnis[13] eines Konglomerats liberalisierender und strukturschonender[14] Erwägungsgründe.
Entsprechend dem Verständnis von Art. 295 (ex-222) EGV (vor allem durch die romanischen Länder in Fortsetzung des Verständnisses von Art. 83 EGKSV) und im übrigen auch entsprechend dem Subsidiaritätsgrundsatz von Art. 5 (ex-3 b) EGV wollen sich die Mitgliedstaaten ihrer Kompetenz zur Definition dessen nicht begeben, was zu einem zivilisierten und für ihre Bürger (und die Gemeinschaftsbürger) in gleicher Weise zugänglichen Gemeinwesen gehört, was dazu staatlicherseits mit welcher Funktion und welchen Kosten zu stellen ist und wie die Erbringung solcher Leistungen auch wirtschafts- und regionalpolitisch eingesetzt werden darf. Zudem sind verfassungsrechtliche Schranken der Mitgliedstaaten[15] zu beachten, die »beim gegenwärtigen Stand des Ausbaus der Gemeinschaft der Übernahme öffentlicher Güter bzw. gemeinwohlorientierter Dienstleistungen durch die Gemeinschaft selbst entgegenstehen«[16].

8 *Börner (1998)*, S. 254 ff.
9 Ebenda, S. 251, 258 m.w.N.
10 Siehe auch *Schulte-Beckhausen (2000)*, Einf. EGV, Rn. 6.
11 Richtlinie 1996/92/EG des Europäischen Parlamentes und des Rates betreffend gemeinsame Vorschriften für den Elektrizitätsbinnenmarkt v. 19.12.1996, ABl 1997 L 27 v. 30.01.1997, S. 20 ff.
12 Richtlinie 1998/30/EG des Europäischen Parlamentes und des Rates betreffend gemeinsame Vorschriften für den Erdgasbinnenmarkt v. 22.06.1998, ABl 1998 L 204 v. 21.07.1998, S. 1 ff.
13 Zusammenfassend *Dohms (1995)*, S. 35, 48 m.w.N.
14 *Baur (1997)*, S. 624, und *Baur (1998)*, S. 13, 16 ff.
15 Vgl. auch *Lecheler (1996)*, S. 212, 213 ff.; *Celestine/Felsner (1997)*, S. 105, 106 ff.
16 Vgl. *Seidel (1997)*, S. 73, 80 m.w.N.

Vor allem Art. 86 (ex-90 Abs. 2) EGV mit seinen Ausnahmen vom allgemeinen Wettbewerbsrecht erhält in Antwort auf die Liberalisierungstendenz[17] mehr Gewicht durch den mit dem Amsterdamer Vertrag neu eingefügten Art. 16 (ex-7d) EGV:

»Unbeschadet der Artikel 73 (ex-77), 86 (ex-90) und 87 (ex-92) und in Anbetracht des Stellenwerts, den Dienste von allgemeinem wirtschaftlichem Interesse innerhalb der gemeinsamen Werte der Union einnehmen, sowie ihrer Bedeutung bei der Förderung des sozialen und territorialen Zusammenhalts tragen die Gemeinschaft und die Mitgliedstaaten im Rahmen ihrer jeweiligen Befugnisse im Anwendungsbereich dieses Vertrages dafür Sorge, dass die Grundsätze und Bedingungen für das Funktionieren dieser Dienste so gestaltet sind, dass sie ihren Aufgaben nachkommen können.«

II. Die Rechtsprechung

Diese Bewegung von der Anerkennung mitgliedstaatlichen Vorbehalts der Definition gemeinwirtschaftlicher Dienste über die Eingrenzung der Ausnahmevorschriften des Art. 86 (ex-90) EGV bis hin zur Bestätigung der mitgliedstaatlichen Kompetenz, Umfang und Organisation der Daseinsvorsorge zu regeln, zeigt sich auch in der Rechtsprechung des Europäischen Gerichtshofs. Für die Energiewirtschaft sind die wichtigsten Entscheidungen:

- *Bodson/Pompes Funèbres*[18]:
  Das Binnenmarktmodell steht der Zuteilung von Monopolstellungen durch Konzessionen nicht entgegen.
- *Ahmed Saeed*[19]:
  Eine Betrauung von Luftfahrtunternehmen mit Streckendiensten ist nach Art. (ex) 90 II EGV möglich, aber eine Benachteiligung durch den Verkauf von Weichwährungstickets anderer Anbieter kann nur aufgrund einer transparenten Tarifstruktur überprüft/nachgewiesen werden.
- *Telekommunikationsendgeräte*[20]:
  Hiermit schränkte der Europäische Gerichtshof die Möglichkeiten ein,

17 Zur Gesetzgebungsgeschichte ausführlich jetzt *Decker (2000)*, Anm. I zu Art. 16 EGV.
18 EuGH, Urt. v. 04.05.1988, Rs C- 30/87, Slg. 1988, 2479 – Bodson/Pompes funèbres.
19 EuGH, Urt. v. 11.04.1989, Rs. C-66/86, Slg. 1989, S. 803.
20 EuGH, Urt. v. 19.03.1991, Rs. C-202/88, Slg. 1991 I 1223 – Telekommunikationsendgeräte; s. hierzu auch *von Burchardt (1991)*, S. 339.

durch staatliche Entscheidung Monopole außerhalb rein hoheitlichen Handelns zu begründen. Heinemann sieht in diesem Urteil einen Wendepunkt für das Verständnis von Art. 86 (ex 90) EGV; erstmals sei die Einrichtung von Monopolen durch den Mitgliedstaat an den Grundfreiheiten gemessen worden.[21]

- *Telekommunikationsdienste*[22]*:*
  Der Ausnahmebereich wird noch weiter verengt.
- *Corbeau*[23]*:*
  Ein Ausschluss des Wettbewerbs darf nur die Lebensfähigkeit der gemeinwirtschaftlichen Dienste sichern. Er ist nicht gerechtfertigt, (1) wenn es sich um spezifische, von den Dienstleistungen von allgemeinem Interesse trennbare Dienstleistungen handelt, die (1a) besonderen Bedürfnissen von Wirtschaftsteilnehmern entsprechen und (1b) diese bestimmte zusätzliche Leistungen verlangen, die der herkömmliche Postdienst nicht anbietet – wie die Abholung beim Absender, eine schnellere oder zuverlässigere Verteilung oder auch die Möglichkeit, den Bestimmungsort während der Beförderung zu ändern – und (2) sofern diese Dienstleistungen aufgrund ihrer Art und der Umstände, unter denen sie angeboten werden – wie etwa des Gebietes, in dem sie erbracht werden – das wirtschaftliche Gleichgewicht der vom Inhaber des ausschließlichen Rechts übernommenen Dienstleistung von allgemeinem wirtschaftlichem Interesse nicht in Frage stellen.[24]
- *Almelo*[25]*:*
  Unter dem Gesichtspunkt des Art. (ex) 90 Abs. 2 EWV, der sich ergibt aus der Aufgabe der ununterbrochenen Stromversorgung im gesamten Konzessionsgebiet für alle Abnehmer in den zu jeder Zeit geforderten Mengen zu einheitlichen Tarifen und unter Bedingungen, die nur nach objektiven Kriterien unterschiedlich sein dürfen, ist die Erforderlichkeit der Klausel für die Wahrnehmung der im allgemeinen Interesse liegenden Aufgabe zu prüfen.[26]

21 *Heinemann (1996)*, S. 91 ff, 197.
22 EuGH, Urt. v. 27.11.1992, verb. Rs. C 271/90, 281/90, 289/90, Slg. 1992 I 5833 – Telekommunikationsdienste.
23 EuGH, Urt. v. 19.05.1993, Rs. C-320/91, Slg. 1993 I 2533 – Paul Corbeau.
24 EuGH Slg. 1993 I 2568 f., Tz 14, 17-19.
25 EuGH, Urt. v. 27.04.1994, Rs. C-393/92, Slg. 1994 I 1477 – Almelo; s. hierzu auch EuG, Urt. v. 18.11.1992, Rs. T-16/91, Slg. 1992 II 2417- Rendo I; aufgehoben und zurückverwiesen durch EuGH, Urt. v. 19.10.1995, Rs C-19/93, Slg. 1995 I 3319 – Rendo II; abgeschlossen mit EuG, Urt. v. 12.12.1996, Rs. T-16/91 RV, Slg. 1996 II 1827 – Rendo III; Anmerkung zur Rechtssache Almelo bei *Rapp-Jung (1994)*, S. 464; s. auch *Schaub/Dohms (1998)*, S. 566, 568 ff.
26 EuGH Slg 1994 I 1520f, Tz. 46-50.

In dieser letztgenannten Entscheidung kommt ein judicial self-restraint zum Ausdruck, der nicht auf den Subsidiaritätsklauseln des Primärrechts fußt: Der Europäische Gerichtshof wollte nicht durch rigide Auslegung von Vertragsbestimmungen den Primat der Politik und des Konsenses der Mitgliedstaaten gerade in dem sensiblen Bereich der Energiepolitik brechen. Der lange und sehr politisch geprägte Kampf um die Liberalisierungsrichtlinien hatte schon begonnen; die Empfindlichkeit der Staaten bezüglich ihrer Energiepolitik hatte das Votum Norwegens, nicht der EG beizutreten und damit die uneingeschränkte Hoheit über seine natürlichen Ressourcen zu behalten, verdeutlicht; insbesondere Großbritannien betonte nationale Eigenständigkeiten. Eine zu rigide Durchsetzung des Binnenmarktmodells unter Missachtung der Vorbehalte der Mitgliedstaaten hätte die EG insgesamt in erhebliche Gefahr bringen können.[27]

Die Rückkehr zu örtlichen bzw. mitgliedstaatlichen Lösungen sogar im unmittelbaren Vorgriff auf die bereits verhandelte Thematik des neuen Art. 16 EGV verdeutlichen die Urteile des Europäischen Gerichtshofs vom 27. Oktober 1997[28], die als Fanal gegen die Liberalisierung der Energiewirtschaft[29] verstanden wurden.

Der Europäische Gerichtshof erklärte ausschließliche Ein- und Ausfuhrrechte für Elektrizität und Erdgas für mit den Artt. 28 (ex 30), 29 (ex 34) und 31 (ex 37) EGV vereinbar; Art. 86 (ex-90) habe insoweit Vorrang[30]. Das Urteil bzgl. Frankreich ist bereits an anderer Stelle wiedergegeben[31], so dass seine Begründung als im einzelnen bekannt vorausgesetzt werden kann. Hervorzuheben ist folgendes:

Das Urteil baut auf dem traditionellen Verständnis von Art. 86 (ex-90) Abs. 2 EGV auf. Es gibt keinen eindeutigen Bruch mit der bisherigen Rechtsprechung.[32]

27 Dementsprechend hatte die Kommission noch 1997 die vertikale Organisation der belgischen Stromwirtschaft, durch die der Absatz des Atomstroms gesichert wurde, im Hinblick auf die energiepolitisch motivierten Kraftwerksinvestitionen bis zum Jahre 2011 genehmigt, vgl. *EU-Kommission (1998)*, S. 48, Rz. 94.

28 EuGH, Urteile v. 23.10.1997, Rs. C-157/94 (Niederlande), 158/94 (Spanien), 159/94 (Frankreich), 160/94 (Italien), Slg. 1997 I 5699-5821 – Im- und Exportmonopole für Strom und Gas.

29 Vgl. *Anon (1997)*, S. 4 f.; ebenso *Baur (1999)*, S. 85, 86.

30 EuGH, Urt. v. 23.10.1997, Rs C-159/94, s. oben FN 28, ausführlich besprochen durch *Lecheler/Gundel (1998)*, S. 92 ff.; *Baur (1999)*, S. 85; *Ehricke (1998)*, S. 741 ff.; *Hancher (1998)*, S. 42, 47 ff.; zur Sicht Frankreichs vgl. *Blanchard (1999)*, S. 265; teilweise abweichend *Schaub/Dohms (1998)*, S. 566; zusammenfassend und m.w.N. *Tettinger (1999)*, S. 45, 46 ff. Die Entscheidungen v. 23.10.1997 sind inzwischen mehrfach bestätigt: – Rs. C-189/95, Urt. v. 23.10.1997, Slg. 1997 I 5909 – Harry Franzén – Rs. C-266/96, Urt. v. 18.06.1998, Curia 16/98, S. 23 – Corsica Ferries.

31 VKU-Nachrichtendienst 587 v. November 1997, S. 10 ff.

32 Ein Widerspruch für Länder wie Frankreich ergibt sich aber im Vergleich zur zutreffenden Entscheidung Silvano Raso (EuGH, Urt. v. 12.02.1998, Rs. C-163/96, Slg. 1998 I 533),

Das neue Ergebnis eines weitreichenden Vorrangs der gemeinwirtschaftlichen Dienste fußt vor allem auf zwei Aspekten, nämlich der umfänglichen Berücksichtigung gemeinwirtschaftlicher Zielsetzungen und einer Beweislastumkehr[33], dass nach Erfüllung der Darlegungslast des Mitgliedstaats, dass sein System zielkonform funktioniert, die Kommission die Darlegungs- und Beweislast dafür hat, dass ein minderer Eingriff in die Wettbewerbsfreiheit die gleichen Ergebnisse sicherstellt.

Dass die Anwendung der Wettbewerbsregeln die Erbringung der gemeinwirtschaftlichen Leistung nicht nur behindert, sondern verhindert, hatte der Europäische Gerichtshof bisher vorwiegend unternehmenswirtschaftlich-finanziell betrachtet unter dem Gesichtspunkt der Lebensfähigkeit des mit gemeinwirtschaftlichen Aufgaben belasteten Unternehmens. Im EdF-GdF-Urteil kommen erstmalig weitere Aspekte wie etwa die Versorgungssicherheit durch Diversifikation der Bezugsquellen zum Tragen und wird die Beweislast zugunsten einzelstaatlicher Entscheidung verteilt; allerdings heißt es dort auch, dass nur die speziell im Rahmen der Betrauung auferlegten Pflichten und nicht allgemein geltende Pflichten (wie etwa bei EdF und GdF der Umweltschutz) zu berücksichtigen sind. Inwieweit auch eine implizite Verpflichtung ausreicht, hat der Europäische Gerichtshof noch nicht abschließend entschieden. Hier ist mit Aufweichungstendenzen zu rechnen, etwa wenn ein staatliches Beschäftigungsprogramm auf dem Spiele steht und einer der Aspekte des Art. 16 (ex-7d) EGV[34] berührt ist, ohne dass dies im nationalen Betrauungsakt ausdrücklich genannt ist.

Damit leisten die Urteile vom 23. Oktober 1997 eine bedeutende Interpretation des EG-Vertrages, an der die Liberalisierungsrichtlinien zu messen sind. Sie sind weitgehend kompatibel, wenn auch im Einzelnen Widersprüche zum neuen Verständnis von Art. 86 (ex-90) Abs. 2 EGV auftreten[35], die andernorts zu behandeln sind. Der Wirtschafts- und Sozialausschuss[36] fasst unter Bezug

wonach die Gewährung exklusiver Rechte für den vorgelagerten Markt dann gegen Art. 81 (ex-86) Abs. 1 EGV verstößt, wenn das beliehene Unternehmen auf dem nachgelagerten Markt mit Unternehmen in Wettbewerb tritt, die im vorgelagerten Markt seine Kunden sind. Die Handelsmonopole dürfen danach nicht Versorgern anvertraut sein.

33 Vgl. auch *Hancher (1998)*, S. 42, 58 ff.; *Blanchard (1999)*, S. 265, 273.

34 Die Legitimität der in Art. 16 EGV genannten Ziele strahlt über die Einrichtungen, die der Daseinsvorsorge dienen, ins Wettbewerbsrecht aus, s. auch *Decker (2000)*, Anm. II. zu Art. 16 EGV; offen noch *Schulte-Beckhausen (2000)*, Rn. 1 a.E., Vorbemerkungen zu Art. 16, 81 ff. EGV.

35 Z.B. bzgl. der nur begrenzten Zahl der Aspekte, aufgrund derer öffentliche Dienstleistungspflichten nach der StromRiLi und derGasRiLi auferlegt werden dürfen (vgl. dazu Stellungnahme des Wirtschafts- und Sozialausschusses [FN 33] Rn. 3.2) und bzgl. der in den Richtlinien vorgesehenen Beweislastregeln für Markthemmnisse.

36 Stellungnahme des Wirtschafts- und Sozialausschusses, FN 33 zum Thema »Leistungen der Daseinsvorsorge« v. 21.10.1999 (TEN/022 – CES 949/99 (ES) UR/HB/AK/R/da), Rn. 6.8.1; zuzustimmen ist auch Rn 6.8.2.

auf den Amsterdamer Vertrag und dessen neuen Art. 16 EGV zutreffend zusammen:

»Der Universaldienst muss zwar in den Bereichen Verkehr und Energie zweifellos nicht so weitreichend sein wie bei anderen Dienstleistungen von allgemeinem wirtschaftlichen Interesse, aber nach Auffassung des Ausschusses wurden bei der bisher vollzogenen Liberalisierung Faktoren, die für den wirtschaftlichen, sozialen und territorialen Zusammenhalt ausschlaggebend sind, nicht ausreichend berücksichtigt, da Kriterien der wirtschaftlichen Leistungsfähigkeit im Vordergrund standen.«

Art. 86 (ex-90) Abs. 2 EGV verlangt das Vorliegen einer Dienstleistung von allgemeinem wirtschaftlichem Interesse, mit deren Erbringung das Unternehmen betraut sein muss. Für die Qualifikation als gemeinwirtschaftliche Aufgabe haben die Mitgliedstaaten aufgrund von Art. 16 EGV einen weiten Beurteilungsspielraum. Das zeigen jetzt auch neue Urteile zum Sekundärrecht, nämlich zum Vergaberecht. In den Urteilen Mannesmann Anlagenbau Austria[37] und BFI-Holding[38] ist entschieden, dass allein die Art der Aufgabe und die Art ihrer Erfüllung darüber entscheiden, ob es sich um eine im Allgemeininteresse liegende Aufgabe nicht gewerblicher Art handelt. Die Aufgabe wird dadurch zu einer nicht-gewerblicher Art[39], dass gemäß mitgliedstaatlicher Vorgabe andere Zielvorgaben als die Gewinnerwirtschaftung vorrangig sind. Eine derartige, im Allgemeininteresse liegende Aufgabe nicht gewerblicher Art wird nicht dadurch ausgeschlossen, dass die Aufgabe auch durch privatwirtschaftliche Unternehmen erfüllt werden könnte oder der gemeinwirtschaftliche Dienstleister im Wettbewerb zu privaten steht.[40] Das Bestehen eines entwickelten Wettbewerbs ist nur ein Indiz zum Fehlen des Allgemeininteresses und der Nicht-Gewerblichkeit und wird durch den öffentlichen Zweck und die Vorgabe zur Aufgabenerfüllung entkräftet.[41] Dies ist nicht subjektiv nach dem Erfüllungspflichtigen und der Gesamtheit seiner Aktivitäten, sondern objektiv, d.h. anhand der konkreten Aufgabe und der Vorgaben zu ihrer Erfüllung, zu beurteilen.[42] Es ist absehbar, dass die Unterscheidung zwischen im Allgemeininteresse liegenden Aufgaben gewerblicher und nicht-gewerblicher Art auch im Rahmen des Art. 86 (ex-90) Abs. 2 EGV fruchtbar gemacht wird und die mitgliedstaatliche Vorgabe einer nicht-gewerblichen

37 Urt. v. 15.01.1998, Rs. C-44/96, Slg. 1998 I 73.
38 Urt. v. 10.11.1998, Rs. C-360/96, Slg. 1998 I 6821.
39 Slg. 1998 I 6862, Rn. 36.
40 Slg. 1998 I 6864f, Rz. 43, 45, 47.
41 Slg. 1998 I 6865f, Rz. 49-53.
42 Slg. 1998 I 6867, Rz. 58 u. 6868, Rz. 63.

Erfüllung einen weitergehenden Ausschluss der allgemeinen Wettbewerbsregeln und Marktfreiheiten ermöglicht.

Literaturverzeichnis

Anon (1997): Court rulings deal a blow to liberalisation negotiations, in: Energy Europe, Nr. 501, London, 31.10.1997, S. 4 f.

Baur (1998): J. F. Baur, Die Elektrizitätsbinnenmarktrichtlinie, in: Energiewirtschaftliche Tagesfragen, Nr. 624, Essen 1997, und Veröffentlichungen des Instituts für Energierecht an der Universität zu Köln, Bd. 84, Baden-Baden 1998, S. 13 ff.

Baur (1999): J. F. Baur, Art. 90 II EGV und die Binnenmarktrichtlinien für Strom und Gas, in: Recht der Energiewirtschaft, Jg. 1999, S. 85 ff.

Blanchard (1999): P. Blanchard, The French Electricity Sector: ECJ Decision on Monopolies for the Import and Export of Electricity, in: Journal of Energy and Natural Resources Law, Nr. 17, 1999, S. 265 ff.

Börner (1998): A.-R. Börner, Die Entwicklung des EG-Vertrages: Neue Parameter für den Euro, in: Deutsche Zeitschrift für Wirtschaftsrecht, Jg. 1998, S. 251 ff.

von Burchardt (1991): F. von Burchardt, Die Kompetenzen der EG-Kommission nach Art. 90 III EWGV, in: Europäische Zeitschrift für Wirtschaftsrecht, Jg. 1991, S. 339 ff.

Celestine/Felsner (1997): P. Celestine u. M. Felsner, Öffentliche Unternehmen, Privatisierung und service public in Frankreich, in: Recht der internationalen Wirtschaft, Jg. 1997, S. 105 ff.

Decker (2000): H. Decker, EGV-Einführung, Art. 16, 86 EGV, in: W. Ludwig u. H. Odenthal (Hrsg.), Recht der Elektrizitäts-, Gas- und Wasserversorgung, Neuwied, Stand Januar 2000.

Dohms (1995): R. Dohms, Die Entwicklung eines wettbewerblichen europäischen Elektrizitätsmarktes, in: Österreichische Kraftwerke AG (Hrsg.), Aktuelle Probleme der Elektrizitätswirtschaft 1995, Linz (Tanner), S. 35 ff.

Ehricke (1998): U. Ehricke, Zur Konzeption von Art. 37 I und Art. 90 II EGV, in: Europäische Zeitschrift für Wirtschaftsrecht, Jg. 1998, S. 741 ff.

EU-Kommission (1998): Europäische Kommission, XXVII. Bericht über die Wettbewerbspolitik 1997, Luxemburg 1998.

Fugmann u.a. (1999): F. Fugmann, B. Schoh u. M. Dauses, Institutioneller Aufbau der EG, in: M. Dauses (Hrsg.), Handbuch des EU-Wirtschaftsrechts, München, Stand Januar 1999.

Hancher (1998): L. Hancher, Delimitation of Energy Law Jurisdiction: the EU and its member states, in: J. Energy Nat Res Law, Nr. 16, 1998, S. 42 ff.

Heinemann (1996): A. Heinemann, Grenzen staatlicher Monopole im EG-Vertrag (Münchener Universitätsschriften, Bd. 116), München.

Hilf/Pache (1998): M. Hilf u. E. Pache, Der Vertrag von Amsterdam, in: Neue Juristische Wochenschrift, Jg. 1998, S. 705.

Lecheler (1996): H. Lecheler, Die Versorgung mit Stom und Gas als »Service public« und die Bedeutung der service public Doktrin für Art. 90 Abs. 2 EG-V, in: Recht der Elektrizitätswirtschaft, Jg. 1996, S. 212 ff.

Lecheler/Gundel (1998): H. Lecheler u. J. Gundel, Die Rolle von Art. 90 Abs. 2 und 3 EGV in einem liberalisierten Energiemarkt – Zur Bedeutung der EuGH-Entscheidungen vom 23.10.1997 für die Zukunft, in: Recht der Energiewirtschaft, Jg. 1998, S. 92 ff.

Oppermann (1999): Th. Oppermann, Europarecht, 2. Aufl., München.

Rapp-Jung (1994): B. Rapp-Jung, Der Energiesektor zwischen Marktwirtschaft und öffentlicher Aufgabe, in: Europäische Zeitschrift für Wirtschaftsrecht, Jg. 1994, S. 464 ff.

Schaub/Dohms (1998): A. Schaub u. R. Dohms, Der wettbewerbliche Binnenmarkt für Strom und Gas, in: Die Aktiengesellschaft, Jg. 1998, S. 566 ff.

Schulte-Beckhausen (2000): S. Schulte-Beckhausen, Vorbemerkungen, Art. 81-85 EGV, in: W. Ludwig u. H. Odenthal, Recht der Elektrizitäts-, Gas- und Wasserversorgung, Neuwied, Stand Januar 2000.

Seidel (1997): M. Seidel, Service Public im Europäischen Energierecht – zur Problematik des Art. 90 Abs. 2 EG-Vertrag, in: J. Baur (Hrsg.), Energiewirtschaft zwischen Wettbewerb und öffentlichen Aufgaben (Veröffentlichungen des Instituts für Energierecht an der Universität zu Köln, Bd. 81), Baden-Baden, S. 73 ff.

Streinz (1998): R. Streinz, Der Vertrag von Amsterdam, in: Europäische Zeitschrift für Wirtschaftsrecht, Jg. 1998, S. 137 ff.

Tettinger (1999): P. J. Tettinger, Für die Versorgungswirtschaft bedeutsame Entwicklungslinien im primären Gemeinschaftsrecht, in: Recht der Energiewirtschaft, Jg. 1999, S. 45 ff.

Sabine Schulte-Beckhausen

Energieversorgung als öffentliche Aufgabe im europäischen Ordnungsrahmen

I. Strom- und Gasversorgung im europäischen Gemeinschaftsrahmen

Die öffentliche Energieversorgung befindet sich in einem dichten Geflecht europäischer Vorgaben. Über 10 Jahre lang hat die Europäische Union darauf hingearbeitet, einen Binnenmarkt für Energie zu schaffen. Den konkreten Anfangspunkt dieser Entwicklung bildete das Weißbuch der Kommission über den Binnenmarkt für Energie vom Mai 1988, in dessen Gefolge zunächst die beiden Richtlinien über die Transparenz von Strom- und Gaspreisen sowie die Richtlinie über den Transit von Elektrizitätslieferungen über große Netze für erste Wettbewerbselemente sorgten. Den Durchbruch hin zu einer wettbewerblich orientierten Energieversorgung brachten dann 1996 bzw. 1998 die Richtlinien über die Schaffung eines Binnenmarkts für Elektrizität und Erdgas.[1] Die Umsetzungsfrist für die Stromrichtlinie ist am 19. Februar 1999 abgelaufen; die Erdgasrichtlinie muss bis zum 10. August 2000 in die nationalen Rechte transformiert werden.

Die Stromrichtlinie führt Wettbewerb auf der Grundlage dreier Elemente ein: freie Erzeugung, freier Zugang zum Netz und freier Bau von Direktleitungen.[2] Auch die Gasrichtlinie verlangt Regelungen über Netzzugang und Direktleitungsbau.[3] Beide Richtlinien stellen gemäß dem Subsidiaritätsgrundsatz zahlreiche grundlegende Punkte – darunter so wichtige Themen wie den Umfang der Marktöffnung und die Definition der zugelassenen Kunden – weitgehend in das Belieben der Mitgliedstaaten. Daher ist es nicht erstaunlich, dass sich der angestrebte europäische Binnenmarkt für Elektrizität nur langsam entwik-

1 Richtlinie 96/92/EG des Europäischen Parlaments und des Rates v. 19.12.1996 betr. gemeinsame Vorschriften für den Elektrizitätsbinnenmarkt, ABl. EG Nr. L 27/20 v. 30.01.1997; Richtlinie 98/30/EG des Europäischen Parlaments und des Rates v. 22.06.1998 betr. gemeinsame Vorschriften für den Erdgasbinnenmarkt, ABl. EG Nr. L 204/1 v. 21.07.1998.

2 Einzelheiten bei *Britz (1997).*

3 Einzelheiten bei *Burchard/Riemer (1998).*

kelt.[4] So zieht sich heute quer durch Europa ein bunter Flickenteppich unterschiedlicher Marktöffnungsgrade und Netzzugangsmodalitäten.[5] Während der deutsche Strommarkt sogleich und übergangslos für alle Kunden vollständig geöffnet worden ist, schwanken die Marktöffnungsgrade der Nachbarländer zwischen der Mindestmarktöffnung[6] von 26,5 % und 90 %[7].
Die Europäische Union steht nun vor der Herausforderung, aus diesem von ihr selbst angelegten Flickenteppich einen einheitlichen Markt herzustellen. Im Rahmen des sogenannten »follow-up«-Prozesses überwacht zunächst die Kommission die ordnungsgemäße Umsetzung der Binnenmarktrichtlinie Elektrizität, demnächst auch Erdgas. Sie hat bereits angedeutet, dass das in den Art. 81-86 EGV (85-90 a.F.) geregelte europäische Kartellrecht möglicherweise keine genügend starke Grundlage sein wird, um die konkreten Bedingungen für einen funktionierenden Strombinnenmarkt auch tatsächlich durchzusetzen. So denkt sie über eine weitergehende Koordinierung auf europäischer Ebene nach.[8] Solche Überlegungen beziehen sich vor allem auf die Koordinierung der Netzzugangsregelungen, insbesondere in Bezug auf grenzüberschreitende Übertragungstarife und Mechanismen für das Engpassmanagement. Der Anstoß für eine ständige europäische Konferenz der Übertragungsnetzbetreiber und Regulatoren (»Europäische Regulatorenkonferenz in Florenz«) ist ein sichtbares Signal. Ziel dieser Bemühungen ist es, die nationalen Systeme so aufeinander abzustimmen, dass ein echter grenzüberschreitender Handel mit Energie möglich wird.
Die Bundesrepublik Deutschland befindet sich dabei in einer Sonderrolle: Sie ist das einzige Land in der Europäischen Union, das bei 100prozentiger Marktöffnung die Frage des Netzzugangs den selbstheilenden Kräften des Marktes überlässt[9], mit der Folge, dass die fehlende Transparenz gerade den in kommunaler Hand befindlichen kleinen und mittleren Unternehmen, aber auch Industriekunden und neuen Marktteilnehmern erhebliche Nachteile bringt.

4 Darstellung mit Blick auf die bestehenden Handelshemmnisse bei *Schulte-Beckhausen (1999a)*.

5 Länderübersicht bei *Schulte-Beckhausen (1999b)*.

6 Mitteilung der Kommission v. 30.10.1998 über die Berechnung der durchschnittlichen Gemeinschaftsquote für die Öffnung des Elektrizitätsmarkts, ABl. EG Nr. C 334/16 v. 31.10.1998. Für das Jahr 2000 hat die Kommission durch Entscheidung v. 10.11.1999 die Quote auf 30,27 % festgelegt.

7 Länderübersicht im Bericht der Kommission an den Rat und das Europäische Parlament v. 07.04.1998 (KOM 212/98).

8 Zweiter Bericht der Kommission an den Rat und das Europäische Parlament über den Harmonisierungsbedarf v. 16.04.1999, KOM 1999/164 endg.

9 Regelung des Netzzugangs durch die so genannte »Verbändevereinbarung«, in ihrer zweiten Fassung verabschiedet am 13.12.1999; Verzicht auf eine besondere Regulierung.

II. Verankerung der Gemeinnützigkeit auf europäischer Ebene

Trotz der zielstrebigen Verwirklichung des Binnenmarkts ist in der europäischen Diskussion immer deutlich zum Ausdruck gekommen, dass die Elektrizitätswirtschaft ein ganz besonderer Gegenstand der Liberalisierung ist. Vor allem das Europäische Parlament hat diesen Gedanken kontinuierlich verfolgt. Die hartnäckige Behauptung einiger Marktteilnehmer, Stromversorgung sei im Grunde doch nicht anders zu beurteilen als der Verkauf von Brötchen, hat trotz stetiger Wiederholung nicht an Schlagkraft gewonnen. Angestoßen durch das von französischer Seite vertretene Konzept des »Service public« und durch die Rechtsprechung des EuGH[10], insbesondere in den Urteilen Corbeau und Almelo, aber auch in den Entscheidungen über die Zulässigkeit staatlicher Im- und Exportmonopole der Länder Frankreich, Italien, Spanien und den Niederlanden, ist deutlich geworden, dass die Energieversorgung als »Dienstleistung von allgemeinem wirtschaftlichem Interesse« besonderen Regelungen unterliegt. Diese können gar in handfesten Wettbewerbsbeschränkungen münden – und zwar im Dienste der Kunden, vor allem der Masse der Haushaltskunden, nicht der Energieversorgungsunternehmen.

Die Binnenmarktrichtlinien Strom und Gas sehen in ihrem jeweiligem Art. 3 vor, dass die Mitgliedstaaten bestimmten Unternehmen sogenannte »gemeinwirtschaftliche Verpflichtungen im Allgemeininteresse« auferlegen können. Nach dem Text der Stromrichtlinie können sich diese Verpflichtungen etwa auf die Versorgungssicherheit, die Qualität und den Preis der Leistungen sowie auf den Umweltschutz beziehen. Das »Ob« einer solchen Qualifikation liegt dem Subsidiaritätsgedanken zufolge, wie auch nach der grundlegenden Bestimmung des Art. 86 Abs. 2 EGV (Art. 90 Abs. 2 a.F.), in den Händen der Mitgliedstaaten. Deren Gesetzgeber haben zum Teil ausdrücklich davon Gebrauch gemacht, zum Teil auch nicht.

In Deutschland hat der Bundesgesetzgeber in der Gesetzesbegründung[11] zum Energiewirtschaftsgesetz[12] die Existenz solcher Pflichten ausdrücklich in Abrede gestellt, obwohl im Gesetz selbst die preisgünstige und umweltfreundliche Versorgung als Ziel genannt wird, der Anschluss- und Benutzungszwang für die sogenannte »allgemeine Versorgung« erhalten bleibt und – wenn auch praktisch unzureichende – Sonderregelungen über den Schutz

10 Ausführlich hierzu der Beitrag von Achim-Rüdiger Börner in diesem Band, S. 101-109.
11 Siehe Drucksache des Deutschen Bundestags 13/7274 v. 23.03.1997, S. 10.
12 EnWG v. 24.04.1998, BGBl. I 1998 v. 28.04.1998, S. 730-736.

der Kraft-Wärme-Kopplung eingeführt worden sind. Dass eine auf Gründe des Umweltschutzes gestützte Verweigerung des Netzzugangs nach der Konzeption der europäischen Stromrichtlinie ausschließlich auf Art. 3 der Stromrichtlinie, mithin auf gemeinwirtschaftliche Verpflichtungen gestützt werden kann, wird in der öffentlichen Diskussion in Deutschland kaum wahrgenommen. Der Widerspruch zwischen Gesetzesbegründung und Inhalt des Energiewirtschaftsgesetzes liegt dennoch auf der Hand.

III. Energiewirtschaft zwischen Gemeinnützigkeit und Wettbewerb

1. Chancen für Unternehmen und Kunden

Der neue europäische Ordnungsrahmen für Energie hat schnell zu weitgreifenden Umstrukturierungen in den Energieversorgungsunternehmen geführt. Der Druck des Marktes, aber auch die neuen Anforderungen an die Transparenz der Rechnungslegung und an die Organisation der stromwirtschaftlichen und anderer Funktionen (»horizontales und vertikales Unbundling«)[13] tragen zu einer höheren Effizienz der Unternehmen bei. Viele betrachten die neuen Wahlfreiheiten beim An- und Verkauf von Energie (»customer choice«) als Wert an sich. Dies wird noch dadurch verstärkt, dass die Energiemärkte zunehmend internationalen Charakter annehmen. Dadurch, dass sich im liberalisierten Energiemarkt der Warencharakter von Elektrizität und Erdgas herausbildet, entstehen für die angestammten Unternehmen neue Geschäftsfelder rund um den Energiehandel, sowohl auf dem physischen Großhandelsmarkt als auch in bezug auf finanzielle Produkte rund um die Ware Energie (etwa Derivate im Warenterminhandel).[14] Für innovative Unternehmen, auch aus anderen Branchen, ergeben sich interessante Möglichkeiten zum Markteintritt. Aus der Sicht der Kunden, auch derjenigen Energieversorgungsunternehmen, die selbst am Markt ihren Bezug optimieren, liegen die Chancen in günstigen Einkaufspreisen. Anbieter und Energieprodukte werden vielfältiger und können die Bedürfnisse der Kunden differenzierter als zuvor erfüllen.

13 Siehe *Loitz (1998)*.
14 Ausführlich zu den neuen Geschäften *Schulte-Beckhausen (1999a)*.

2. Risiken für Unternehmen und Kunden

Risiken für Anbieter und Kunden stecken zunächst in der Architektur des europäischen Ordnungsrahmens selbst. Die niedrige Regelungsdichte auf europäischer Ebene, die auf der hohen Gewichtung des Subsidiaritätsgedankens beruht, führt im Energiebinnenmarkt zu Marktverzerrungen. Ein eklatantes Beispiel hierfür sind die praktischen Auswirkungen der sogenannten Reziprozitätsklausel, derzufolge Verteilerunternehmen und Kunden unterhalb eines bestimmten Schwellenwerts, die nach spiegelbildlicher Betrachtung in einem bestimmten Nachbarland nicht am Stromhandel teilnehmen dürfen, vom Import aus diesem Land ausgeschlossen sind.[15]

Auch wird die neue Freiheit am Markt mittelfristig wieder verloren gehen, wenn sich die heute schon zu beobachtende Tendenz zur Konzentration der Unternehmen weiter fortsetzt. Der starke Druck auf die Erzeugungskosten wird ohne regulative Mechanismen zu Investitionsruinen führen, bedauerlicherweise auch in bezug auf umweltfreundliche Erzeugungsarten, wie beispielsweise Kraft-Wärme-Kopplungsanlagen, die zum Erreichen der international verpflichtenden Klimaschutzziele einen wertvollen Beitrag leisten. Der Spielraum für die Durchsetzung örtlicher Versorgungskonzepte wird immer kleiner werden.

Der Abbau von Arbeitsplätzen in der Energiebranche wird weiter voranschreiten; dies wird auch die Entwicklung neuer Geschäftsfelder – beispielsweise im Energiehandel – nicht ausgleichen können. Mit Blick auf das Thema »Gemeinnützigkeit und Wettbewerb« steckt das bedeutendste Risiko dieser Entwicklung allerdings darin, dass nach und nach der Gedanke der Daseinsvorsorge dem Shareholder value-Gedanken weichen könnte. Gewinne werden zunehmend nicht mehr vor Ort investiert, sondern fließen internationalen Konzernen zu, die globale Strategien verfolgen. Insbesondere Investitionen in Serviceleistungen für Kunden, die sich nicht unmittelbar in Unternehmensgewinnen auszahlen, in Umweltschutzprojekte und in lokale Infrastruktur – bislang Aufgabe und Rechtfertigung für Unternehmen in kommunaler Hand – stehen jetzt schon vielerorts auf dem Prüfstand

Kundenbedürfnisse werden zwar vordergründig im Mittelpunkt stehen, jedoch wird die Attraktivität der Angebote immer stärker von der Attraktivität der jeweiligen Kundengruppe für das anbietende Unternehmen abhängen. Das bedeutet: Sowohl unter den Unternehmen als auch unter den Kunden wird es Gewinner und Verlierer geben. In der gegenwärtigen Umbruchsituation wird bereits deutlich, dass zu den Gewinnern vor allem Anbieter und Nachfrager

15 Ausführlich zur Reziprozität *Klemm (2000)* und *Tettinger (1996)*.

mit größeren Marktanteilen gehören. Mechanismen zum Schutz kleinerer Marktteilnehmer, insbesondere der privaten Verbraucher, werden erforderlich.
Schließlich gerät auch der kommunale Querverbund in Gefahr: Je weniger Gewinne aus wettbewerblichen Bereichen auf lokaler und regionaler Ebene in gemeinwohlorientierte Dienstleistungsangebote fließen, desto schwieriger wird die Finanzierung dieser Aufgaben – insbesondere die des öffentlichen Personennahverkehrs und der Bäder. Hier stehen Lösungen noch aus.

3. Ausgleich von Chancen und Risiken?

Es gibt mit Blick auf die Energieversorgungswirtschaft kein Entweder-Oder zwischen dem Wettbewerbsgedanken und dem Gedanken der Gemeinnützigkeit. Stellt man die Regelungen des europäischen Ordnungsrahmens denjenigen des deutschen Ordnungsrahmens für Energie gegenüber, so zeigt sich allerdings ein deutlicher Unterschied in der Gewichtung der beiden Prinzipien. Auf europäischer Ebene gibt es eine primärrechtlich verankerte Grundlage für eine Balance zwischen Wettbewerb und öffentlicher Aufgabe, zwischen Markt und Daseinsvorsorge. Dies ist zum einen im Regel-Ausnahme-Verhältnis der Art. 81-86 (Art. 86-90 a.F.) EGV verankert, zum anderen im neuen Art. 16 EGV. Letztere Vorschrift besagt, dass sowohl auf europäischer Ebene als auch auf nationaler Ebene Dienstleistungen von allgemeinem wirtschaftlichem Interesse einen besonderen Stellenwert einnehmen und dass die Union und ihre Mitgliedstaaten dafür Sorge zu tragen haben, dass diese Dienstleistungen so funktionieren können, dass sie ihren Aufgaben nachkommen können.
Diese neue Bestimmung ist den allgemeinen Zielbestimmungen des EG-Vertrags hinzugefügt worden und hat in erster Linie programmatischen Charakter.[16] Sie richtet darüber hinaus allerdings auch einen konkreten Gestaltungsauftrag an den europäischen und die nationalen Gesetzgeber. Zumindest was den europäischen Gestaltungsauftrag betrifft, bezieht sich die Vorschrift von der Natur der Sache her auf alle Mitgliedstaaten, unabhängig davon, ob und in welcher Tiefe sie bestimmten Unternehmen konkrete Dienstleistungspflichten auferlegt haben. Diese Wirkung ist nicht rein »negativ«, das heißt es geht nicht ausschließlich um Verhinderung oder Einschränkung des Wettbewerbs. Es gibt auch eine »positive« Seite dieser Zielbestimmung: Ziel der europäischen Gesetzgebung ist es, unter anderem die Qualität und die Verfügbarkeit

16 Ausführlich zu Entstehungsgeschichte und Inhalt des Art. 16 EGV *Decker (1999).*

öffentlicher Dienstleistungen für die Unionsbürger durch marktkonforme Mechanismen zu garantieren. Nur dann, wenn dies nicht realisierbar ist, sind Korrekturen am Wettbewerbssystem möglich, die allerdings dem Prinzip der Verhältnismäßigkeit genügen müssen.
Die genannten Vorschriften des europäischen Primärrechts werden im Energiesektor durch die erwähnten Regelungen der Binnenmarktrichtlinien Strom und Gas über gemeinwirtschaftliche Verpflichtungen ergänzt. Hingegen ist der Befund im deutschen Ordnungsrahmen eher ernüchternd: Nicht nur die Sonderregelungen der Binnenmarktrichtlinien, sondern auch die Regelung des neuen Art. 16 EGV finden keine auch nur ungefähre Entsprechung im deutschen Ordnungsrahmen. Auch gibt es keine Umsetzung der Richtlinienbestimmungen in deutsches Recht. Daher bestehen gute Gründe für die These, dass sich die oben gezeigten Risiken durch Maßnahmen im europäischen Kontext besser abfedern lassen als durch Maßnahmen auf der Ebene einzelner Mitgliedstaaten.
Daraus kann man sogar folgern, dass die Mitgliedstaaten, die die von der europäischen Rechtsordnung angestrebte Balance missachten, von den Organen der Europäischen Union – insbesondere durch Kommission und EuGH – dazu angehalten werden können, ihren nationalen Ordnungsrahmen entsprechend anzupassen oder zumindest hinreichend bestimmt auszugestalten, gestützt auf den Gestaltungsauftrag des Art. 16 EGV. Konkreter Ansatzpunkt hierfür ist beispielsweise die Umsetzung der jeweiligen Art. 3 der Strom- und Gasrichtlinie: Wenn etwa zugunsten des Umweltschutzes in der Energiewirtschaft gewisse Wettbewerbsregeln eingeschränkt werden sollen, etwa durch Förderung der auf Kraft-Wärme-Kopplung beruhenden Stromerzeugung durch ein Quotenmodell, so wäre hierfür der Weg über entsprechende gemeinwirtschaftliche Verpflichtungen zu wählen. Gleiches gilt für die Anschlusspflicht nicht wechselwilliger Kunden wie auch für Mindestanforderungen an die Qualität der Versorgung.

IV. Fazit

Das europäische Recht bietet kein Allheilmittel gegen alle beschriebenen Risiken, die aus Sicht der Unternehmen und Kunden mit der Liberalisierung des energiewirtschaftlichen Ordnungsrahmens einhergehen. In gewisser Hinsicht hat es aber Vorbildcharakter: Die Ausgestaltung des europäischen Ordnungsrahmens zeigt anschaulich, daß die Energieversorgung – unabhängig von der Liberalisierung des Marktes – nicht allein dazu dient, Kunden ein günstiges Produkt und den Unternehmen Gewinne zu verschaffen.

Literaturverzeichnis

Britz (1997): Gabriele Britz, Öffnung der Europäischen Strommärkte durch die Elektrizitätsbinnenmarktrichtlinie?, in: Recht der Energiewirtschaft (RdE), Jg. 1997, S. 85-93.

Burchhard/Riemer (1998): Friedrich Burchhard u. Heinz Riemer, Die europäische Gasrichtlinie – eine erste Zwischenbilanz, in: Energiewirtschaftliche Tagesfragen (ET), Jg. 1998, H. 12, S. 782-785.

Decker (1999): Heinrich Decker, Art. 16 EGV, in Wolfgang Ludwig u. Hans Odenthal (Hrsg.), Recht der Elektrizitäts-, Gas- und Wasserversorgung, Praktikerkommentar zum deutschen und europäischen Energierecht, Bd. 2., Neuwied

Klemm (2000): Andreas Klemm, Strom aus dem Ausland, Ein Beitrag zu Art. 4 § 2 des Gesetzes zur Neuregelung des Energiewirtschaftsgesetzes, in: Recht der Energiewirtschaft (RdE), Jg. 2000, S. 69-74.

Loitz (1998): Rüdiger Loitz, Auswirkungen der Harmonisierung des Energiemarkts auf die Rechnungslegung und Prüfung der Energieversorgungsunternehmen, in: Betriebs-Berater (BB), Jg. 1998, S. 1680-1682.

Schulte-Beckhausen (1999a): Sabine Schulte-Beckhausen, Stromhandel – Möglichkeiten und Grenzen im neuen europäischen und nationalen Ordnungsrahmen für Energie, in: Recht der Energiewirtschaft (RdE), Jg. 1999, S. 51-59.

Schulte-Beckhausen (1999b): Sabine Schulte-Beckhausen, Einführung EGV, in: Wolfgang Ludwig u. Hans Odenthal (Hrsg.), Recht der Elektrizitäts-, Gas- und Wasserversorgung, Praktikerkommentar zum deutschen und europäischen Energierecht, Bd. 2, Neuwied, Rn. 18 ff.

Tettinger (1996): Peter Tettinger, Diskriminierung von Verteilerunternehmen durch den geänderten Vorschlag für eine Richtlinie des Europäischen Parlaments und des Rates betreffend gemeinsame Vorschriften für den Elektrizitätsbinnenmarkt (Beiträge zur Kommunalen Versorgungswirtschaft, H. 88), Köln.

Thomas Muthesius

Der Einfluss des europäischen Rechts auf den öffentlichen Personennahverkehr

I. Wettbewerbliche Entwicklung des europäischen Nahverkehrsmarktes

Es liegt noch keine drei Jahrzehnte zurück, dass sich der öffentliche Personennahverkehr (ÖPNV) in Europa ausschließlich in streng regulierten nationalen Märkten vollzog. Die Wettbewerber für die ÖPNV-Unternehmen waren allein das Auto und die anderen Individualverkehrsmittel, nicht jedoch Konkurrenten aus der eigenen Branche. Abgesehen von den Staatseisenbahnen, die traditionell auch Nahverkehrsdienste anbieten, hatten sich fast überall in Europa die größeren Städte mit eigenen Unternehmen in unterschiedlicher Rechtsform im Nahverkehr engagiert. Dabei spielten private Unternehmen fast nur im Busbereich und hier vornehmlich im Regionalverkehr eine Rolle.
Die ersten Länder innerhalb der Europäischen Union, die in den 70er und 80er Jahren Wettbewerb im Nahverkehr – mit jeweiligen Ausnahmen für die Metropolen – einführten, waren Frankreich und Großbritannien. Inzwischen sind die skandinavischen Länder gefolgt. Die übrigen EU-Mitgliedstaaten sehen sich durch die Gesetzgebung der Europäischen Union veranlasst, in absehbarer Zeit ebenfalls Wettbewerb im ÖPNV einzuführen, wobei allerdings viele wichtige Detailfragen noch offen sind. Deutschland hat bereits mit der Bahnreform von 1993[1] einen ersten Schritt in Richtung ÖPNV-Wettbewerb vollzogen.[2]

1 Gesetz zur Neuordnung des Eisenbahnwesens v. 27.12.1993 (BGBl. I, S. 2378, 2418 ff.).
2 Vgl. *Muthesius (1996)*, S. 44 ff.

II. Die möglichen Auswirkungen des primären und sekundären Gemeinschaftsrechts auf den Wettbewerb im ÖPNV

Der Vertrag zur Gründung der Europäischen Gemeinschaft spricht in seinem Art. 4 Abs. 1[3] davon, dass die Wirtschaftspolitik der Gemeinschaft einer offenen Marktwirtschaft mit freiem Wettbewerb verpflichtet ist. Seit dem 1. Januar 1993 besteht ein Gemeinsamer Binnenmarkt, der als Raum ohne Binnengrenzen gekennzeichnet ist, in dem der freie Verkehr von Waren, Personen, Dienstleistungen und Kapital gemäß den Bestimmungen des EG-Vertrages gewährleistet ist.[4] Im Anwendungsbereich des EG-Vertrages ist jede Diskriminierung aus Gründen der Staatsangehörigkeit verboten.[5] Wettbewerbshindernde Vereinbarungen oder Beschlüsse sind mit dem Gemeinsamen Markt ebenso unvereinbar wie die missbräuchliche Ausnutzung einer marktbeherrschenden Stellung.[6] Die Wettbewerbsregeln des EG-Vertrages gelten grundsätzlich auch für öffentliche Unternehmen sowie für Unternehmen, denen die Mitgliedstaaten besondere oder ausschließliche Rechte gewähren[7]. Eine Ausnahme gilt nur für Unternehmen, die mit Dienstleistungen von allgemeinem wirtschaftlichem Interesse betraut sind, wenn die Anwendung der Wettbewerbsregeln die Erfüllung der den Unternehmen übertragenen besonderen Aufgabe rechtlich oder tatsächlich verhindern würde.[8] Nur im öffentlichen Interesse liegende Gründe, die von ihrer Natur her nichtwirtschaftlicher Art sind, rechtfertigen nach der Rechtsprechung des Europäischen Gerichtshofs (EuGH) eine solche Ausnahme.[9]
Zur Gewährleistung eines fairen Wettbewerbs verbietet Art. 87 Abs. 1 EGV grundsätzlich die Gewährung staatlicher Beihilfen, die ein Unternehmen begünstigen. Allerdings muss diese Begünstigung eines Unternehmens geeignet sein, den Wettbewerb zu verfälschen und den Handel zwischen den Mitgliedstaaten zu beeinträchtigen.
Im sekundären Gemeinschaftsrecht ist für den Verkehrsbereich vor allem die Verordnung (EWG) Nr. 1191/69 i.d.F. der Verordnung Nr. 1893/91 des Rates

3 Es wird die am 01.05.1999 in Kraft getretene konsolidierte Fassung mit den Änderungen durch den Vertrag von Amsterdam v. 02.10.1997 zitiert.
4 Art. 14 Abs. 2 EGV.
5 Art. 12 Abs. 1 EGV.
6 Art. 81 und 82 EGV.
7 Art. 86 Abs. 1 EGV.
8 Art. 86 Abs. 2 EGV.
9 Vgl. Rawlinson, in: *Lenz (1999)*, Art. 86, Rn. 12.

vom 20. Juni 1991[10] maßgebend. Die Verordnung verfolgt in erster Linie das Ziel, die wirtschaftliche Eigenständigkeit der Verkehrsunternehmen zu stärken. Deshalb schreibt Art. 1 Abs. 3 vor, dass auferlegte Verpflichtungen des öffentlichen Dienstes[11] von den zuständigen Behörden der Mitgliedstaaten aufzuheben sind. In Art. 1 Abs. 4 der Verordnung ist jedoch vorgesehen, dass zur Durchführung gemeinwirtschaftlicher Verkehrsdienste Verträge geschlossen werden können, um z.B. unter Berücksichtigung sozialer, umweltpolitischer und landesplanerischer Gesichtspunkte eine ausreichende Verkehrsbedienung sicherzustellen. Soweit es um den ÖPNV geht, können nach Art. 1 Abs. 5 der Verordnung auch Auflagen zur Erbringung gemeinwirtschaftlicher Verkehrsleistungen beibehalten oder neu ausgesprochen werden. Beim Vertrag ist der ausgehandelte Preis an das Verkehrsunternehmen zu zahlen, bei der Auflage muss ein Ausgleich der wirtschaftlichen Nachteile nach genau in der Verordnung festgelegten Regeln erfolgen.

III. Die umstrittene Rechtslage zum ÖPNV-Wettbewerb in Deutschland aufgrund des Zusammenwirkens von nationalem und europäischem Recht

1. Der erste Schritt zur Liberalisierung des deutschen ÖPNV

Gleichzeitig mit der Ende 1993 verabschiedeten Bahnreform wurde auch das Personenbeförderungsgesetz (PBefG) in wesentlichen Bereichen novelliert.[12] Das Gesetz schreibt jetzt ausdrücklich vor, dass im Nahverkehr die Verkehrsleistungen eigenwirtschaftlich zu erbringen sind.[13] Eigenwirtschaftlich sind aufgrund der Definition des § 8 Abs. 4 Satz 2 PBefG Verkehrsleistungen, deren Aufwand gedeckt wird durch Beförderungserlöse, Erträge aus gesetzlichen Ausgleichs- und Erstattungsregelungen im Tarif- und Fahrplanbereich sowie sonstige Unternehmenserträge im handelsrechtlichen Sinne. Während

10 VO (EWG) Nr. 1191/69 i.d.F. der VO Nr. 1893/91 des Rates v. 20.06.1991 über das Vorgehen der Mitgliedstaaten bei mit dem Begriff des öffentlichen Dienstes verbundenen Verpflichtungen auf dem Gebiet des Eisenbahn-, Straßen- und Binnenschiffsverkehrs (ABl. der EG Nr. L 156/1 v. 28.06.1969 bzw. ABl. der EG Nr. L 169/1 v. 29.06.1991).

11 Nach deutschem Rechtsverständnis sind das gemeinwirtschaftliche Verkehrsleistungen.

12 Art. 6 Abs. 116 des Gesetzes zur Neuordnung des Eisenbahnwesens v. 27.12.1993 (BGBl. I, S. 2378, 2418 ff.).

13 § 8 Abs. 4 Satz 1 PBefG.

eigenwirtschaftliche Verkehre nur einem eingeschränkten Wettbewerb[14] unterliegen, müssen gemeinwirtschaftliche Verkehre in der Regel öffentlich ausgeschrieben werden. Der Umfang eines Ausschreibungswettbewerbs um Verkehrsleistungen hängt also von der Abgrenzung zwischen den Begriffen »eigenwirtschaftlich« und »gemeinwirtschaftlich« ab.

2. Der Vorwurf unterlaufenen nationalen ÖPNV-Wettbewerbs

Nach dem Willen des Bundesgesetzgebers, der in der Begründung der PBefG-Novelle zum Ausdruck gekommen ist[15], umfasst der weite Begriff der Eigenwirtschaftlichkeit die »herkömmlichen Einnahmenformen der Unternehmen« und damit auch das finanzielle Engagement einer kommunalen Gebietskörperschaft zugunsten ihres eigenen Unternehmens.[16] Die bisherige überwiegende Verwaltungspraxis in Deutschland geht von diesen Grundsätzen aus. Danach hat es der Eigentümer eines Verkehrsunternehmens in der Hand, durch geeignete Finanztransfers, die in der Gewinn- und Verlustrechnung ertragswirksam verbucht werden können, sein Unternehmen eigenwirtschaftlich zu stellen. Die gängige Praxis bei den kommunalen Nahverkehrsunternehmen in Deutschland besteht daher auch in der Tat darin, die unvermeidlich entstandenen Verluste durch Querverbunderträge und/oder gesellschaftsrechtliche Einlagen auszugleichen.

Inzwischen mehren sich jedoch die Stimmen in der Literatur[17] und der Rechtsprechung[18], die die bisherige Verwaltungspraxis in Deutschland in Frage stellen. Die Kritik kann wie folgt zusammengefasst werden: Es könne nicht in das Ermessen des Eigentümers gestellt werden, sein Verkehrsunternehmen eigenwirtschaftlich zu stellen, weil dies private Verkehrsunternehmen gegenüber öffentlichen benachteilige. Zuschüsse und Subventionen der öffentlichen Hand seien nur dann zulässig, wenn die Verkehrsleistungen nach dem Instrumentarium der Verordnung (EWG) Nr. 1191/69 n.F. im Wettbewerb vergeben worden seien. Der Begriff der sonstigen Erträge im handelsrechtlichen Sinne gemäß § 8 Abs. 4 Satz 2 PBefG sei EG-rechtlich einschränkend dahin-

14 Bei Ablauf der Genehmigung für einen eigenwirtschaftlichen Verkehr muss der Altkonzessionär damit rechnen, daß die Genehmigungsbehörde einem wesentlich besseren Konkurrenzangebot den Vorzug gibt.

15 Vgl. BT-Drs. 12/6269, S. 143.

16 Vgl. im einzelnen *Metz (1999)*, Kap. I unter 1. u. 2.

17 Vgl. *Barth u.a. (1998)*, S. 16; *Fromm/Fey (1995)*, § 8, Rn. 1; *Werner (1998)*, S. 162.

18 Z.B. Urt. des OVG-Magdeburg (nicht rechtskräftig) v. 07.04.1998, TranspR 1999, S. 27; Urt. des VG München (nicht rechtskräftig) v. 04.11.1998 (Az.M 6 K 97.8581).

gehend zu interpretieren, dass er keine gemeinschaftsrechtlich unzulässigen Beihilfen erfasst.

3. Rechtfertigung der in Deutschland geübten Finanzierungspraxis des ÖPNV aufgrund geltenden nationalen und EG-Rechts

Die oben geschilderte restriktive Interpretation des Begriffs der »eigenwirtschaftlichen Verkehrsleistung« hätte – würde sie höchstrichterlich bestätigt[19] – zur Folge, dass aufgrund der durchgängig praktizierten Finanzierung des ÖPNV in Deutschland ein erheblicher Teil der insgesamt erbrachten Verkehrsleistungen öffentlich ausgeschrieben werden müsste. Dies hätte unübersehbare Konsequenzen insbesondere für die kommunalen Verkehrsunternehmen zur Folge, die zwar in den letzten Jahren ihre Wirtschaftsergebnisse bereits erheblich verbessern konnten, aber vom Ziel der Wettbewerbsfähigkeit noch relativ weit entfernt sind. Die Fesseln des öffentlichen Dienstrechts und die restriktiven Vorschriften für die wirtschaftliche Betätigung der Gemeinden und ihrer öffentlichen Unternehmen erlauben es den städtischen und kreiseigenen Nahverkehrsgesellschaften nicht, von heute auf morgen das Kostenniveau privater Verkehrsanbieter zu erreichen, zumal die Unterschiede im größten Kostenblock, nämlich den Personalaufwendungen, zwischen 30 % und 50 % betragen.

Die Europäische Kommission hat nie behauptet, der ÖPNV in der Europäischen Union sei aufgrund primären oder sekundären Gemeinschaftsrechts bereits liberalisiert. In ihrem 1996 veröffentlichten Grünbuch »Das Bürgernetz«[20] plädiert sie vielmehr erst dafür, in den derzeitigen europäischen Ordnungsrahmen verstärkt Wettbewerbselemente einzufügen, um die Effizienz des ÖPNV zu fördern. Konkret will die Kommission die oben erwähnte Verordnung (EWG) Nr. 1191/69 n.F. von einer Beihilfe- in eine Marktzugangsregelung ändern. Bisher hat sie allerdings noch keinen entsprechenden Vorschlag in das Gesetzgebungsverfahren eingebracht.

Es lohnt sich daher, der Frage nachzugehen, ob die herkömmliche Finanzierung des kommunalen Nahverkehrs und die gängige Genehmigungspraxis bei auslaufenden Konzessionen angesichts des *geltenden* Ordnungsrahmens tatsächlich rechtswidrig sind. Handelt es sich bei den Finanztransfers an diese

19 Das Bundesverwaltungsgericht hat durch Beschluß v. 31.031999 (Az. BVerwG 3 B 112.98) auf Beschwerde der Beigeladenen die Revision gegen das Urteil des OVG Magdeburg v. 07.04.1998 zugelassen, da die Sache grundsätzliche Bedeutung i.S. des § 132 Abs. 2 Nr. 1 VwGO habe.

20 S. 38, Rn. 96.

Unternehmen wirklich um unzulässige Beihilfen im Sinne des Art. 87 Abs. 1 EGV, die sogar zurückgefordert werden müssen? Die Argumente, die gegen diese Auffassung sprechen, sind von erheblichem Gewicht:

(1) Es trifft nicht zu, dass staatliche Mittel zum Ausgleich von gemeinwirtschaftlichen Lasten nur noch im Rahmen der Verordnung (EWG) Nr. 1191/69 n.F. gewährt werden dürfen. Die genannte Verordnung füllt Art. 73 EGV aus. Er lautet: »Mit diesem Vertrag vereinbar sind Beihilfen, die den Erfordernissen der Koordinierung des Verkehrs oder der Abgeltung bestimmter, mit dem Begriff des öffentlichen Dienstes zusammenhängender Leistungen entsprechen.« Mit dieser Formulierung ist klargestellt, dass Art. 73 EGV im Verkehrsbereich in den genannten Fällen Zahlungen der öffentlichen Hand ausdrücklich zulässt, die ohne diese Vorschrift tatbestandsmäßig eine unzulässige Beihilfe im Sinne des Art. 87 Abs. 1 EGV wären. Damit ist Art. 73 EGV nicht lex specialis zu Art. 87, sondern steht zu dieser Vorschrift in einem additiven Verhältnis. Art. 73 EGV stellt im Hinblick auf Art. 87 EGV keine Sondervorschrift dar, sondern ist eine weitere, die Art. 87 Abs. 2 und 3 sowie Art. 86 Abs. 2 EGV ergänzende Ausnahmevorschrift zu Art. 87 Abs. 1 EGV.[21]
Gleiches gilt für die Verordnung (EWG) Nr. 1107/70 des Rates vom 4. Juni 1970 über Beihilfen im Eisenbahn-, Straßen- und Binnenschiffsverkehr. Auch diese Verordnung füllt Art. 73 EGV aus und ergänzt die EG-VO 1191/69 n.F. Da letztere vor der EG-VO Nr. 1107/70 erlassen wurde, wird ihr Anwendungsbereich durch diese nicht berührt. Dies ergibt sich auch aus Art. 3 Satz 1 der EG-VO Nr. 1107/70: *»Unbeschadet der . . . VO (EWG) Nr. 1191/69 . . .* treffen die Mitgliedstaaten nur in folgenden Fällen und unter den nachfolgenden Voraussetzungen Koordinierungsmaßnahmen oder erlegen mit dem Begriff des öffentlichen Dienstes verbundene Belastungen auf, die die Gewährung von Beihilfen im Sinne des Art. 77 EGV (jetzt: 73 EGV) zur Folge haben: . . .«. Durch die genannten Beihilfenverordnungen wird der Anwendungsbereich des Art. 73 eingeschränkt. Dies bedeutet jedoch nur, dass andere als die in den EG-Verordnungen Nr. 1191/69, Nr. 1192/69 und Nr. 1107/70 aufgeführten Zahlungen sich an Art. 87 Abs. 1 EGV messen lassen müssen, sofern sie nicht nach anderen Rechtsvorschriften mit dem EGV vereinbar sind. Mit anderen Worten: Aus der additiven Anwendung des Verkehrstitels und der allgemeinen Beihilfenvorschriften folgt, dass Zahlungen

21 Herrschende Meinung in Schrifttum und in der Rechtsprechung des EuGH; vgl. Erdmenger, in: *Groeben u.a. (1997)*, Art. 77, Rn. 1 u. 2.

an Verkehrsunternehmen, die nicht unter Art. 73 EGV fallen, nicht per se unzulässig, sondern nach Art. 87 EGV zu beurteilen sind.

(2) Nach Art. 87 Abs. 1 EGV sind mit dem Gemeinsamen Markt unvereinbar nur Beihilfen,

- die den Wettbewerb verfälschen oder zu verfälschen drohen,
- soweit sie außerdem den Handel zwischen den Mitgliedstaaten beeinträchtigen und
- bei denen keine der Ausnahmebestimmungen des EGV (siehe oben) in Betracht kommt.

Das Merkmal der Handelsbeeinträchtigung hat die Aufgabe, den Geltungsbereich des gemeinschaftlichen Beihilfeaufsichtsrechts gegenüber dem innerstaatlichen Recht der Mitgliedstaaten abzugrenzen. Das Beihilfeverbot des Gemeinschaftsrechts erstreckt sich nur auf solche Begünstigungen, die sich auf den Handel zwischen den Mitgliedstaaten und damit auf die Volkswirtschaft eines anderen Mitgliedstaates auswirken. Die beabsichtigte Abschaffung der wirtschaftlichen Binnengrenzen der Gemeinschaft lässt die innerstaatliche Regelungskompetenz für lokale, regionale oder nationale Sachverhalte ohne Handelsbezug ebenso unangetastet, wie sie die unterschiedlichen wirtschaftlichen Gegebenheiten in den einzelnen Mitgliedstaaten hinnimmt.[22]
Es spricht vieles dafür, dass Zahlungen der öffentlichen Hand an Nahverkehrsunternehmen zum Ausgleich von gemeinwirtschaftlichen Lasten keine Beihilfen im Sinne des Art. 87 Abs. 1 EGV sind, da sie sich räumlich nur auf einen Teilbereich des Gebietes eines Mitgliedstaates beschränken. Dies scheint auch die EU-Kommission so zu sehen. Zumindest war das in der jüngeren Vergangenheit noch so der Fall. Denn die EG-VO 1191/69 vom 26. Juni 1969 galt – trotz ihres Bezugs im Rubrum auch auf den Straßen- und Binnenschiffsverkehr – gemäß ihres Art. 19 nur für den Eisenbahnverkehr der sechs staatlichen Eisenbahnunternehmen der Mitgliedstaaten.[23] Auch die Änderungsverordnung Nr. 1893/91 vom 20. Juni 1991, die am 1. Juli 1992 in Kraft trat, räumt den Unternehmen, deren Tätigkeit ausschließlich auf den Betrieb von Stadt-, Vorort- und Regionalverkehrsdiensten beschränkt ist, eine Son-

22 Vgl. Mederer, in: *Groeben u.a. (1999)*, Art. 92, Rn. 36.
23 Vgl. auch den letzten Erwägungsgrund, der ausdrücklich darauf hinweist, dass die Verordnung nicht für Unternehmen gilt, die hauptsächlich Beförderungen mit örtlichem oder regionalen Charakter durchführen.

derstellung ein. Die Mitgliedstaaten können nämlich diese Unternehmen vom Anwendungsbereich der Verordnung ausnehmen.
Das Motiv der Kommission für diese Sonderbetrachtung von Nahverkehrsunternehmen kann nur darin gesehen werden, dass Zahlungen der öffentlichen Hand an diese in einem jeweils national regulierten Markt tätige Unternehmen zum Ausgleich gemeinwirtschaftlicher Lasten mangels Handelsbeeinträchtigung nach Auffassung der Kommission keine Beihilfen im Sinne des Art. 87 Abs. 1 EGV sein konnten. Das in diesem Zusammenhang häufig vorgebrachte Argument, bei Inanspruchnahme der Bereichsausnahme gelte aber für die Nahverkehrsunternehmen die EG-VO Nr. 1107/70, zieht nicht, weil in Art. 3 dieser Verordnung nur von auferlegten, mit dem Begriff des öffentlichen Dienstes verbundenen Belastungen die Rede ist, »die die Gewährung von Beihilfen im Sinne von Art. 77 (jetzt: 73) des Vertrages zur Folge haben.«
Auch die EU-Kommission vertritt diese Meinung. Sie hat auf eine entsprechende Anfrage des MdEP Georg Jarzembowski am 11. Juli 1996 u.a. geantwortet:

> »Finanzielle Transaktionen, die nicht in direktem Zusammenhang mit dem Defizit stehen, das aufgrund von Verpflichtungen des öffentlichen Dienstes entstanden ist, werden nicht von den vorgenannten Bestimmungen der Verordnung (EWG) Nr. 1191/69 abgedeckt. Dies bedeutet insbesondere, daß Kapitalaufstockungen, die mit öffentlichen Haushaltsmitteln oder durch Quersubventionen des Verkehrsdienstes aus einem anderen Unternehmensbereich finanziert werden, nicht per se von der Anwendung der Regeln über staatliche Beihilfen gem. Art. 92 EGV (jetzt: Art. 87 EGV) ausgenommen sind. Allerdings müßte im Einzelfall entschieden werden, ob Art. 92 (jetzt: Art. 87) anzuwenden ist. Zunächst muß untersucht werden, ob die Investition höher liegt, als eine Investition, die von einem privaten Investor unter normalen Marktbedingungen durchgeführt worden wäre. Zweitens ist zu prüfen, ob die Beihilfe den Wettbewerb verzerrt oder zu verzerren droht und Auswirkungen auf den Handel zwischen den Mitgliedstaaten hat. Diese letztgenannten Bedingungen werden hinsichtlich der fraglichen Beihilfe, die laut Angaben des Herrn Abgeordneten im Zusammenhang mit Stadt-, Vorort- und Regionalverkehrsdiensten steht, möglicherweise nicht immer erfüllt. Spezifische Antworten können nur für Einzelfälle anhand der Informationen gegeben werden, die der Kommission von dem betreffenden Mitgliedstaat gem. Art. 93 Abs. 3 EGV (jetzt: 86 EGV) übermittelt wurden.«

Es reichen zwar auch mittelbare Handelsbeeinträchtigungen aus, um das entsprechende Tatbestandsmerkmal in Art. 87 Abs. 1 EGV als gegeben anzusehen. So hat der EuGH eine Beeinträchtigung bejaht, wenn das begünstigte Unternehmen durch die ihm gewährten Subventionen die Produktion erhöhen kann und sich deshalb die Absatzchancen der Unternehmen aus anderen Mitgliedstaaten in dem betreffenden Mitgliedstaat verringern. Dies setzt aber voraus, dass Produkte oder Dienstleistungen zwischen den Mitgliedstaaten ausgetauscht werden können. Letzteres ist bei Dienstleistungen, die nur lokal erstellt und auch nur lokal von den Kunden genutzt und weder innerhalb eines Mitgliedstaates noch zwischen den Mitgliedstaaten transferiert werden können, nicht der Fall. Bei ihnen kann auch keine Beeinträchtigung des Handels zwischen den Mitgliedstaaten vorliegen. Genau dies ist die Situation beim lokalen ÖPNV. Hinzu kommt, dass die EG-VO Nr. 12/98[24] bei Stadt- und Vorortverkehrsdiensten die innerstaatliche Personenbeförderung durch Verkehrsunternehmen, die nicht in diesem Mitgliedstaat ansässig sind, ausgeschlossen hat. In ihrem Bericht über die Tätigkeiten öffentlich-rechtlicher Kreditinstitute in den Mitgliedstaaten der EG, der im Juni 1998 veröffentlicht worden ist, hat die Kommission ausdrücklich »lokal ausgerichtete staatliche Beihilfen« vom Beihilfeverbot des Gemeinschaftsrechts ausgenommen und erklärt, dass die Tätigkeit von Sparkassen mit »lokal begrenztem Wirkungskreis im Prinzip von vornherein nicht« unter das gemeinschaftliche Subventionsverbot falle. Was für die lokalen Sparkassen gilt, muss erst recht für den lokalen ÖPNV gelten, zumal beim Nahverkehr ein Wettbewerb mit in anderen Mitgliedstaaten ansässigen Verkehrsunternehmen rechtlich und außerhalb des Grenzbereichs auch tatsächlich ausgeschlossen ist.

(3) Selbst wenn entgegen vorstehenden Ausführungen eine Handelsbeeinträchtigung angenommen wird, muss bei Zahlungen des Staates (und damit auch einer kommunalen Gebietskörperschaft) an ein eigenes Unternehmen immer geprüft werden, ob sich die öffentliche Hand mit der jeweiligen Zuwendung als Anteilseignerin genauso verhält, wie sich in einer vergleichbaren Situation auch ein privater Gesellschafter verhalten würde. Kann dies bejaht werden, so liegt keine Beihilfe im Sinne des Art. 87 Abs. 1 EGV vor, weil jede andere Betrachtung zu einer ungleichen Behandlung öffentlicher Unternehmen im Vergleich zu privaten Unternehmen führen würde.[25]
Der von der Kommission entwickelte Maßstab des Privatinvestors wurde vom EuGH ausdrücklich anerkannt. In einer der letzten Entscheidungen des EuGH zum privaten Investor heißt es: ». . . daß nach ständiger Rechtsprechung Kapitalzuweisungen der öffentlichen Hand, in welcher Form auch immer, an Unternehmen staatliche Beihilfen darstellen können, wenn die Voraussetzungen des Art. 92 EGV (jetzt: 87) erfüllt sind, und daß, um festzustellen, ob sol-

24 EG-VO Nr. 12/98 v. 11.12.1997 über die Bedingungen für die Zulassung von Verkehrsunternehmen zum Personenkraftverkehr innerhalb eines Mitgliedstaates, in dem sie nicht ansässig sind = ABl. L 4/10 v. 08.01.1998.
25 Vgl. auch Art. 295 EGV: »Dieser Vertrag läßt die Eigentumsordnung in den verschiedenen Mitgliedstaaten unberührt.«

che Maßnahmen den Charakter staatlicher Beihilfen haben, zu prüfen ist, ob ein privater Investor von vergleichbarer Größe wie die Verwaltungseinrichtungen des öffentlichen Sektors in vergleichbarer Lage hätte veranlaßt werden können, Kapitalhilfen dieses Umfangs zu gewähren«.[26] Dieser Grundsatz des marktwirtschaftlich handelnden Kapitalgebers wird von der Literatur übernommen.[27]

Das Privatinvestorprinzip wurde in der Entscheidungspraxis von Kommission und Gerichtshof inzwischen erweitert. Es wurde der Begriff des vernünftigen Investors eingeführt, der auch weitere soziale und wirtschaftliche Zusammenhänge in einer längerfristigen Perspektive berücksichtigt, ohne dabei jedoch Rentabilitätserfordernisse aufzugeben.[28]

Geht man davon aus, dass der ÖPNV in Deutschland bisher in einem abgeschotteten Markt erfolgte, aber in absehbarer Zeit liberalisiert werden wird, verhält sich eine kommunale Gebietskörperschaft, die ihrem eigenen Nahverkehrsunternehmen während eines begrenzten Umstrukturierungszeitraumes verbunden mit erheblichen Kosteneinschnitten mit Kapitalzufuhr hilft, wie ein privater Investor, wenn das Unternehmen aller Voraussicht nach am Ende des Umstrukturierungszeitraums mit konkurrierenden Unternehmen im Wettbewerb bestehen kann. Dass bei wettbewerbsfähigen Nahverkehrsunternehmen auch reale Ertragsaussichten gegeben sind, macht allein die Tatsache deutlich, dass es in Deutschland zahlreiche private und auch öffentliche Nahverkehrsunternehmen mit guter Gewinnsituation gibt.

(4) Bei der Kapitalzufuhr seitens einer kommunalen Gebietskörperschaft an ihr eigenes Nahverkehrsunternehmen ist auch zu prüfen, ob Art. 86 Abs. 2 EGV diese Zuwendung als Ausnahme vom Beihilfeverbot des Art. 87 Abs. 1 EGV erlaubt. Nach Art. 86 Abs. 2 EGV gelten die Wettbewerbsregeln des EG-Vertrages für Unternehmen, die mit Dienstleistungen von allgemeinem wirtschaftlichem Interesse betraut sind oder den Charakter eines Finanzmonopols haben, nur insoweit, als durch die Anwendung dieser Vorschriften nicht die Erfüllung der ihnen übertragenen besonderen Aufgaben rechtlich oder tatsächlich verhindert wird. Art. 86 Abs. 2 EGV erweitert also die Ausnahmetatbestände des Art. 87 Abs. 2 und 3 sowie des Art. 73 EGV.[29]

26 EuGH, Urt. v. 03.10.1991, Rs. 261/89, Italien, Slg. 1991, I-4437.

27 Vgl. Mederer, in: *Groeben u.a. (1999)*, Art. 92, Rn. 8; von Wallenberg, in: *Grabitz/Hilf (1998)*, Art. 92, Rn. 12; Rawlinson, in: *Lenz (1999)*, Art. 92, Rn. 21.

28 Dazu ausführlich *Immenga/Rudo (1997)*, S. 55 ff.

29 Vgl. von Wallenberg, in: *Grabitz/Hilf (1998)*, Art. 92, Rn. 35.

Auch der EuGH[30] vertritt die Auffassung, dass die Zahlung einer staatlichen Beihilfe gemäß Art. 86 Abs. 2 EGV dann nicht unter das Verbot des Art. 87 Abs. 1 EGV fällt, wenn die betreffende Beihilfe nur die Mehrkosten ausgleichen soll, die dem mit einer Dienstleistung von allgemeinem wirtschaftlichem Interesse betrauten Unternehmen durch die Erfüllung der ihm übertragenen besonderen Aufgabe entstehen, und wenn die Gewährung der Beihilfe erforderlich ist, um diesem Unternehmen die Erfüllung seiner Verpflichtungen als öffentlicher Dienstleistungserbringer unter wirtschaftlich tragbaren Bedingungen zu ermöglichen. Hier müsste im Einzelfall die schwierige Prüfung vorgenommen werden, ob sich Zahlungen an öffentliche Nahverkehrsunternehmen als Ausgleich von Sonderlasten über die Anwendung des Art. 86 Abs. 2 EGV rechtfertigen lassen.

(5) Die gesetzliche Regelung in § 8 Abs. 4 Satz 2 PBefG, dass nämlich zur Eigenwirtschaftlichkeit von Verkehrsleistungen auch »sonstige Erträge handelsrechtlicher Art« und damit auch Querverbunderträge sowie ertragswirksam gebuchte gesellschaftsrechtliche Einlagen beitragen, lässt sich auch mit folgender Argumentation rechtfertigen: Wenn schon das Gemeinschaftsrecht[31] die Mitgliedstaaten ermächtigt, Unternehmen, deren Tätigkeit ausschließlich auf den Betrieb von Stadt-, Vorort- und Regionalverkehrsdiensten beschränkt ist, ganz vom Anwendungsbereich der VO 1191/69 n.F. auszunehmen, dann liegt eine Teilausnahme als Minus – nämlich die indirekte Ausnahme in § 8 Abs. 4 Satz 2 PBefG für diejenigen Verkehrsleistungen, die der Definition der Eigenwirtschaftlichkeit im Sinne dieser Norm entsprechen – ebenfalls in der Kompetenz des nationalen Gesetzgebers. Diese Auffassung scheint ersichtlich auch die Kommission zu teilen, die auf eine schriftliche Anfrage hin § 8 Abs. 4 PBefG für gemeinschaftsrechtskonform hielt und dabei ausdrücklich auf die Bereichsausnahme des Art. 1 Abs. 1 Unterabs. 2 der EG-VO 1191/69 n.F. hinwies.[32]

(6) Schließlich ist noch zur Frage der Rückzahlung angeblich rechtswidrig gewährter Beihilfen im Nahverkehr auf folgendes hinzuweisen: Die Verordnung (EG) Nr. 659/1999 des Rates vom 22. März 1999 über besondere Vorschriften für die Anwendung von Art. 93 des EG-Vertrages (jetzt: Art. 88)[33]

30 Vgl. Urt. v. 27.02.1997 in der Rechtssache T-106/95.
31 Die EG-VO 1191/69 n.F. in ihrem Art. 1 Abs. 1 Unterabs. 2.
32 Vgl. ergänzende Antwort der Kommission v. 15.06.1995 und Antwort der Kommission v. 12.09.1995 auf entsprechende Anfragen des MdEP Georg Jarzembowski zur Vereinbarkeit des § 8 Abs. 4 Satz 2 PBefG mit europäischem Recht.
33 ABl. L 83/1 v. 27.03.1999.

regelt das Verfahren für staatliche Beihilfen, das in Art. 88 EGV nur in seinen Grundzügen festgelegt ist, unter Berücksichtigung der bisher ergangenen Rechtsprechung des EuGH und der von der Kommission gehandhabten Praxis umfassend und abschließend. In § 14 dieser Verordnung wird klargestellt, dass nur rechtswidrige Beihilfen zurückzufordern sind. »Rechtswidrige Beihilfen« sind gemäß Art. 1 Buchstabe f) der Verordnung neue Beihilfen, die unter Verstoß gegen Art. 93 Abs. 3 EGV (jetzt: 88 Abs. 3) eingeführt werden. »Neue Beihilfen« wiederum sind gemäß Art. 1 Buchstabe c) der Verordnung »alle Beihilfen, also Beihilferegelungen und Einzelbeihilfen, die keine bestehenden Beihilfen sind, einschließlich Änderung bestehender Beihilfen«.
Es kommt also darauf an, was der EG-Vertrag unter »bestehenden Beihilferegelungen« im Sinne des Art. 88 Abs. 1 EGV versteht. Der Vorschrift selbst ist zu entnehmen – bestätigt durch Art. 1 Buchstabe b), Ziff. i) der Verordnung –, dass darunter zunächst diejenigen Beihilferegelungen zu verstehen sind, die bei Inkrafttreten des Vertrages am 1. Januar 1958 in den ursprünglich sechs Mitgliedstaaten sowie für die neuen Mitgliedstaaten am Tage ihres Beitritts bestanden haben. Daneben gelten als bestehende Beihilfen diejenigen, die nach dem Inkrafttreten des Vertrages rechtmäßig, d.h. unter Beachtung der in Art. 88 enthaltenen Verfahrensregeln, insbesondere des Absatzes 3, eingeführt oder umgestaltet wurden.[34] Die o.g. Verfahrensverordnung vom 22. März 1999 vervollständigt den Katalog sogenannter bestehender Beihilferegelungen durch Hinzufügen der durch Fristablauf oder Verjährung als genehmigt geltenden und damit im Rechtssinn »bestehenden« Beihilfen.[35] Schließlich werden auch Maßnahmen, die zum Zeitpunkt ihrer Einführung nachweislich keine Beihilfen waren, jedoch später aufgrund der Entwicklung des Gemeinsamen Marktes zu Beihilfen im Sinne von Art. 87 Abs. 1 EGV wurden, ohne dass sie eine Änderung durch den betreffenden Mitgliedstaat erfahren haben, als »bestehende Beihilfen« angesehen. Werden bestimmte Maßnahmen allerdings im Anschluss an die Liberalisierung einer Tätigkeit durch gemeinschaftliche Rechtvorschriften zu Beihilfen, gelten sie nach dem für die Liberalisierung festgelegten Termin nicht als bestehende Beihilfen.[36]
Wenn es sich denn überhaupt bei den Zuwendungen kommunaler Gebietskörperschaften an ihre Nahverkehrsunternehmen um Beihilfen im Sinne des Art. 87 Abs. 1 EGV handelt – klargestellt ist durch die Verfahrensverordnung vom 22. März 1999, dass nur tatbestandsmäßige Beihilfen im Sinne von Art. 87 Abs. 1 der Kommission gemäß Art. 88 Abs. 3 EGV anzumelden

34 So auch Art. 1 Buchst. b), Ziff. i) u. ii) der Verordnung.
35 Vgl. Art. 1 Buchst. b), Ziff. iii) u. iv).
36 So ausdrücklich Art. 1 Buchst. b), Ziff. v) der Verfahrensverordnung.

sind –, dann kann es sich jedenfalls nur um »bestehende Beihilfen« im Sinne des Art. 88 Abs. 1 EGV handeln. Dabei kann offen bleiben, ob bereits vor dem 1. Januar 1958 der Nahverkehr in Deutschland üblicherweise über den kommunalen (steuerlichen) Querverbund und/oder gesellschaftsrechtliche Einlagen mitfinanziert wurde. Auf jeden Fall handelte es sich jedoch zu dem Zeitpunkt, als diese Finanzierungsformen wegen der immer größer gewordenen Konkurrenz des Pkw üblich wurden – spätestens Mitte der 60er Jahre – nicht um Beihilfen im Sinne des Art. 87 EGV. Ob sie später aufgrund der Entwicklung des Gemeinsamen Marktes zu Beihilfen wurden, wird, wie oben dargelegt, bestritten, kann jedoch letztlich offen bleiben, weil diese Frage ohne Belang für die Feststellung ist, dass es sich bei den streitigen Finanzierungsformen allenfalls um »bestehende Beihilfen« handeln kann.
Nach Art. 88 Abs. 1 EGV überprüft die Kommission fortlaufend in Zusammenarbeit mit den Mitgliedstaaten die in diesen bestehenden Beihilferegelungen. Aus dieser Bestimmung und den weiteren Regelungen in Art. 88 EGV folgt, dass mit dem Gemeinsamen Markt unvereinbare bestehende Beihilfen der Mitgliedstaaten als solche weder nichtig noch verboten sind. Dies unterscheidet die Beihilferegelungen vom Kartellrecht der Gemeinschaft, wonach wettbewerbswidrige und den Handel beeinträchtigende Vereinbarungen verboten und nichtig sind.[37] Die Feststellung der Unvereinbarkeit einer Beihilfe mit dem Gemeinsamen Markt obliegt ausschließlich der Kommission. Nur sie kann durch ihre Entscheidung die konkrete Verpflichtung des Mitgliedstaates begründen, die betroffene Beihilfe aufzuheben oder umzugestalten, und erst durch diese Entscheidung wird die Vertragswidrigkeit der Beihilfe mit Wirkung für den Mitgliedstaat und Dritte festgestellt. Hat die Kommission deshalb begründete Zweifel an der Vereinbarkeit einer bestehenden Beihilfe mit dem Gemeinsamen Markt im Sinne des Art. 87 Abs. 1 EGV ist sie verpflichtet, das Verfahren nach Art. 88 Abs. 1[38] einzuleiten und gegebenenfalls zweckdienliche Maßnahmen vorzuschlagen[39].
Es ist festzuhalten, dass die Kommission das Verfahren nach Art. 88 Abs. 1 EGV bisher nicht eingeleitet hat, obwohl ihr die Finanzierungspraktiken insbesondere des kommunalen ÖPNV in Deutschland seit langem bekannt sind. Auch dies spricht dafür, dass die Kommission die herkömmliche Finanzierung des ÖPNV in Deutschland jedenfalls noch nicht als gegen Art. 87 Abs. 1 verstoßend ansieht. Endgültige Klarheit wird hier voraussichtlich erst die bevorstehende Änderung der VO (EWG) 1191/69 n.F. schaffen.

37 Art. 81 Abs. 1 u. 2 EGV.
38 Art. 17 u. 18 der Verfahrensverordnung.
39 Vgl. Mederer in: *Groeben u.a. (1999)*, Art. 93, Rn. 47.

Barth u.a. (1998): Sybille Barth, Hubertus Baumeister u. Felix Berschin, Wettbewerb im straßengebundenen ÖPNV aufgrund nationaler und EG-rechtlicher Vorgaben, Rechtsgutachten im Auftrag der Verbundlandkreise im Münchener Verkehrs- und Tarifverbund (MVV), Bremen u. Heidelberg (nicht veröffentlicht).

EU-Kommission (1996): Europäische Kommission, Das Bürgernetz – Wege zur Nutzung des Potentials des öffentlichen Personenverkehrs in Europa – Grünbuch der Europäischen Kommission, Luxemburg.

Fromm/Fey (1995): Günter Fromm u. Michael Fey, Personenbeförderungsrecht, 2. Aufl., München.

Grabitz/Hilf (1998): Eberhard Grabitz u. Meinhard Hilf (Hrsg.), Kommentar zur Europäischen Union, München, Loseblattausgabe, Stand: Mai 1998.

Groeben u.a. (1997): Hans von der Groeben, Joachim Thiesing u. Claus-Dieter Ehlermann (Hrsg.), Kommentar zum EU-/EG-Vertrag, Bd. 1/I, 5. Aufl., 1997, Baden-Baden.

Groeben u.a. (1999): Hans von der Groeben, Joachim Thiesing u. Claus-Dieter Ehlermann (Hrsg.), Kommentar zum EU-/EG-Vertrag, Bd. 2/II, 5. Aufl., 1999, Baden-Baden.

Immenga/Rudo (1997): Ulrich Immenga u. Joachim Rudo, Die Beurteilung von Gewährträgerhaftung und Anstaltslast der Sparkassen und Landesbanken nach dem EU-Beihilferecht (Studien zum Bank- und Börsenrecht, H. 35), Baden-Baden.

Lenz (1999): Carl Otto Lenz (Hrsg.), Kommentar zu dem Vertrag zur Gründung der Europäischen Gemeinschaften, in der durch den Amsterdamer Vertrag geänderten Fassung, 2. Aufl., 1999, Köln.

Metz (1999): Reiner Metz, Finanzielles Engagement kommunaler Gebietskörperschaften zugunsten ihrer Nahverkehrsunternehmen und europäisches Beihilferecht, in: Günter Püttner (Hrsg.), ÖPNV in Bewegung. Konzepte, Probleme, Chancen (Schriftenreihe der Gesellschaft für öffentliche Wirtschaft, H. 46, Baden-Baden, S. 53-70.

Muthesius (1996): Thomas Muthesius, Die rechtlichen Grundlagen der Regionalisierung des Nahverkehrs, in: Jahrbuch des Bahnwesens, Nah- und Fernverkehr, Darmstadt, S. 44-54.

Werner (1998): Jan Werner, Nach der Regionalisierung – Der Nahverkehr im Wettbewerb. Rechtlicher Rahmen, Verantwortlichkeiten, Gestaltungsoptionen, Dortmund.

Ulrich Kirchhoff

Die Lage der Kreditwirtschaft im nationalen und europäischen Wettbewerb*

I. Strukturen der deutschen Kreditwirtschaft

Die Struktur des deutschen Kreditsektors ist primär durch die Teilung des Marktes in die drei großen Bankengruppen »Genossenschaftssektor«, »Sparkassenfinanzgruppe« und »Geschäftsbanken« geprägt. Diese Struktur wird durch verschiedene private und staatliche Kreditinstitute mit speziellen Zielen bzw. Aufgabenstellungen ergänzt. Als Beispiel seien hier Hypothekenbanken und die Kreditanstalt für Wiederaufbau (KfW) genannt. Die privatrechtlichen Geschäftsbanken, Hypothekenbanken, Privatbanken, etc. sowie die genossenschaftlichen Institute nehmen keine in Gesetz und Satzung festgelegten öffentlich-rechtlichen Aufgaben wahr. Öffentliche Banken können in Institute mit Sonderaufgaben, z.B. Förderbanken, und in die Sparkassenfinanzgruppe unterschieden werden. Diese Grundstrukturen der deutschen Kreditwirtschaft werden eingerahmt und geprägt von verschiedenen nationalen und europäischen Regelungen. Auf nationaler Ebene seien strukturprägend das Grundgesetz, spezielle Gesetze wie das Hypothekenbankgesetz und die Sparkassengesetze der Länder genannt. Diese nationalen Gesetze sind ihrerseits internationalen Regelungen insbesondere auf europäischer Ebene unterworfen. Beispielhaft seien der EG-Vertrag, das EU-Beihilferecht oder auch die Amsterdamer Verträge nebst ihren Protokollanhängen genannt. Zielsetzung der europäischen Regelungswerke ist hierbei eine innereuropäische Harmonisierung und somit Standardisierung national unterschiedlicher Strukturen. Damit sollen Wettbewerbsvor- und -nachteile von Kreditinstituten in einzelnen Staaten – aufgrund unterschiedlich starker gesetzlicher Limitierungen – vermieden werden.

* Siehe auch die Stellungnahme des Wissenschaftlichen Beirats der Gesellschaft für öffentliche Wirtschaft »Sparkassen und Landesbanken in der Wettbewerbs- und Regulierungsdiskussion«, aus der Passagen übernommen wurden. (Vgl. Beiträge zur öffentlichen Wirtschaft, H. 17, hrsg. von der Gesellschaft für öffentliche Wirtschaft, Berlin 1998.)

Die Tätigkeit und der Auftrag öffentlicher Förderbanken wie der KfW beschränkt sich in der Regel auf ein klar definiertes Gebiet. Innerhalb dieses engen Rahmens stellen diese Banken keine Konkurrenz zum privatwirtschaftlichen Kreditsektor dar, sondern ergänzen ihn. Dies betrifft insbesondere Bereiche, wo aus volkswirtschaftlicher Gesamtsicht der Staat ein Marktversagen feststellt. Als Beispiel seien Investitionen bei mittelständischen Firmen mit erhöhtem Risiko oder die Neugründung von Unternehmen genannt. Aufgrund der schwer kalkulierbaren Risiken für derartige Vorhaben verlangen private Institute in der Regel überproportionale Risikoprämien bei der Darlehensvergabe – sofern Kredite überhaupt angeboten werden. Hierdurch werden viele – auch im nachhinein rentable – Investitionsmaßnahmen zu teuer und dadurch undurchführbar. Das führt dazu, dass sich die Geschäftsbanken immer mehr aus dem mittelständischen Firmenkundengeschäft zurück ziehen. Besonders deutlich wird dies im Fördergeschäft: Bei Förderdarlehen(-Zusagen) mit der Deutschen Ausgleichsbank beträgt der Anteil der Geschäftsbanken nur noch 10 %. Damit der Nutzen dieses Innovationspotentials der Volkswirtschaft nicht verloren geht und mittelständische Unternehmen die gleichen Chancen für interessante Vorhaben erhalten wie kapitalstarke Großunternehmen, bietet der Staat gezielte Förderprogramme an. Das können beispielsweise zinsverbilligte Darlehen oder Risikoübernahmegarantien sein. Dazu bedient er sich öffentlicher Förderbanken. Andere Aufgabengebiete von staatlichen Banken können auch der sozialen Chancengleichheit oder der gezielten Förderung bestimmter Technologien dienen. Als Beispiele seien verbilligte Darlehen für junge Familien oder Investitionen in den Umweltschutz genannt, die sich ohne Zinssubvention meist (noch) nicht rechnen würden. Damit die Förderbanken – die sich wie private Banken am Kapitalmarkt refinanzieren müssen – ihren öffentlichen Auftrag durchführen können, genießen sie aufgrund der Haftung des Staates einen Finanzierungsvorteil in Form niedrigerer Zinsen sowie einen Steuervorteil. Hinzu kommen ggf. direkte staatliche Mittelzuweisungen aus dem Haushalt.
Aufgrund ihrer begrenzten und klar definierten Aufgabenstellung stehen diese Banken nicht im direkten Wettbewerb zu den marktwirtschaftlich agierenden Kreditinstituten. Der freie Wettbewerb wird damit trotz dieser gezielten staatlichen Lenkungsmaßnahmen nicht eingeschränkt. Im Gegenteil: Ein wesentlicher Teil dient erst zur Schaffung von Chancengleichheit bei der Mittelbeschaffung zwischen Großunternehmen und Mittelstand sowie zwischen sozial schwächeren kinderreichen Familien und Doppelverdienern ohne Kinder. Dementsprechend stehen die öffentlichen Förderbanken auch nicht im Fokus der aktuellen Wettbewerbsdiskussion: Sie agieren im Rahmen des EG-Vertrages, insbesondere dann, wenn die europäische Wettbewerbspolitik vor dem

Hintergrund der deutschen »Sozialen Marktwirtschaft« interpretiert wird. Eine Negierung des o.g. öffentlichen Auftrags von Förderbanken könnte nur vor dem Hintergrund der Lehre einer »reinen Marktwirtschaft« erfolgen. Sollte die europäische Wirtschafts- und Wettbewerbspolitik derart interpretiert werden oder zukünftig eine Entwicklung in diese Richtung nehmen, so stünde das europäische Wettbewerbsrecht im klaren Widerspruch zu einem der Grundprinzipien des deutschen Staatswesens, der Sozialen Marktwirtschaft. Dieser Aspekt soll hier jedoch nicht weiter erläutert werden. Als Fazit bleibt festzuhalten, dass sich die Tätigkeit und der zurzeit gestellte öffentliche Auftrag von staatlichen Förderbanken mit dem europäischen Wettbewerbsgedanken vereinbaren lässt.
Als zweite Gruppierung öffentlicher Banken ist die S-Finanzgruppe zu betrachten. Sparkassen und Landesbanken sind seit ihrer Gründung durch den öffentlichen Auftrag geprägt, der sie zu einem bestimmten gemeinnützigen Verhalten verpflichtet. Die öffentliche Hand erteilt einen solchen Auftrag über Gesetz und Satzung im allgemeinen, wenn förderungsbedürftige Bereiche politisch definiert werden oder der Marktmechanismus versagt, z.B. eine Versorgungslücke erkennbar wird. Sinn und Zweck des beauftragten öffentlichen Unternehmens ist es dann, die Lücke gegebenenfalls auch unter Inkaufnahme von Unrentierlichkeit zu schließen.

II. Sparkassen und Landesbanken als Wettbewerbsfaktoren in der Sozialen Marktwirtschaft

Der den Sparkassen und Landesbanken bis heute gesetzlich und vom Träger erteilte öffentliche Auftrag lässt sich nicht ohne Rückgriff auf die geschichtliche Entwicklung verstehen. Im 19. Jahrhundert, als es Banken für den »kleinen Mann« noch nicht gab, gründeten Städte, später auch Gemeinden und Landkreise, Sparkassen als Teil der Verwaltung, um z.B. Witwen und Waisen die »mündelsichere« Anlage von Spargroschen zu ermöglichen und das Geld für kommunale Investitionen oder Kleinkredite zu nutzen. In dieser Form blieb der öffentliche Auftrag im 20. Jahrhundert bis in die Nachkriegszeit erhalten, auch als sich die Sparkassen längst zu vollwertigen Kreditinstituten fortentwickelt hatten und die anderen Banken ebenfalls begannen, dem breiten Publikum zur Verfügung zu stehen. Zuvor waren 1931 in der Weltwirtschaftskrise die Sparkassen rechtlich verselbständigt worden; man wollte die Spargelder nicht in den Strudel der öffentlichen Finanzmisere geraten lassen.

An dem öffentlichen Auftrag und der Haftung der Gewährträger hat sich dadurch nichts geändert. Unverändert blieb auch die Rolle der um die Jahrhundertwende von den Sparkassen gebildeten Girozentralen, aus denen nach dem Zweiten Weltkrieg die Landesbanken hervorgingen. Schon in den 60er Jahren wurde deutlich, dass der traditionelle öffentliche Auftrag der Sparkassen und Landesbanken aktualisiert werden müsste. Bei steigendem Wohlstand auch der unteren Bevölkerungsschichten erwiesen sich die Förderung des Sparsinns samt der sicheren Geldanlage für »kleine Leute« sowie die Erzielung eines maßvollen Gewinns nicht mehr als unvereinbar, und die Wettbewerbskomponente rückte in den Vordergrund. Bei Neuordnungen im Landesbanken- und Sparkassenbereich wurde zunehmend auf die Steigerung der Wettbewerbsfähigkeit, auf die Erwirtschaftung von Erträgen und auf die Erschließung des Marktes Wert gelegt. Typisch für die Sparkassen wurde die Marktdurchdringung im Sinne von Bürgernähe über ein dichtes Filialnetz. Diese politisch gewünschte, nicht dem Shareholder value-Ansatz entsprechende Bürgernähe, geht zu Lasten der Gewinne. Diesen Entwicklungen hin zu einer verstärkten regionalen Ausrichtung des Bankwesens mit einer starken Aufgaben-/Sachzielorientierung sind viele Banken nicht gefolgt, und so ist der Daseinsvorsorgeauftrag der Sparkassen im Verbund mit den Landesbanken bis heute aktuell geblieben.
An dieser Stelle wird auch der Sinn von Anstaltslast und Gewährträgerhaftung deutlich. Sie verpflichten den Träger, im Innenverhältnis die Funktionsfähigkeit der Anstalt zu gewährleisten (und somit beständig z.B. für eine ausreichende Liquidität Sorge zu tragen) bzw. im Außenverhältnis für die Verbindlichkeiten der Anstalt einzustehen. Zum einen wollte die öffentliche Hand allen Kleinsparern – die politisch in ihrer Masse als eine besonders schutzwürdige Bevölkerungsgruppe eingestuft werden – eine nicht konkursgefährdete sichere Anlagemöglichkeit für ihre »Spargroschen« bieten. Zum anderen sieht sich die öffentliche Hand in die Pflicht genommen, dass sie im Gegenzug zu gewinnbelastenden – und somit im Zweifelsfall den Fortbestand der Sparkassen gefährdenden – Aufträgen auch Garantien übernehmen muss. Diese Bestandsgarantien sind insbesondere bei derart mit Zusatzaufgaben belasteten und nicht primär auf Gewinne ausgerichteten öffentlichen Kreditinstituten wichtig, um das Vertrauen in die Sparkassen und Landesbanken aufrecht zu erhalten.
Der Gesetzgeber hat sich bemüht, den gewandelten Verhältnissen durch eine Neuformulierung des öffentlichen Auftrags Rechnung zu tragen. Beispielhaft dafür kann § 6 des baden-württembergischen Sparkassengesetzes genannt werden. Danach haben die Sparkassen »die Aufgabe, vorrangig in ihrem Geschäftsgebiet die Versorgung mit geld- und kreditwirtschaftlichen Leistungen

sicherzustellen« (Abs. 1), sie »stärken den Wettbewerb im Kreditgewerbe«, »erbringen ihre Leistungen für die Bevölkerung, die Wirtschaft und die öffentliche Hand unter Berücksichtigung der Markterfordernisse« und »fördern den Sparsinn und die Vermögensbildung breiter Bevölkerungskreise und die Wirtschaftserziehung der Jugend« (Abs. 2). Der Erfüllung dieser Aufgaben dienen nach wie vor die Sicherheit bietende Gewährträgerhaftung und Anstaltslast.

Erfüllt wird die öffentliche Aufgabe bei den Sparkassen und Landesbanken unternehmerisch im Wettbewerb und nicht über den Haushalt. Hierbei wird der Auftrag im Wettbewerbsprozess beständig den aktuellen Anforderungen und Bedürfnissen zeitgemäß angepasst, was im folgenden konkretisiert wird. Somit hat er bis heute seine Berechtigung und Gültigkeit behalten. Sparkassen und Landesbanken sind Ausdruck der föderal gestalteten Wirtschaftsstruktur in der Bundesrepublik Deutschland. Im Rahmen des gesetzlich definierten öffentlichen Auftrags übernehmen sie wichtige strukturpolitische Aufgaben bei der gleichmäßigen regionalen Wirtschaftsentwicklung. Sie ergänzen damit die vielfältigen wirtschaftspolitischen Aktivitäten der öffentlichen Hand.

Nach dem Sparkassenrecht sind die Sparkassen räumlich in ihrer Geschäftstätigkeit beschränkt. So wie die Kommune ihre Aufgabenzuständigkeit nur in ihrem Hoheitsgebiet entfalten kann, ist auch die kommunale Sparkasse demselben Territorialprinzip unterworfen. »Die Sparkassen können im Gebiet ihres Gewährträgers Zweigstellen errichten. Die Errichtung einer Zweigstelle außerhalb des Gebietes des Gewährträgers oder im Gebiet des Gewährträgers einer anderen Sparkasse bedarf der Zustimmung der Aufsichtsbehörde; die andere Sparkasse ist vorher zu hören. Die Errichtung nach Satz 2 setzt voraus, daß die Zweigstelle in dem bereits bestehenden satzungsmäßigen Geschäftsbereich der Sparkasse liegen würde.«[1] Das hat zur Folge, dass den kommunalen Sparkassen der Marktzutritt außerhalb ihres Gewährträgergebietes verwehrt ist. Dies darf jedoch nicht mit einem Gebietskartell gleichgesetzt werden. Die Sparkassen sind durch das Regionalprinzip der wirtschaftlichen und sozialen Entwicklung ihres Geschäftsgebietes besonders eng verbunden. Durch diese Konzentration auf das kommunale Geschäftsfeld ist die Tätigkeit der Sparkassen mit dem im Grundgesetz garantierten Prinzip der kommunalen Selbstverwaltung verknüpft. Dadurch sind sie in die Lage versetzt, die ihnen von ihrem Träger übertragenen – insbesondere regionalen – Ziele besonders gut zu verfolgen. Die Umsetzung der Aufgaben kontrolliert hierbei die öffentliche Hand und steuert nicht nur über Gesetze und Satzungen, sondern übt in

1 Hessisches Sparkassengesetz v. 10.11.1954, GVBl., S. 197 i.d.F. v. 24.02.1991.

Gestalt des jeweiligen Gewährträgers auch über die Gremien direkt lenkenden Einfluss auf den Sparkassensektor aus.
Sparkassen kennen die Region, ihre Besonderheiten, die Infrastruktur, ihren Träger und die dort ansässigen Unternehmen besonders gut. Diese Vorteile kommen den Sparkassen bei der Erfüllung ihres öffentlichen Auftrags zugute. Das regionale Wissen erleichtert die Entscheidung bei der Kreditvergabe. Aufgrund der guten Kenntnisse der Bonität wird eine differenzierte Risikoeinschätzung von ansässigen Unternehmen möglich. Damit ist eine Begleitung der Firmen auch in wirtschaftlich schwierigen Zeiten durchführbar. Dies sichert Arbeitsplätze und führt zu einer ausgewogenen räumlichen Wirtschaftsentwicklung. Durch eine Belebung des örtlichen Bankenwettbewerbs sichern die Sparkassen die Standortqualität einer Region. Eine Privatisierung der Sparkassen würde dagegen Konzentration bedeuten, mit folglich weniger Wettbewerb und einer Vernachlässigung mittelständischer Unternehmer sowie der Bürger.
Typisch für den deutschen Bankenmarkt ist der »Gruppenwettbewerb« zwischen den verschiedenen Banktypen, die sich durch ihre Trägerschaft, Ziele und organisatorischen Formen voneinander unterscheiden. So stehen sich auf den relevanten Bankmärkten kommunale Sparkassen, (große und kleine) Privatbanken, genossenschaftliche Kreditinstitute und andere Banken in (noch) staatlicher Hand (z.B. Postbank) in einem intensiven Wettbewerb gegenüber.
Der Marktanteil der Sparkassen am Geschäftsvolumen der Kreditinstitute liegt bei etwa 20 %. Sie führen ungefähr die Hälfte aller Girokonten und sind bei der Versorgung, im besonderen der Arbeitnehmerbevölkerung, überdurchschnittlich vertreten. Die hohe Wettbewerbsintensität auf dem Bankenmarkt zeigt sich in Deutschland auch an der großen Zahl der fast 4.500 selbständigen Kreditinstitute mit annähernd ca. 50.000 Bankstellen. Der Anteil der ca. 570 Sparkassen liegt hinsichtlich der Bankstellen zwischen 35 und 40 %.
Wettbewerb findet nicht nur in den Ballungsräumen statt, sondern auch in weniger dicht besiedelten Regionen, wo heute die Sparkassen neben den genossenschaftlichen Kreditinstituten nicht mehr wegzudenken sind. So steht ein breit gefächertes und leistungsfähiges Angebot an Bankdiensten nicht nur in den wirtschaftlich interessanten Ballungsgebieten, sondern auch in der Fläche und den weniger strukturstarken Gebieten zur Verfügung. Mit einem hohen Flächendeckungsgrad von ca. 1.400 Einwohnern pro Bankstelle nimmt Deutschland im internationalen Vergleich eine Spitzenstellung ein, die prinzipiell erhaltungswürdig ist, auch wenn Deutschland heute als »overbanked«

gilt und Konzentrationsprozesse insbesondere im Genossenschaftssektor und selbst im Sparkassenbereich unumgänglich sein werden.

III. Wettbewerbsförderung durch Heterogenität und Marktkonformität

Der Gruppenwettbewerb steht nicht im Konflikt mit einem offenen Marktsystem, für das freier Marktzutritt und -austritt typisch ist. Der Bankenmarkt ist in Deutschland für Newcomer einschließlich ausländischer Konkurrenten grundsätzlich offen. Gruppenwettbewerb ist keine »kartellierte Marktaufteilung« zwischen den Bankengruppen, wie der Begriff suggerieren könnte. Der Begriff »Gruppenwettbewerb« mag deshalb nicht unproblematisch sein, weil in Wirklichkeit Einzelinstitute, die verschiedenen Gruppen angehören, im Wettbewerb zueinander stehen. Dabei ist unerheblich, dass die kommunalen Sparkassen hinsichtlich der Einschränkungen ihrer Geschäftstätigkeit dem Regionalprinzip unterliegen, das ebenfalls in keiner Weise etwas mit einer kartellierten Marktaufteilung zu tun hat.
Das ordnungspolitische Gebot der Marktkonformität erfordert, dass der Bankenwettbewerb frei von Wettbewerbsverfälschungen und -verzerrungen sein muss. Bei den im Wettbewerb erbrachten Bankleistungen dürfen danach die Sparkassen keinen ungerechtfertigten Wettbewerbsvorteil gegenüber der Konkurrenz haben. Deshalb unterliegen die Sparkassen grundsätzlich zu Recht der geltenden Wettbewerbsgesetzgebung. Ebenso würden auch Privilegien der Sparkassen nicht mit dem Prinzip eines unverfälschten, freien Wettbewerbs zu vereinbaren sein. Anstaltslast und Gewährträgerhaftung sind jedoch als marktkonform anzusehen, da sie ein Äquivalent für die Erfüllung der typisch öffentlichen Aufgaben sind, die kommunale Sparkassen zu erfüllen haben. Dabei werden die Aufgaben – wie oben dargelegt – nach wirtschaftlichen Kriterien umgesetzt. Unter diesen Bedingungen stehen die öffentliche Trägerschaft des Sparkassensektors und die Gewährträgerhaftung nicht im Widerspruch zum Marktsystem, in das auch die Sparkassen als Wettbewerbsunternehmen voll integriert und in dem sie genauso auf Gewinnerzielung angewiesen sind wie die Privatbanken.
Die hohe Wettbewerbsintensität und das aktive Wettbewerbsverhalten der Marktteilnehmer resultieren zum einen aus der vielfältigen, heterogenen Angebotsstruktur, zum anderen auch aus den unterschiedlichen betrieblichen

Zielsystemen der regional miteinander konkurrierenden Banken. Es dürfte mit einigem Recht die durch Beobachtungen abgestützte Hypothese vertreten werden, dass der auf die heterogene Angebotsstruktur zurückgehende »Gruppenwettbewerb« sich positiv auf das Marktverhalten und die daraus resultierenden Marktergebnisse in der Vergangenheit ausgewirkt hat. Wir haben es in Deutschland mit einem funktionsfähigen Bankenwettbewerb zu tun, der in seinem innovativen Prozess gute Produkte und wettbewerbsorientierte Preise hervorbringt.
Es kann wohlbegründet vermutet werden, daß durch Privatisierung und Beseitigung von Anstaltslast und Gewährträgerhaftung entstehende homogenere Bank- und Marktstrukturen eher mit negativen Wettbewerbseffekten verbunden sein werden. Eine so verschlechterte Marktstruktur auf dem Bankensektor bietet ungünstigere Voraussetzungen für einen aktiven Wettbewerb. Dieser Negativeffekt dürfte sich noch verstärken, wenn mit der Privatisierung eine Kapital- und Verfügungsmachtkonzentration zu Gunsten der Großbanken verbunden wäre. Die Ansicht, dass im Falle einer Privatisierung ausländische Banken bzw. Interessenten zum Zuge kommen, erscheint allzu optimistisch und verkennt das Interesse der heimischen Großbanken an der Sicherung und am Ausbau ihrer Marktposition. Vieles spricht dafür, dass die Privatisierung der (großen) Sparkassen mit einem nicht zu unterschätzenden Konzentrationsschub einher gehen dürfte, der, sicherlich regional in unterschiedlicher Stärke zu einer wettbewerblich höchst bedenklichen Ausdünnung der Banken- und Zweigstellenstruktur führen würde. Privatisierung oder Abbau sog. »Privilegien« der Sparkassen würde nicht Intensivierung des Wettbewerbs, sondern eher Abbau der durch Gruppenwettbewerb verursachten Wettbewerbsintensität zur Folge haben. Die politisch Verantwortlichen haben zu prüfen, ob der in Deutschland sehr funktionsfähige Bankenwettbewerb nicht ein wichtiges Kollektivgut ist, das es im Interesse einer stabilen marktwirtschaftlichen Ordnung zu erhalten gilt.
Die marktkonforme Wahrnehmung des öffentlichen Auftrags bedeutet, dass Sparkassen und Landesbanken den Wettbewerb dort stimulieren, wo die Gefahr des Marktversagens besteht. Die öffentlich-wirtschaftliche (z.B. Fördergeschäft der Landesbanken) und die privatwirtschaftliche Geschäftstätigkeit (z.B. klassisches Kreditgeschäft) werden hierbei zur Erzielung von Synergieeffekten sinnvoll miteinander kombiniert. Verkürzt erscheint die Betrachtung, erstere als interventionistisch, letztere als wettbewerblich zu bezeichnen. Tatsächlich versorgen die öffentlich-rechtlichen Kreditinstitute ihre Kunden im Wettbewerb mit Privatbanken und Kreditgenossenschaften mit Bankprodukten. Letztendlich bleiben bisher ungeklärte Fragen, die vor dem Hintergrund

möglicher Auswirkungen des europäischen Wettbewerbsrechts einer wissenschaftlich fundierten Klärung bedürfen:

(1) Unter der Annahme, dass Sparkassen und Landesbanken tatsächlich nicht den Anforderungen europäischer Wettbewerbsnormen (z.B. Beihilfediskussion, Anstaltslast) genügen, ist zunächst zu prüfen, wie letztlich eine neue Struktur aussehen könnte und wer die zukünftigen Eigentümer der Institute wären. Ohne eine hinreichende Klärung und Lösung dieser Frage bestünde die Gefahr, dass die sich ohnehin abzeichnende Konzentration im deutschen Kreditgewebe einen zusätzlichen Schub erhielte. Das aber wäre aus ordnungsbzw. wettbewerbspolitischen Gründen nicht hinnehmbar und im Sinne des europäischen Wettbewerbsrechts kontraproduktiv.

(2) In Kenntnis dieser Überlegungen muss man sich als nächstes fragen, wie in einem solchen Fall hinsichtlich der bestehenden wechselseitigen Geschäftsbeziehungen zwischen den Sparkassen einerseits und den Landesbanken andererseits zu verfahren wäre. Es kann nicht davon ausgegangen werden, dass nach einer Privatisierung auf breiter Front die gewachsenen Geschäftsstrukturen noch erhalten blieben. Eine Auflösung der diesbezüglichen Kontrakte ist jedoch nicht anzuraten, weil dadurch unternehmerische Synergieeffekte verspielt würden bzw. weil nicht erkennbar ist, dass derartige Verluste durch Größen- und Verbundvorteile an anderer Stelle überkompensiert werden könnten.

(3) Weiterhin erscheint es ungewiss, inwieweit die bankgeschäftliche Versorgung der Bürger und Unternehmen nach Privatisierung in der Fläche und vor Ort hinreichend gewährleistet wäre. Auch bei einer unterstellten Akzeptanz des Homebanking würde es schwierig werden, bestimmte Kundengruppen mit den unterschiedlichen Bankdienstleistungen adäquat zu versorgen. Mit der angedeuteten Tendenz zur Konzentration wären entsprechende damit einhergehende Versorgungsdefizite zu erwarten.

(4) Klärungsbedürftig ist außerdem, wie die bisher von Sparkassen und Landesbanken wahrgenommenen Daseinsvorsorgeaufgaben im öffentlichen Auftrag erfüllt würden. Es kann nicht davon ausgegangen werden, dass diese Aufgaben von den nunmehr privatisierten Instituten freiwillig übernommen würden.

IV. Die deutsche Bankenstruktur in der europäischen Wettbewerbsdiskussion

Neben Gesetzen, die direkt Einfluss auf die Strukturierung der Kreditwirtschaft nehmen, wie z.B. das Hypothekenbankgesetz oder die Sparkassengesetze, wirken sich auch eine Fülle von weiteren nationalen und internationalen Regelungen auf den Bankenwettbewerb aus. Für neue Regelungen oder die Änderungen bestehender nationaler Gesetze sind hierfür regelmäßig europäische Vorgaben ausschlaggebend. Grundlagen sind hier beispielsweise die Baseler Beschlüsse, die in der Regel in EU-Regelungen übernommen werden. Beispielhaft seien die Wertpapierdienstleistungsrichtlinie, die Kapitaladäquanzrichtlinie und die BCCI-Folgerichtline genannt. Entsprechend den europäischen Vorgaben werden wiederum nationale Gesetze angepasst oder neu geschaffen. In jüngster Zeit waren dies z.B. die 5. und 6. KWG-Novelle, das Wertpapierhandelsgesetz, die Mindestanforderungen an das Betreiben von Handelsgeschäften der Kreditinstitute (MaH), die Grundsätze über die Eigenmittel und die Liquidität der Institute oder die Verordnung über die Erfassung, Bemessung, Gewichtung und Anzeige von Krediten im Bereich der Großkredit- und Millionenkreditvorschriften des KWG (GroMiKV). Alle diese Neuregelungen wirken sich auf den Wettbewerb aus, da die neuen höheren Anforderungen die Ressourcen kleinerer Institute in der Regel anteilig stärker belasten, als dies bei größeren der Fall ist. Auch Änderungen an nicht bankspezifischen Gesetzen, wie z.B. dem HGB und den Rechnungslegungsvorschriften – zu nennen sind hier Anpassungstendenzen an die IAS (International Accounting Standards) bzw. US-GAAP (General Accepted Accounting Principles) – können sich aus den gleichen Gründen stark wettbewerbsverzerrend auswirken.

Heute sind bankaufsichtliche Regelungen zunehmend auch mit Wettbewerbswirkungen verbunden. Ein einprägsames Beispiel ist die vom Baseler Ausschuss für Bankenaufsicht konzipierte und von der EU nur leicht modifizierte Kapitaladäquanzrichtlinie, die in Deutschland ihren Niederschlag in der 6. KWG-Novelle fand. Sie stellte insbesondere kleinere und mittlere Banken vor erhebliche Schwierigkeiten aufgrund des damit einhergehenden hohen Implementierungsaufwandes. Die ständig steigenden Regulierungsanforderungen erfordern immer höhere Investitionen in die DV-Systeme und lösen damit einen Trend zur Größe aus. Dies wirkt sich bei mittleren Instituten außerhalb von arbeitsteiligen Verbundsystemen am stärksten aus.

Finanzmarktteilnehmer unterschiedlicher Branchen stehen ferner im Wettbewerb um das private Anlagekapital: Kreditinstitute, Versicherungen und

Kapitalanlagegesellschaften. Dies führt zur Bildung von Multi-Finanz-Gruppen und bei den Aufsichtsbehörden zu Überlegungen, die bisher unterschiedlichen Regelwerke auf eine einheitliche Basis zu stellen.
Die differenzierte Unterlegung des Bankgeschäftes mit Eigenkapital ist ein weiteres Beispiel. Der Baseler Ausschuss für Bankenaufsicht legte eine Neuregelung der Eigenkapitalübereinkunft für international tätige Banken vor. Ein Kernelement des Entwurfs, dessen Regelungen auf alle Kreditinstitute Anwendung finden soll, ist die differenzierte Betrachtung der bisher pauschalen 8 %-Eigenkapitalunterlegungspflicht. Sie soll zukünftig vom Risikogehalt des einzelnen Engagements abhängig gemacht werden. Die USA möchten in Europa die Eigenkapitalunterlegung einzig vom Rating einer »neutralen« Agentur abhängig gemacht wissen. Hierzu ist anzumerken, dass die weltweit führenden Ratingagenturen amerikanischer Herkunft sind: ein deutliches Beispiel dafür, wie stark bankaufsichtsrechtliche Regeln mittlerweile mit Wettbewerbsfragen verbunden sind. Wenn der Informationsvorsprung einer langjährigen Hausbank nicht ebenso wie ein gutes Rating zu einem Anrechnungsbonus führen sollte, würde das deutsche Hausbankensystem – mit all seinen Vorteilen für den Mittelstand – langfristig in Frage gestellt. Dieser Wunsch wird zurzeit auf europäischer Ebene von der deutschen Bankenaufsicht unterstützt.
Mit der Umsetzung der Baseler Beschlüsse in der 7. oder 8. KWG-Novelle und die Einführung des Euro werden die Rahmenbedingungen und die Verhaltensweisen der europäischen und insbesondere der deutschen Kreditinstitute deutlich beeinflusst. Durch den Euro wird ein Kapitalmarkt amerikanischer Größenordnung entstehen. Grenzüberschreitende Fremdfinanzierungen werden zunehmen. Firmenkunden werden ihre Fremdfinanzierung nicht mehr nur über das Produkt Kredit decken, sondern Geld- und Kapitalmarktfinanzierungen sowie Strukturierte Finanzierungen erweitern die Finanzierungspalette. Damit verbunden sein werden andere Größenordnungen und Anforderungen bei Kreditinstituten. Die Baseler Beschlüsse bedeuten in ihrer nationalen Umsetzung eine Neustrukturierung des Anrechnungssystems für Bonitätsrisiken. Neue Bonitätsgewichtungen im Grundsatz I werden zu neuen Kostenstrukturen im Firmenkundengeschäft führen. Ziel wird es sein, eine möglichst effiziente Steuerung des knappen Gutes »Eigenkapital« zu erreichen. Geschäftsbanken beginnen bereits heute, ihr Firmenkundengeschäft umzustrukturieren. Es ist ein deutlicher Rückzug der Großbanken aus dem mittelständischen Firmenkundengeschäft zu erkennen. Der Shareholder value-Ansatz sowie die internationale Ausrichtung gewinnen an Bedeutung.
Dieser Rückzug kann auch anhand des Fördergeschäfts festgestellt werden, da es einen wichtigen Baustein innerhalb der Gesamtfinanzierung darstellt.

- Das Zusagevolumen für KfW-Mittelstandskredite durch den Sparkassen- und Genossenschaftssektor ist im Vergleich zum Basisjahr 1991 (=100 %) auf 240 % bzw. 280 % in 1998 angestiegen. Das zugesagte Fördervolumen durch die Großbanken sank hingegen auf ca. 75 %.
- Ähnliche Tendenzen sind auch bei der Deutschen Ausgleichsbank zu beobachten: Hier verringerte sich der Anteil der Privatbanken für Kleinkredite (bis 50 TDM) in den alten Bundesländern von 62,5 % in 1990 auf 24,8 % in 1999.

Dieser Rückgang der großen Geschäftsbanken, der zunehmend durch europäische und internationale Anforderungen begründet ist und mit einem konsequenten Shareholder value-Ansatz umgesetzt wird, vernachlässigt immer stärker regionale strukturpolitische und mittelständische Zielsetzungen wie sie z.B. von öffentlichen Kreditinstituten verfolgt werden und in Gesetzen und Satzungen festgeschrieben sind.

Ulrich Cronauge und Ralf Gruneberg

Abfallwirtschaft in der Europäischen Union – Zwischen Markt und Daseinsvorsorge*

I. Die aktuelle Situation: Grundsätze und Zielkonflikte

1. Die Bedeutung des Umweltschutzes in der Europäischen Union

Mittlerweile kommt dem Umweltschutz in allen Bereichen der europäischen Politik wesentliche Bedeutung zu.[1] Mit den Änderungen des EG-Vertrages durch die Einheitliche Europäische Akte (EEA), die am 1. Juli 1987 in Kraft getreten sind, wird das Politikziel Umweltschutz auch primärrechtlich zu einer notwendigen und verpflichtenden Aufgabe der Gemeinschaft. Damit konstitutionalisiert die EEA in Art. 130 Abs. 1 EWG-Vertrag Ziele und Aufgaben des Umweltschutzes und gibt der Umweltpolitik eine selbstständige, von marktrechtlichen Bezügen (Art. 100) und bis dahin unspezifischen Vertragsgrundlagen (Art. 235) abgelöste Legitimation.[2] Die Bedeutung des Umweltschutzes wurde im Amsterdamer Vertrag vom 2. Oktober 1997[3] nochmals hervorgehoben und bekräftigt. Der Vertrag stärkt die bisher schon ausgeprägte Bedeutung des Umweltschutzes für alle Politiken der Gemeinschaft. So fügt er in den 7. Erwägungsgrund der Präambel des EU-Vertrages die Vorgabe ein, bei der Verwirklichung des Binnenmarktes und bei der Förderung des wirtschaftlichen und sozialen Fortschritts den Grundsatz der nachhaltigen Entwicklung zu berücksichtigen. Weiter ergänzt er die Ziele der Union in Art. 2 um die Erzielung einer ausgewogenen nachhaltigen Entwicklung. Zudem erweitert er die Aufgaben der Gemeinschaft in Art. 2 in der Neufassung des EG-Vertrages um die Pflicht zur Förderung einer harmonischen, ausgewogenen und nachhaltigen Entwicklung des Wirtschaftslebens innerhalb

* Eine ausführliche Fassung dieses Beitrags findet sich in den Heften 4/2000 und 1/2001 der Zeitschrift AKADEMIE.

1 Vgl. *Schröder (1998)*, § 9 (S. 181 ff.).
2 Ebenda, S. 185.
3 ABL 1997 C 340/1; vgl. dazu *Hilf/Pache (1998)*.

der Gemeinschaft und zur Förderung eines hohen Maßes an Umweltschutz und an Verbesserung der Qualität der Umwelt.

Des weiteren findet die gestiegene Bedeutung des Umweltschutzes in der Neufassung des Art. 100a des EG-Vertrages (EGV) ihren Ausdruck. Diese Regelung sieht ausdrücklich vor, dass die Kommission bei ihren Vorschlägen für Harmonisierungsmaßnahmen nicht nur, wie bisher, von einem hohen Schutzniveau auszugehen hat, sondern künftig alle auf wissenschaftliche Ergebnisse gestützten neuen Entwicklungen zu berücksichtigen hat.[4]

In Art. 174 ff. des Vertrages schließlich werden die Ziele der Umweltpolitik der EU im einzelnen präzisiert. Danach soll die Umweltpolitik der Gemeinschaft vor allem zur Erhaltung und zum Schutz der Umwelt sowie zur Verbesserung ihrer Qualität beitragen. Angestrebt wird dabei ein hohes Schutzniveau, das durch die Grundsätze der Vorsorge und Vorbeugung und insbesondere auch des Verursacherprinzips verwirklicht werden soll.

2. Grundsätze der Abfallwirtschaftspolitik

Diesen Grundsätzen ist auch die europäische Abfallpolitik verpflichtet. In ihrer Mitteilung vom 1. August 1996 an den Rat und an das Europäische Parlament[5] hat die Kommission erneut Leitlinien für die zukünftige europäische Abfallwirtschaftspolitik festgelegt. Europäische Abfallpolitik soll sich nach den Vorstellungen der Kommission an der Gewährleistung eines hohen Umweltschutzniveaus, ohne Behinderung des Binnenmarktes, orientieren, um auch in diesem Bereich einen Beitrag für eine dauerhafte und umweltgerechte Entwicklung der Gemeinschaft zu gewährleisten. Erstes Gebot in einer Rangordnung von Grundsätzen ist dabei das Ziel der Abfallvermeidung, gefolgt von der Verwertung, und schließlich die sichere Beseitigung von Abfällen. In wesentlichen Grundzügen entspricht damit diese Mitteilung der deutschen Abfallpolitik auf der Grundlage des Kreislaufwirtschafts- und Abfallgesetzes.[6] Wie schon im fünften Umweltaktionsprogramm wird hier ein Zusammenhang hergestellt zwischen der Abfallwirtschaftspolitik und dem allgemeinen Postulat der dauerhaften und umweltgerechten Entwicklung. Dabei hat die Abfallwirtschaftspolitik nach Auffassung der Kommission eine doppelte

4 Vgl. dazu eingehend ebenda, S. 708.

5 Mitteilung der Kommission zur Überprüfung der Gemeinschaftsstrategie für die Abfallwirtschaft sowie Entwurf einer Entschließung des Rates, KOM (1996) 399 endg.

6 Gesetz zur Förderung der Kreislaufwirtschaft und Sicherung der umweltverträglichen Beseitigung von Abfällen (Kreislaufwirtschafts- und Abfallgesetz – KrW-/AbfG – v. 27.09. 1994, BGBL I, S. 2705).

Zielsetzung: Einerseits soll ein hohes Umweltschutzniveau gewährleistet sein, andererseits soll das Funktionieren des Binnenmarktes nicht behindert werden. Die Kommission vertritt die Überzeugung, dass Abfallwirtschaftspolitik sowohl zur Erhaltung natürlicher Ressourcen als auch zum Schutz der Umwelt beitragen kann.

Unter Berücksichtigung dieser abfallwirtschaftspolitischen Zielvorgaben enthalten die fortentwickelte Abfallrahmenrichtlinie 75/442 sowie die zum Teil genannten, spezielleren Richtlinien programmatische Aussagen zur Ausgestaltung des Abfallrechts, aus denen Ziele und Prinzipien des geltenden Abfallrechts deutlich werden.

Dazu gehört zum einen der *Grundsatz der umwelt- und gesundheitsverträglichen Abfallbewirtschaftung*, der in Art. 4 der Rahmenrichtlinie normiert ist. Danach treffen die Mitgliedstaaten die erforderlichen Maßnahmen, um sicherzustellen, dass die Abfälle verwertet oder beseitigt werden, ohne dass die menschliche Gesundheit gefährdet wird und ohne dass Verfahren oder Methoden verwendet werden, welche die Umwelt schädigen können. Daneben normiert der neu gefasste Art. 3 Abs. 1 der Rahmenrichtlinie die oben schon erörterte Maßnahmentrias *Verhütung, Verwertung und Beseitigung*. Nach dieser Vorschrift soll in erster Linie die Verhütung oder die Verringerung der Erzeugung von Abfällen und ihrer Gefährlichkeit gefördert werden. In zweiter Linie soll die Verwertung der Abfälle im Wege der Rückführung, der Wiederverwendung, des Wiedereinsatzes und anderer Verwertungsvorgänge oder die Nutzung von Abfällen zur Gewinnung von Energie gefördert werden. Erst wenn weder die Vermeidung noch die Verwertung von Abfällen in Betracht kommen, können die Abfälle beseitigt werden. Dabei ist zu beachten, dass die Verwertung und Beseitigung von Abfällen immer unter dem Postulat der bestmöglichen Schonung der Umwelt und der menschlichen Gesundheit stehen.[7]

Ein weiterer wichtiger Grundsatz der europäischen Abfallpolitik ist der *Grundsatz der Entsorgungsnähe*, der sich aus Art. 5 Abs. 2 der Rahmenrichtlinie herleiten lässt. Diese Regelung fordert die Mitgliedstaaten auf, ein integriertes und angemessenes Netz von Beseitigungsanlagen zu errichten, das sowohl der Gemeinschaft selbst als auch den einzelnen Mitgliedstaaten erlaubt, die Entsorgungsautarkie zu erreichen bzw. anzustreben (Art. 5 Abs. 1). Darüber hinaus muss es dieses Netz gestatten, dass die Abfälle in einer der am nächsten gelegenen, geeigneten Entsorgungsanlage unter Einsatz von Methoden und Technologien beseitigt werden, die am geeignetsten sind, um ein hohes Umweltschutzniveau zu gewährleisten. Allerdings ist anerkannt, dass

7 Vgl. dazu im einzelnen *Dieckmann (1994)*, S. 134 ff.

der Grundsatz der Entsorgungsnähe sich nur auf den Bereich der Abfallbeseitigung und nicht auf die Abfallverwertung bezieht.[8]
In Art. 5 Abs. 1 der Rahmenrichtlinie ist auch der *Grundsatz der Entsorgungsautarkie festgelegt*. Nach dieser Regelung treffen die Mitgliedstaaten Maßnahmen, um ein integriertes und angemessenes Netz von Beseitigungsanlagen zu errichten, die den derzeit modernsten, keine übermäßigen Kosten verursachenden Technologien Rechnung tragen. Dieses Netz muss es der Gemeinschaft insgesamt erlauben, die Entsorgungsautarkie zu erreichen und es jedem einzelnen Mitgliedsstaat ermöglichen, diese Autarkie anzustreben, wobei die geografischen Gegebenheiten oder der Bedarf an besonderen Anlagen für bestimmte Abfallarten berücksichtigt werden.
Damit ist parallel zum Grundsatz der Entsorgungsnähe ein Grundsatz der Entsorgungsautarkie im EG-Abfallrecht verankert. Allerdings bezieht sich auch der Grundsatz der Entsorgungsautarkie nur auf solche Abfälle, die beseitigt werden.[9] Wichtig ist, dass der Grundsatz der Entsorgungsautarkie sich sowohl auf die Gemeinschaft insgesamt als auch auf die einzelnen Mitgliedsstaaten bezieht.[10]
Zudem unterliegt gemäß Art. 174 Abs. 2 Satz 2 EGV die Tätigkeit der Gemeinschaft im Bereich der Umwelt dem *Verursacherprinzip*. Im europäischen Abfallrecht wird dieser Grundsatz in Art. 15 der Rahmenrichtlinie präzisiert, wonach die Kosten für die Beseitigung von Abfällen gemäß dem Verursacherprinzip vom Abfallbesitzer oder vom früheren Besitzer oder dem Hersteller der Erzeugnisse, von dem die Abfälle herrühren, zu tragen sind. Das Verursacherprinzip ist damit ein tragender Grundsatz des EG-Abfallrechts.[11]
Zudem beruht nach Art. 174 Abs. 2 Satz 2 EGV die Tätigkeit der Gemeinschaft im Bereich der Umwelt auf dem Grundsatz der Vorbeugung und auf dem Grundsatz, Umweltbeeinträchtigungen mit Vorrang an ihrem Ursprung zu bekämpfen (*Vorbeugungs-, Quellen- und Vorsorgeprinzip*). Der erstgenannte Grundsatz bekräftigt den prinzipiellen Vorrang der Abfallvermeidung vor der Verwertung und endgültigen Beseitigung. Aus der zweiten Forderung, der Bekämpfung von Umweltbeeinträchtigungen an ihrem Ursprung, hat der EuGH den Grundsatz der entstehungsnahen Abfallentsorgung abgeleitet.[12]

8 Dazu ebenda, S. 138.
9 Ebenda, S. 142 m.w.N.
10 Ebenda, S. 143 mit Nachweisen aus der Rechtsprechung.
11 Vgl. dazu *Grabitz (1991)*, S. 444, mit weiteren Beispielen aus dem EG-Abfallrecht.
12 Vgl. die sog. Wallonien-Entscheidung des EuGH v. 09.07.1992, NVwZ 1992, S. 871.

Schließlich ist für die europäische Abfallpolitik auch das *Subsidiaritätsprinzip* von Bedeutung. Nach Art. 5 EGV wird die Gemeinschaft in Bereichen, die nicht in ihre ausschließliche Zuständigkeit fallen, nach dem Subsidiaritätsprinzip nur tätig, sofern und soweit die Ziele der in Betracht gezogenen Maßnahmen auf Ebene der Mitgliedstaaten nicht ausreichend erreicht werden können und daher wegen ihres Umfangs oder ihrer Wirkungen besser auf Gemeinschaftsebene erreicht werden können.
Die hier dargestellten Prinzipien machen deutlich, dass das europäische Abfallrecht in erheblichem Maße dazu beitragen kann, das Politikziel Umweltschutz auf hohem Niveau verwirklichen.

3. Weitere Grundsätze der europäischen Politik

Doch das Politikziel Umweltschutz ist nicht der allein maßgebende Aspekt für die europäische Abfallwirtschaft. Vielmehr spielen für die konkrete Ausgestaltung der europäischen Abfallwirtschaftspolitik weitere, im europäischen Primärrecht verankerte Politikziele eine Rolle, die nachfolgend im Überblick dargestellt sind:

a) Das Wettbewerbsprinzip

Das Prinzip des freien Waren-, Personen-, Dienstleistungs- und Kapitalverkehrs ist im EG-Vertrag im dritten Teil unter dem Titel I – III (Art. 23-60) geregelt. Das dort verankerte Prinzip des Wettbewerbs durch Herausbildung eines europäischen Binnenmarktes ist eine grundlegende Zielsetzung, die insbesondere die Vorläufer der jetzigen Gemeinschaft maßgeblich geprägt hat.[13] Grundlage der früheren europäischen Wirtschaftsgemeinschaft war namentlich das Ziel, alle bestehenden Verbote bzw. Beschränkungen mit Blick auf die Öffnung eines umfassenden Handelsverkehrs zwischen den Mitgliedsstaaten und mit Drittländern zu beseitigen. Die Entwicklung einheitlicher Wettbewerbsbedingungen innerhalb der Gemeinschaft sollte insoweit auch die Wettbewerbsfähigkeit der Unternehmen stärken.
Gerade der Grundsatz der Warenverkehrsfreiheit (Art. 23-31 EGV) ist für die Abfallwirtschaft von besonderer Bedeutung. Gemäß Art. 30 und 34 EGV dürfen die Mitgliedstaaten den freien Warenverkehr nicht durch mengenmäßige Beschränkungen oder Maßnahmen gleicher Wirkung einschränken. Hierunter fallen insbesondere innerstaatliche Produktions- und Vermarktungsregelun-

13 Vgl. dazu ausführlich *Dauses (1997)*, Bd. 1, Kap. I, II.

gen, die sich hinderlich auf den zwischenstaatlichen Handel auswirken, auch wenn sie unterschiedslos für einheimische und importierte Waren gelten.[14] Nach ständiger Rechtsprechung des EuGH sind demnach auch Abfälle Waren, die grundsätzlich dem freien Warenverkehr unterliegen.[15]
Gerade hier tritt der Grundkonflikt freier Abfallwarenverkehr kontra nationaler Autarkie[16] deutlich zu Tage. Der Widerstreit zwischen ökologischen und ökonomischen Zielen wird insbesondere bei der Abfallverbringung besonders deutlich: Insoweit konkurrieren in Form der umwelt- und marktrechtlichen Vorgaben zentrale Grundprinzipien des Gemeinschaftsrechts. Wegen der Mobilität von Abfällen steht die Abfallwirtschaft in enger Beziehung zu den Verkehrsfreiheiten des EG-Vertrages. Angesichts ständig wachsender wirtschaftlicher Verflechtungen und einer »Sogwirkung« schlechterer ausländischer Entsorgungsstandards hat die grenzüberschreitende Abfallverbringung große strategische und strukturelle Bedeutung. Allerdings dürfte durch die jüngere Rechtsentwicklung und durch wichtige EuGH-Entscheidungen in der ersten Hälfte der 90er Jahre hinreichend geklärt sein, dass das Gemeinschaftsrecht die Mitgliedstaaten jedenfalls bei den sog. Abfällen zur Beseitigung nicht hindert, Ein- und Ausfuhr dieser Abfälle zu untersagen.[17]

b) Das Prinzip der Nichtdiskriminierung

In Art. 3 Abs. 2 EGV ist der Grundsatz der Gleichbehandlung ausdrücklich und umfassend verankert. Danach wirkt die Gemeinschaft bei allen Politikzielen darauf hin, Ungleichheiten zu beseitigen. Dies bedeutet konkret, dass auch keine Diskriminierung öffentlicher Unternehmen einschließlich kommunaler Unternehmen erfolgen darf. Auch für kommunale Unternehmen gilt damit europarechtlich der Grundsatz der Chancengleichheit und damit der gleichberechtigten Teilhabe am Wettbewerbsgeschehen. Dies hat Karel van Miert, der damalige Kommissar der Generaldirektion IV (Wettbewerb) auf einer öffentlichen Vortragsveranstaltung im Sommer des Jahres 1999 bekräftigt.[18] Van Miert hat betont, dass aus Sicht der europäischen Kartellbehörde kein Unterschied zwischen der Tätigkeit privater und der Tätigkeit öffentlicher Unternehmen besteht. Daher dürften öffentliche Unternehmen im Wettbewerb weder bevorzugt noch benachteiligt werden. Vielmehr sei es notwendig, gleiche

14 EuGH, NVwZ 1998, 1169 ff. (1171); *Scherer-Leydecker (1999)*, S. 591.
15 Vgl. die Nachweise bei *Scherer-Leydecker (1999)*.
16 Vgl. *Weidemann (1998)*, Rn. 5 ff.
17 Vgl. dazu ebenda, Rn. 6 ff. m.w.N.
18 Vgl. *Cronauge/Gruneberg (1999)*, S. 455.

Wettbewerbschancen für öffentliche und private Unternehmen herzustellen – ein Auftrag an die Europäische Wettbewerbspolitik.

c) Das Prinzip der öffentlichen Dienstleistungen (»Dienste von allgemeinem wirtschaftlichem Interesse«)

Mit dem Vertrag von Amsterdam ist zudem ein neuer Art. 16 über »Dienste von allgemeinem wirtschaftlichen Interesse« in den Katalog der Grundsatzvorschriften des EG-Vertrages aufgenommen worden. Diese Vorschrift – und dies ergibt sich sowohl aus der Entstehungsgeschichte der Bestimmung als auch aus dem systematischen Zusammenhang mit Art. (ex) 90 EGV – bestimmt den Stellenwert dieser Dienste im Binnenmarkt und verfolgt das Ziel, dem Wettbewerbsprinzip das Prinzip der öffentlichen Dienstleistungen als gleichgewichtigen Gegenpol entgegenzusetzen.[19] Die Kommission hatte insoweit im September 1996 eine Mitteilung über »Leistungen der Daseinsvorsorge in Europa«[20] veröffentlicht und darin festgestellt, dass die Leistungen der Daseinsvorsorge den »Kern des europäischen Gesellschaftsmodells« bilden. Der neue Art. 16 spricht darüber hinausgehend nicht nur von dem Beitrag der Gemeinschaft zur Förderung dieser Dienstleistungen, sondern er legt sowohl der Gemeinschaft als auch den Mitgliedstaaten eine Gestaltungsaufgabe auf: Gemeinschaft und Mitgliedstaaten haben, jeder in seinem Zuständigkeitsbereich, dafür zu sorgen, dass die Dienste von allgemeinem wirtschaftlichem Interesse funktionieren. Zu diesem Zweck haben sie die Grundsätze und Bedingungen, also die rechtlichen und wirtschaftlichen Rahmenbedingungen, denen diese Dienste unterliegen, entsprechend auszugestalten.

d) Das Prinzip der Fortschreibung nationaler Eigentumsordnungen

Schließlich erkennt Art. 295 EGV den gewachsenen Status der öffentlichen Unternehmen und damit der kommunalen Unternehmen dadurch an, dass er den Mitgliedstaaten die Eigentumsordnung, also auch die Ordnung des Eigentums bei den öffentlichen Unternehmen, freistellt. Mitgliedstaaten können, wie Europäische Kommission und Europäischer Gerichtshof mehrfach bestätigt haben, Staatsunternehmen[21] betreiben. Sie können ferner Unternehmen, die in privater Trägerschaft betrieben werden, sozialisieren und öffentliche Unternehmen privatisieren. Auch aus dem öffentlichen Eigentum folgt damit

19 Vgl. zum Spannungsfeld von Gemeinwirtschaft und Wettbewerb den Beitrag von Jens Harms in diesem Band, S. 25-33.
20 KOM (98) 143 endg.: Ratsdok. 6927/98.
21 Vgl. zuletzt Urt. des EuGH v. 10.11.1998, Rechtssache C-360/96.

weder eine Privilegierung noch eine Diskriminierung öffentlicher Unternehmen.

II. Abfall zwischen der Freiheit des Warenverkehrs und dem Umweltschutz

Die verschiedenen Politikziele der Europäischen Union machen deutlich, in welchem Spannungsfeld mit durchaus widerstreitenden Interessen sich die europäische Abfallwirtschaftspolitik bewegt.
Gerade für die kommunale Entsorgungswirtschaft ist die europäische Qualifizierung von Abfall als Ware kritisch zu betrachten. Dominierendes Politikziel ist der freie grenzüberschreitende Warenverkehr innerhalb der gesamten Gemeinschaft. Für die Abfallwirtschaft bedeutet dies, dass auch Abfälle in den freien Warenverkehr gemäß Art. 23 ff. EGV unterfallen. In ihrer Gemeinschaftsstrategie für die Abfallwirtschaft weist die Kommission darauf hin, dass nach Auslegung des Europäischen Gerichtshofs der Begriff »Ware« im Sinne des EG-Vertrages alle Waren unabhängig von ihrem Wert, ihrer Art, ihrer Eigenschaften und ihrer Bestimmungen umfasst. Damit gelten alle Abfälle als Waren und zwar unabhängig davon, ob sie wiederverwendet, verwertet oder beseitigt werden.[22] Diesem Grundsatz steht zum einen der Grundsatz der Entsorgungsnähe und der Entsorgungsautarkie[23] entgegen, wonach Abfälle grundsätzlich in der am nächsten gelegenen Anlage zu beseitigen sind. Zum anderen gilt der Grundsatz der Warenverkehrsfreiheit für Abfälle nicht uneingeschränkt. Beschränkungen können zunächst gemäß Art. 36 EGV gerechtfertigt sein, wenn Gründe des Gesundheitsschutzes dies erfordern.[24] Des weiteren hat der Europäische Gerichtshof anerkannt, dass Abfälle Waren mit besonderem Charakter sind und eine Gefahr für die Umwelt darstellen können. Daher kann der freie Warenverkehr im Abfallbereich aus Gründen des Umweltschutzes eingeschränkt werden.[25] Eine Einschränkung und damit ein Exportverbot ist allerdings nur zulässig, wenn es sich um Abfälle zur Beseitigung handelt. Wenn die Abfälle dagegen verwertet werden sollen, so darf im

22 Vgl. das Wallonien-Urteil des EuGH, NVwZ 1992, S. 871 ff. sowie die weiteren Nachweise aus der Rechtsprechung bei *Scherer-Leydecker (1999)*.
23 Vgl. oben unter I. 2.
24 *Scherer-Leydecker (1999)*.
25 Sog. »Pfandflaschen-Entscheidung« des EuGH, NVwZ 1989, S. 849 ff., sowie weitere Nachweise aus der Rechtsprechung bei *Scherer-Leydecker (1999)*, S. 591 (FN11).

Hinblick auf die Warenverkehrsfreiheit für Abfälle zur Verwertung der Export nicht verboten werden.[26] Dann greifen auch die Grundsätze der Entsorgungsautarkie und -nähe nicht mehr, die sich grundsätzlich nur auf Abfälle beziehen, die beseitigt werden.

Literaturverzeichnis

Cronauge/Gruneberg (1999): Ulrich Cronauge u. Ralf Gruneberg, Die kommunale Entsorgungswirtschaft im Dualen System, in: Der Landkreis, Jg. 1999, S. 454 ff.

Dauses (1997): Manfred A. Dauses (Hrsg.), Handbuch des EU-Wirtschaftsrechts, Lose-Blatt-Werk, Stand: Dezember 1997, Bde. I u. II, München.

Dieckmann (1994): Martin Dieckmann, Das Abfallrecht der Europäischen Gemeinschaft, 1. Aufl., Baden-Baden.

Grabitz (1991): Eberhard Grabitz, Abfall im Gemeinschaftsrecht, in: Everhardt Franßen u.a. (Hrsg.), Bürger – Richter – Staat, Festschrift für Horst Sendler, München, S. 443 ff.

Hilf/Pache (1998): Meinhard Hilf u. Eckhard Pache, Der Vertrag von Amsterdam, in: Neue Juristische Wochenzeitschrift (NJW), Jg. 1998, S. 705 ff.

Scherer-Leydecker (1999): Christian Scherer-Leydecker, Europäisches Abfallrecht in: Neue Zeitschrift für Verwaltungsrecht (NVwZ), Jg. 1999, S. 590 ff.

Schröder (1998): Meinhard, Umweltschutz als Gemeinschaftsziel und Grundsätze des Umweltschutzes, in: Hans-Werner Rengeling (Hrsg.), Handbuch zum europäischen und deutschen Umweltrecht, Bd. 1, Allgemeines Umweltrecht, 1. Aufl. Köln u.a., § 9, S. 181 ff.

Weidemann (1998): Clemens Weidemann, § 71, in: Hans-Werner Rengeling (Hrsg.), Handbuch zum europäischen und deutschen Umweltrecht, Bd. 2, Besonderes Umweltrecht, 1. Aufl., Köln u.a.

26 Vgl. das Beschwerdeverfahren der Belgischen Zementindustrie, in: Umwelt 3/98, S. 198 ff.

Helmut Jenkis

Auswirkungen des europäischen Wettbewerbsrechts auch in der Wohnungswirtschaft?

Die entscheidenden Schritte zur Vollendung der Europäischen Integration waren der Maastrichter Vertrag, der am 1. November 1993 in Kraft trat, und der Vertrag von Amsterdam, der sei dem 1. Mai 1999 in Kraft ist. Während der Vertrag von Maastricht die Europäische Union (EU) begründete und den Fahrplan für die europäische Einigung bis zum Jahr 2000 aufstellte, unternimmt der *Vertrag von Amsterdam*[1] konkrete Schritte, um die EU bürgernäher zu gestalten und die politische Identität sichtbarer und wirksamer zu machen. Dazu gehören der Ausbau einer europäischen Sozial- und Beschäftigungspolitik, der europäische Beschäftigungsakt und der ökologischen Modernisierung.
Es soll geprüft werden, welche Rolle die Wohnungswirtschaft – als Teil der Sozialpolitik – in der Europäischen Integration spielte bzw. spielt.

I. Die Aktivitäten der Montan-Union und der EWG

Die Montan-Union (EGKS = Europäische Gemeinschaft für Kohle und Stahl) hat sich nicht nur theoretisch mit der Wohnungsfrage beschäftigt[2], sondern auch aktiv betätigt: Sie hat von 1954/55 bis 1959/60 mit rund 454 Mill. DM insgesamt 58.064 WE (Wohnungen) mitfinanziert.[3] Von den zum 1. Januar

1 Gemäß Art. 232 des Maastrichter Vertrages (jetzt Art. 305 des Amsterdamer Vertrages) wurden nicht der Montan-Unions-Vertrag und auch nicht der EURATOM-Vertrag geändert. Dem Amsterdamer Vertrag ist keine konsolidierte Fassung beigefügt, die gemäß der 42. Erklärung der Regierungskonferenz geschaffen werden soll. In der Schlussakte von Amsterdam ist eine Umnummerierung der Artikel erfolgt, d.h., es werden im Folgenden die »neuen« Artikel des Amsterdamer Vertrages und die des »alten« Maastrichter (ex-Artikel) genannt.

2 *EGKS (1957)*; *EGKS (1962)*; *EGKS (1959)*, S. 2.

3 *EGKS (1959)*, S. 28.

1959 insgesamt geförderten 37.997 WE entfielen auf die Bundesrepublik Deutschland (ohne Saarland) 24.320 WE.[4]
Auch die EWG (Europäische Wirtschaftsgemeinschaft) hat sich intensiv mit der Wohnungsfrage befasst, ohne allerdings finanzielle Hilfen zu gewähren[5]: Die Kommission der EWG – Generaldirektion Soziale Angelegenheiten, Direktion Soziale Sicherheit und Sozialdienste – hat 1959 in Brüssel eine Tagung über die Wohnungspolitik in den Mitgliedsländern durchgeführt und hierüber ausführlich berichtet.[6] Ein weiteres Kolloquium über die Politik des sozialen Wohnungsbaus folgte 1963.[7]
Diese wohnungspolitischen Aktivitäten erfolgten, obgleich bei den Vertragsverhandlungen über die Gründung der EWG die Forderung nach einer sozialen Harmonisierung – von der französischen Seite als eine wichtige Voraussetzung für die Schaffung des Gemeinsamen Marktes angesehen – scheiterten.[8]

II. Die Abstinenz des Maastrichter und Amsterdamer Vertrages

Der Amsterdamer Vertrag weist bereits in Art. 2 (ex-Art. B) darauf hin, dass sich die EU unter anderem zum Ziel gesetzt hat, »eine harmonische, ausgewogene und nachhaltige Entwicklung des Wirtschaftslebens, ein hohes Beschäftigungsniveau und ein hohes Maß an sozialem Schutz« zu fördern. In Titel XI (ex-Titel VIII) sind die Sozialvorschriften (Art. 136-145, ex-Art. 117-122) und in Art. 146-148 (ex-Art. 123-125) die über den Europäischen Sozialfonds enthalten; beratende Aufgaben hat der Wirtschafts- und Sozialausschuss (WSA) gemäß Art. 257-262 (ex-Art. 193-198). Weder in den Sozialvorschriften noch in denen über den Sozialfonds (Art. 146-148, ex-Art. 123-125) wird die Wohnungswirtschaft genannt, obgleich man aus diesen Vorschriften Aufgaben und Kompetenzen für die Wohnungswirtschaft herauslesen könnte; denn gemäß Art. 136 Abs. 1 (ex-Art. 117) verfolgt die Gemeinschaft u.a. die Ziele: ». . . Verbesserung der Lebens- und Arbeitsbedingungen, um dadurch auf dem Wege des Fortschritts ihre Angleichung zu ermöglichen, einen angemessenen sozialen Schutz, . . .«.

4 Ebenda.
5 *EUROSTAT (1961).*
6 *EWG (1960).*
7 *EWG (1963 u. 1964).*
8 Siehe hierzu *Wohlfarth u.a. (1960),* S. 362-386 (Art. 117-128 EWG-Vertrag).

Dieser allgemeinen sozialpolitischen Zielsetzung entspricht keine allgemeine Kompetenz zur Gestaltung einer gemeinschaftlichen Sozialpolitik, d.h. diese liegt weiterhin bei den Mitgliedstaaten; der Gemeinschaft sind im Wesentlichen nur Koordinierungskompetenzen zugewiesen. Daher stehen ihr auch keine verbindlichen Rechtsakte – auch nicht als Richtlinienkompetenz – zu. Gemäß Art. 136 Abs. 2 und 3 (ex-Art. 117 Abs. 2) wird davon ausgegangen, dass die Gemeinschaft und die Mitgliedstaaten Maßnahmen durchführen, die den einzelstaatlichen Gepflogenheiten entsprechen und der Wettbewerbsfähigkeit der Wirtschaft Rechnung tragen. Daraus soll sich eine Abstimmung der Sozialordnungen sowie eine Angleichung der Rechts- und Verwaltungsvorschriften ergeben, aus der sich eine sozialpolitische Entwicklung – wozu auch der soziale Wohnungsbau zu rechnen ist – entwickeln würde.
Das Bundesministerium für Verkehr, Bau- und Wohnungswesen hat bestätigt, dass die EU keine spezifischen wohnungspolitischen Kompetenzen hat. Nicht zuletzt Deutschland hat sich in den vergangenen Jahren immer wieder gegen das »Abdriften« wohnungspolitischer Kompetenz auf Organe der EU ausgesprochen. Ein Erfahrungsaustausch und eine gewisse Koordinierung erfolgen durch die informellen Treffen der EU-Wohnungsbauminister, die bisher zehnmal zusammengekommen sind. Anlässlich des Amsterdamer Treffens 1991 hat die (griechische) Kommissarin Vasso Papandreou die nationale Zuständigkeit sowie das Fehlen einer direkten EU-Zuständigkeit bestätigt.
Trotz dieser wohnungspolitischen und wohnungswirtschaftlichen Abstinenz des Maastrichter und des Amsterdamer Vertrages stehen EU-Fonds zur Verfügung, aus denen auch die Wohnungswirtschaft Fördermittel erhalten kann.[9] Zwar kann und darf die EU nicht – wie früher die Montan-Union – den Wohnungsbau direkt, wohl aber indirekt fördern: Der Regionalfonds soll die wirtschaftlichen und sozialen Disparitäten und der Sozialfonds soziale Härten mildern; der Strukturfonds 2000-2006 legte ein Programm der nachhaltigen Stadtentwicklung vor usw. Entscheidend ist, dass »reine« Wohnungsprojekte nicht förderungsfähig sind, vielmehr müssen die Förderanträge mit anderen – baulichen oder sozialen – Zielen verknüpft sein; z.B. Langzeitarbeitslose werden im Rahmen einer Beschäftigungsgesellschaft mit der Instandhaltung und Modernisierung von Wohngebäuden beauftragt. Es muss sich um regional- oder sozialpolitische Maßnahmen mit einem wohnungswirtschaftlichen Effekt handeln.

9 *GdW (1999).*

III. Aktivitäten der Non-Governmental Organizations

Nicht nur die nationalen Wohnungsbauminister, sondern auch die im (sozialen) Wohnungsbau tätigen Non-Governmental Organizations (NGO's) sind durch ihre Verbindungsbüros in Brüssel aktiv:
Das Comité Europénne de Coordination de l'Habitat Social (CECODHAS; Europäischer Verbindungsausschuss zur Koordinierung der sozialen Wohnungswirtschaft) vertritt die sozialorientierten Wohnungswirtschaften aus 23 europäischen Staaten gegenüber dem Ministerrat und dem Europäischen Parlament. Auch CECODHAS ist es bisher nicht gelungen, die Wohnungswirtschaft und die Wohnungswirtschaftspolitik zu einem eigenständigen Politikbereich der EU zu machen. Die Fédération Europénne d'Associations Nationales Travailants avec des Sans-Abri (FEANTSA) ist ein Dachverband nationaler Organisationen, der sich mit den Obdachlosen beschäftigt. Schließlich arbeitet der Bundesverband deutscher Wohnungsunternehmen (GdW) über CECODHAS im Projekt IGLOO (Integration durch Wohnen, Arbeit und Ausbildung) in Brüssel zusammen.

IV. Das Subsidiaritätsprinzip in der Wohnungswirtschaft

Die Bemühungen um die Entwicklung einer aktiven Wohnungswirtschaftspolitik der EU sind unverkennbar. Da aber die EU-Kommission weder eine Kompetenz besitzt noch über die erforderlichen Mittel für eine Förderpolitik verfügt, sind diesen Aktivitäten Grenzen gesetzt. Diese Grenzen ergeben sich auch aus dem Subsidiaritätsprinzip (Art. 5, ex-Art. 3b, ferner 21. Protokoll über die Anwendung der Grundsätze der Subsidiarität und der Verhältnismäßigkeit), wonach die Gemeinschaft in den Bereichen, die nicht in ihre ausschließlichen Zuständigkeiten fallen, nur nach dem Subsidiaritätsprinzip tätig werden darf. Hinsichtlich der Wohnungswirtschaftspolitik und der Wohnungswirtschaft achten offensichtlich die nationalen Wohnungsbauminister darauf, dass deren Aufgaben nicht ganz oder teilweise durch Brüssel überlagert werden.
Sollte aber eines Tages die Wirtschafts- und Währungsunion durch eine Sozialunion ergänzt werden, dann könnte die Wohnungswirtschaftspolitik zu einem bedeutsamen Element dieser erweiterten Integrationsform werden.

EGKS (1957): Europäische Gemeinschaft für Kohle und Stahl, Erstes Versuchsbauprogramm, o.O., o.J. (Luxemburg 1957).

EGKS (1959): Europäische Gemeinschaft für Kohle und Stahl, Der Arbeiterwohungsbau in der EGKS, 2960/59 d, o.O., o.J. (Luxemburg 1959).

EGKS (1962): Europäische Gemeinschaft für Kohle und Stahl, Zweites Versuchsbauprogramm, o.O., o.J. (Luxemburg 1962).

EUROSTAT (1961): Statistisches Amt der Europäischen Gemeinschaften, Die Wohnverhältnisse der Arbeiter der EGKS, Sozialstatistik, Nr. 2, o.O., o.J. (Luxemburg 1961).

EWG (1960): Europäische Wirtschaftsgemeinschaft – Kommission, Bericht über die Tagung »Überblick über die Wohnungspolitik in den Ländern der Gemeinschaft« am 12. und 13. November 1959 in Brüssel, V/1383/60-D, o.O., o.J. (Brüssel 1960).

EWG (1963 u. 1964): Europäische Wirtschaftsgemeinschaft – Kommission, Kolloquium vom 16. bis 19. Dezember 1963 in Brüssel über die Politik des sozialen Wohnungsbaus – Wohnungsbedarf. Thema 1: Wohnungsbedarf – Schätzmethoden, Gesamtbericht, V/10361/63-D; Thema 2: Nachfrage und Zahlungsfähigkeit – Analyse der Faktoren, V/12075/63-D, sowie Einzelberichte über die Nachfrage und Zahlungsfähigkeit für die sechs Mitgliedsländer; Thema 3: Richtlinien für die Zuteilung von sozialen Mietwohnungen, V/10943/63-D; Schlußfolgerungen der Arbeitsgruppen, V/3434/64-D, o.O., o.J. (Brüssel 1963 und 1964).

GdW (1990): GdW Gesamtverband gemeinnütziger Wohnungsunternehmen, Die deutsche Wohnungswirtschaft im Europäischen Binnenmarkt – Ein Gutachten (GdW Schriften 35), Köln.

GdW (1999): GdW Bundesverband deutscher Wohnungsunternehmen (Hrsg.), Förderprogramme der Europäischen Union – Eine Auswahl für die Wohnungswirtschaft, in: GdW Informationen 86, Oktober 1999, Berlin und Köln.

Hämmerlein (1991): Hans Hämmerlein, Der deutsche Wohnungsmarkt im Europäischen Binnenmarkt – Eine Pilotstudie über die potentiellen Auswirkungen des EG-Binnenmarktes auf den Wohnungsmarkt in der BRD (Schriftenreihe des Instituts für Städtebau, Wohnungswirtschaft und Bausparwesen, Bd. 48), Bonn.

Wohlfahrt u.a. (1960): Ernst Wohlfahrt, Ulrich Everling, Hans Joachim Glaessner und Rudolf Sprung, Die Europäische Wirtschaftsgemeinschaft – Kommentar zum Vertrag, Berlin u. Frankfurt/M.

Günther E. Braun

Krankenhäuser und Europa: Ein Weg in die Zukunft?

I. Einführung

Der Artikel 152 des EGV in der Fassung des Amsterdamer Vertrages (der in dieser Hinsicht dem alten Artikel 129 des Maastrichter Vertrages entspricht) gesteht den europäischen Nationalstaaten zu, ihr eigenes Gesundheitssystem im Sinne des Subsidiaritätsprinzips inhaltlich selbst auszugestalten. Danach bleibt »die Verantwortung der Mitgliedstaaten für die Organisation des Gesundheitswesens und die medizinische Versorgung in vollem Umfange gewahrt«. Eine Harmonisierung ist demnach nicht angestrebt. Daneben stehen Aussagen in den Europäischen Verträgen, die eine Rolle der Europäischen Gemeinschaft im Bereich der öffentlichen Gesundheit festlegen. Darüber hinaus gibt es in der Konsequenz der vertraglichen Bestimmungen weitere Regelungen und Beschlüsse der Europäischen Gemeinschaft und Urteile des Europäischen Gerichtshofs (EuGH), die Auswirkungen auf das nationale Gesundheitswesen der einzelnen Länder – und damit auch auf die Krankenhäuser als Leistungsbringer im Rahmen des Gesundheitswesens – besitzen.
Im weiteren werden einige der wichtigsten Rahmenbedingungen, die öffentliche Gesundheit in Europa betreffend, skizziert und anschließend Konsequenzen angedeutet (Abschnitt II.). Danach werden vor allem Chancen, aber auch Risiken, für Krankenhäuser angesprochen, so wie sie derzeit erkennbar sind (Abschnitt III.).

II. Grundlagen und Perspektiven

Im Vertrag von Maastricht aus dem Jahre 1992 wird darauf hingewiesen, dass die Gemeinschaft auf einen Beitrag zur Erreichung eines hohen Gesundheitsschutzniveaus im Rahmen des Subsidiaritätsprinzips abzielt. Dieses Ziel gilt für alle Bereiche der Gemeinschaftspolitik, die sich auf die Gesundheit auswirken. Die Förderung der Zusammenarbeit zwischen den Mitgliedstaaten ist

im Bereich des Gesundheitsschutzes auf die Verhütung von Krankheiten gerichtet. Die Maßnahmen sollen sich insbesondere auf die größten Gesundheitsgefahren, einschließlich der Drogenabhängigkeit, konzentrieren.[1]
Die unmittelbar nach dem Inkrafttreten des Maastrichter Vertrages vorgelegte Mitteilung der Europäischen Kommission hatte einen Aktionsrahmen im Bereich der öffentlichen Gesundheit zum Gegenstand. Zur Umsetzung dieses Aktionsrahmens wurden durch die Europäische Union acht Förderprogramme eingeleitet, die sich teilweise noch bis in das Jahr 2003 erstrecken können.[2] Dazu gehören: Gesundheitsförderung, -aufklärung, -erziehung und -ausbildung, Krebsbekämpfung, Prävention von AIDS und anderen übertragbaren Krankheiten, Suchtprävention, Gesundheitsberichterstattung, Verhütung von Verletzungen, seltene Krankheiten und durch Umweltverschmutzung bedingte Krankheiten. An daraus entstandenen konkreten EU Projekten waren auch Krankenhäuser beteiligt, z.B. in sog. Euregio-Modellprojekten in Nordrhein-Westfalen.[3]
Der bereits 1997 beschlossene und 1999 ratifizierte Vertrag von Amsterdam hat die Rechtsgrundlage für Gemeinschaftsmaßnahmen im Bereich der öffentlichen Gesundheit, insbesondere der Gesundheitsförderung und Prävention, ausgeweitet[4] und die Kommission bereits 1998 dazu veranlasst, drei zukünftige Aktionsschwerpunkte zu definieren: »Verbesserung der Information zur Entwicklung der öffentlichen Gesundheit, die rasche Reaktion auf Gesundheitsgefahren und die Berücksichtigung der für die Gesundheit bestimmenden Faktoren durch Gesundheitsförderung und Prävention.«[5] Diese Aktionsschwerpunkte stehen selbstverständlich auch unter dem Vorbehalt, keine Harmonisierung der Gesundheitssysteme zu verfolgen. Doch es wird sich zeigen, inwieweit die inhaltliche Ausfüllung gerade des ersten Schwerpunktes vollzogen wird. Wenn eine besondere Transparenz hinsichtlich der Gesundheitszustände der Menschen, aber auch der unterschiedlichen Gesundheitssysteme, entsteht, so kann dies möglicherweise mittelbaren Einfluss auf die Regelung der einzelnen Gesundheitssysteme haben und faktisch zu einer Annäherung beitragen.[6]

1 Vgl. hierzu vor allem die Art. 3 und 129 des Maastrichter Vertrages, in: *o.V. (1992)*, und http://europa.eu.int/en/record/mt/title2.html.
2 Vgl. zu neueren Entwicklungen hierzu *DKG (2000)*.
3 Vgl. *EU-Kommission (1998); DKG (1998b); Hofmann/Kochs (1998)*.
4 Vgl. *Läufer (1999); EU-Kommission (1998); Hanika (1998)*, S. 193 ff.; *Bieback (1999)*, S. 667.
5 *EU-Kommission (1998)*.
6 Zum Überblick über das Gesundheitswesen in der Europäischen Gemeinschaft vgl. *Jakubowski/Busse (1998)*.

Faktische Einflüsse auf eine indirekte Harmonisierung der Gesundheitssysteme ergeben sich unabhängig von rechtlichen Regelungen auch durch den Euro und Globalisierungstendenzen. Durch den Euro werden die Gesundheitsmärkte weiter zusammenrücken, denn Preise und Leistungen sowie Löhne, Steuern und Sozialversicherungsabgaben werden vergleichbar. »Die Bürger werden dies langsam, aber progressiv lernen. Ich erwarte, dass hiervon ein zunehmender Druck der Basis auf mehr Konvergenz ausgeht und dass gleichzeitig für alle Arten von Anbietern der Wettbewerbsdruck steigt. Agens ist hier die Transparenz«.[7] Der globale Standortwettbewerb verlangt stabile oder gar sinkende Beitragssätze und hat insofern Relevanz für alle beitragsfinanzierten Sozialversicherungssysteme. Gleichzeitig erzeugt das globalisierte Informationsniveau, insbesondere unter dem Einfluss der modernen Medien, den Druck, das Niveau der Gesundheitsleistungen flächendeckend zu erhöhen.[8]

Das Europäische Parlament hat in seiner Entschließung vom 10. März 1999 ebenfalls eine Zustimmung zu den angedeuteten drei Aktionsschwerpunkten erkennen lassen und die Europäische Kommission aufgefordert, entsprechend tätig zu werden. Dieser Entschließung lag eine öffentliche Anhörung des Ausschusses für Umweltfragen, Volksgesundheit und Verbraucherschutz am 28. Oktober 1998 zugrunde.[9]

In den vergangenen Jahren waren vor allem die Leistungserbringer im Gesundheitssystem – und damit auch die Krankenhäuser – von EU-Richtlinien bzw. -Richtlinienentwürfen und deren Umsetzung in nationales Recht betroffen. Dazu gehören z.B. arbeitsrechtliche Bestimmungen, Arzneimittelrecht, berufliche Befähigungsnachweise, Lebensmittelhygiene, Medizinprodukte, Sicherheit und Gesundheitsschutz von Arbeitnehmern.[10] Wichtig ist, dass die EU-Regelungen deshalb greifen, weil hierbei grenzüberschreitende Transaktionen von Kapital, Waren, Dienstleistungen und Personen stattfinden (können). Diese aber unterliegen den sog. Grundfreiheiten, d.h. es bestehen europaweit die Freiheiten des Kapital-, Waren-, Dienstleistungs- und Personenverkehrs. Die Grundfreiheiten schützen nur die grenzüberschreitenden marktlichen Austauschprozesse der Leistungserbringer und Leistungsnachfrager[11]

7 *Münnich (1998)*, S. 85; vgl. auch zum Euro und den Auswirkungen auf das deutsche Sozialversicherungsgesetz *Terwey/Danner (1998)*.
8 Vgl. *Wille (1999b)*, S. 281 f., und *Wille (1999a)*, S. 84 f.
9 Vgl. hierzu *Mountford (1998)* sowie *Needle (1998)*.
10 Vgl. *DKG (1998c)*.
11 Die Freiheit der Nachfrager, eine Grenze zu überschreiten und dort Dienstleistungen in Anspruch zunehmen, wird vom EuGH als passive Dienstleistungsfreiheit verstanden, vgl. *Bieback (1999)*, S. 678.

im Gesundheitssystem. »Rein interne Vorgänge eines Mitgliedstaates werden nur erfasst, um diesen Schutz zu effektivieren.«[12]

Der EuGH fällte am 28. April 1998 seine zwei Urteile in den Fällen *Kohll* und *Decker*, wonach Angehörige eines EU-Mitgliedstaates in einem anderen Mitgliedsland medizinische Erzeugnisse erwerben und zahnärztliche Leistungen gegen Kostenerstattung bei der heimatlichen Krankenkasse, d.h. der gesetzlichen Krankenversicherung, in Anspruch nehmen können, ohne dass es einer vorherigen Genehmigung durch diese bedarf.[13] Beide Urteile beziehen sich auf den ambulanten Sektor; im laufenden Jahr 2000 werden noch zwei weitere Urteile des EuGH erwartet, die sich auf stationäre Leistungen erstrekken.

In diesem Zusammenhang wurde durch den EuGH im Jahre 1998 (noch einmal) bekräftigt, dass die Gültigkeit der Grundfreiheiten »grundsätzlich und uneingeschränkt« auch auf den Bereich der sozialen Sicherheit bezogen ist.[14]

In der weitgehenden Formulierung von Pitschas ». . . unterliegen *sämtliche* Sach- und Dienstleistungen der Krankenversicherung, so lautet die unmißverständliche Botschaft des EuGH, der Warenverkehrs- und Dienstleistungsfreiheit, wenn sie in einem anderen Mitgliedstaat nachgefragt werden.«[15]

Die Anwendung der Grundfreiheiten in nationalen Gesundheitssystemen wird auf *wirtschaftliche Markt- und Austauschprozesse* und dabei *auf grenzüberschreitende Transaktionen* bezogen. Durch diese Einschränkung erstreckt sich das europäische Marktrecht (Wettbewerbsrecht) ausschließlich auf ein Teilsegment der öffentlichen Gesundheitssysteme, »es geht nur um grenzüberschreitende Nachfrage«[16], und verliert dadurch eine ihm möglicherweise zugedachte Kraft, das gesamte öffentliche Gesundheitssystem zu verändern. Eine »interne Marktöffnung« des Gesundheitssystems scheint keine logische Folgerung der Grundfreiheiten zu sein.[17] Auf der anderen Seite kann trotzdem ein Anpassungsdruck entstehen, mehr Markt in das System in Richtung eines »solidarischen Wettbewerbs« aufzunehmen.[18]

12 *Ebenda*, S. 681.

13 Vgl. *DKG (1998a)* zur Kostenerstattung von ambulanten Leistungen in einem anderen EU-Mitgliedsstaat und http://europa.eu.int/pol/health/index_de.htm.

14 *Bieback (1999)*, S. 678 f.; unterstützend hierzu *Wille (1999c)*, S. 288.

15 *Pitschas (1999)*, S. 810, aus der Perspektive der Krankenversicherungen zum grenzüberschreitendem Verkehr; vgl. auch *Bieback (1999)*, S. 684.

16 *Bieback (1999)*, S. 690.

17 Vgl. dazu unterstützend ebenda, S. 683.

18 Vgl. dazu unterstützend Pitschas, der auf folgendes hinweist: »Der eigentliche »Knalleffekt« der freiheitssichernden Systemmaßgaben des europäischen Wettbewerbs- und Gesundheitsrechts für die Strukturreform der GKV liegt allerdings in der inländischen Geltung als europäische Grundrechte«, *Pitschas (1999)*, S. 813. Und auch Danner spricht von einem »Wetterleuchten einer denkbaren neuen Wettbewerblichkeit zwischen Leistungsanbietern«, in dem ein »Sprengstoff« liegt (*Danner (1999)*).

Der Grundkonflikt, der prima facie zwischen (engem) nationalem Sozialrecht und (liberalem) gemeinschaftlichem Wettbewerbsrecht besteht, ist offensichtlich zugunsten der Berücksichtigung der Grundfreiheiten zu lösen, sofern grenzüberschreitende Prozesse vorliegen, so dass der Grundsatz »in dubio pro libertate« auch hier gilt. Eine territoriale Begrenzung der Leistungserbringer ist daher obsolet geworden.[19] Auftretende einzelne Konflikte zwischen diesen beiden gleichberechtigten Rechtsbereichen sind nach Bieback[20] bei der Entscheidung konkreter Fälle anzugehen und nicht auf einer allgemeinen Ebene. Diese Vorgehensweise wird vom ihm als Methode der »praktischen Konkordanz« bezeichnet. Sie erlaubt auch dem Management der einzelnen Leistungserbringer, hier den Krankenhäusern, mögliche betriebswirtschaftliche Strategien für grenzüberschreitende Transaktionen in kreativen Prozessen zu entwerfen und danach bzw. parallel nach rechtlicher und/oder politischer Unterstützung im Bereich der eigenen Verbände, der Krankenversicherung oder der allgemeinen Politik zu suchen. Auf diese Weise kann – sicherlich erst mittelfristig – ein neues Handlungsfeld der Krankenhäuser entstehen. Unabhängig davon sollten die Selbstverwaltungseinrichtungen und die Politik von ihrer Seite aus tätig werden, um ein konkretes Handeln der Krankenhäuser zu ermöglichen. *Ein Markt grenzüberschreitender Transaktionen der stationären (und ambulanten) Leistungen muss erst noch in der Praxis geschaffen werden*. Die Niederlande z.B. artikulieren aktiv den Wunsch nach grenzüberschreitenden Verträgen und stellen »in wachsendem Umfang auf die Wahlfreiheit des Patienten ab, die nicht blockiert werden dürfte. Der allgemeine Wunsch nach aktiver, subsidiärer Bewältigung des Problems, statt entrüsteten Schulterzuckens und verstimmten Abwartens neuer Urteile, charakterisiert eine pragmatische Linie.«[21]

III. Chancen und Risiken für Krankenhäuser in grenzüberschreitenden Transaktionen

Im folgenden geht es um den Aspekt des sog. Patientenimports. Davon kann das Thema des Kapitalexports, d.h. von Investitionen in die stationäre Akut- und möglicherweise Rehabilitationsversorgung im europäischen Ausland,

19 Vgl. auch pointiert zur Liberalisierung der Leistungserbringung *Verhees (1999)*, S. 84 f.
20 *Bieback (1999)*, S. 688 ff.
21 *Danner (1999)*, S. 38.

abgegrenzt werden. Nach Watzlawczik bestehen hierfür besonders für freigemeinnützige Krankenhäuser Chancen, die ein Betätigungsfeld in den »übergangswirtschaftlichen« Ländern Ost- und Südosteuropas suchen.[22]
Deutsche Krankenhäuser als Akut- bzw. Allgemeinkrankenhäuser können im grenzüberschreitenden Verkehr grundsätzlich in allen vier Bereichen einer Marketingpolitik – die auch für Krankenhäuser greifen kann – komparative Vorteile suchen. Krankenhäuser sind dann für ausländische Patienten und deren Krankenkassen attraktiv, wenn bei Preisen, Qualität der Leistungen, Service des Krankenhauses, der zeitlichen Verfügbarkeit der Leistungen (keine Wartelisten), der räumlichen Verfügbarkeit für grenznahe Einwohner sowie der Aufklärung und Information des Patienten eine spezifische Stärke des jeweiligen Hauses liegt.[23]
Ein besonderer Wettbewerbsdruck im Krankenhausmarkt und damit möglicherweise ein Risiko, auf jeden Fall aber ein Stimulans, geht von der Tatsache aus, wonach der grenzüberschreitende Verkehr selbstverständlich in beiden Richtungen fahren wird: Ausländische Krankenhäuser können sich in gleicher Weise um deutsche Patienten bemühen.
Im Rahmen eines krankenhausindividuellen Marketings sind mögliche Vorteile einer inländischen Krankenhausbehandlung dem ausländischen Patienten zu kommunizieren, so dass dieser im Rahmen seiner ökonomischen Überlegungen Nutzen und Kosten einer Behandlung in Deutschland vergleichen kann. Preisvergleiche z.B. werden durch die gemeinsame Währung in Zukunft bedeutsamer werden als derzeit. Zu den Kosten zählen die Transaktionskosten, die vor oder nach einer Behandlung anfallen. Dazu gehören z.B. Informationskosten, aber auch Fahrtkosten und Reisezeit. Ebenso bilden Sprachbarrieren eine Hürde für die Inanspruchnahme ausländischer Leistungen. Welcher französische Patient legt sich schon bei einem deutschen Psychotherapeuten auf die Couch, wenn er eine Fachklinik für psychosomatische Behandlungen aufsucht?[24]
Von der Angebotsseite her gesehen könnten nicht ausgelastete Bettenkapazitäten grundsätzlich für ausländische Patienten zur Verfügung stehen. Danach sind »rein rechnerisch 17 bis 20 % der Bettenkapazitäten für eine Auslastung durch Patientenimporte nutzbar«.[25] Möglicherweise kann durch das Marktsegment der ausländischen Patienten der politisch und ökonomisch induzierte Druck von den Krankenhäusern, wenigstens partiell, genommen werden, weitere Bettenkapazitäten abzubauen. Eine Vergleichszahl aus dem Jahre 1993

22 *Watzlawczik (1998)*, S. 63 ff.
23 Vgl. hierzu auch *Wasem (1999)*, S. 795 ff.; *Wille (1996a); Wille (1996b).*
24 Vgl. für das Beispiel *Schnack (1999).*
25 *Watzlawczik (1998)*, S. 69.

zeigt, dass nur 0,15 % aller in deutschen Akutkrankenhäusern behandelten Patienten aus dem Ausland kamen.

Es ist derzeit noch nicht abzuschätzen, ob es eine ausgeprägte grenzüberschreitende Nachfrage nach Krankenhausleistungen, abgesehen möglicherweise von grenznahen Gebieten, überhaupt geben wird. Skeptisch äußert sich z.B. Bieback[26], dagegen geht Wille davon aus, dass »die deutschen Krankenhäuser im nennenswerten Umfang ausländische Patienten attrahieren« können[27]. Zur Abklärung des Marktpotentials und -volumens sowie des Marktanteils einzelner Krankenhäuser ist eine empirische Marketingforschung im Rahmen des Krankenhausmarketings notwendig. Derzeit können allerdings plausible Argumentationen angeführt werden. Danach wird es sich bei den nachgefragten Leistungen tendenziell um größere elektive Eingriffe (z.B. der Herzchirurgie) oder planbare konservative Leistungen (z.B. in einem disease management bei chronischen Erkrankungen) handeln, die hochpreisig sind. Da Dienstleistungen des Krankenhauses als sog. Vertrauensgüter tendenziell fest in einem lokalen bzw. regionalen Markt verankert sind, müssen im Entscheidungskalkül der ausländischen Patienten starke Argumente für die Wahl eines ausländischen Krankenhauses vorhanden sein. Die enge Bindung an das nächste Krankenhaus zeigt sich auch in einem Hinweis eines Vertreters des dänischen Gesundheitsministeriums auf einer Tagung der Technikerkrankenkasse, wonach sich »in Dänemark 95 % der Patienten auf die Warteliste ihres kreiseigenen Krankenhauses setzen (lassen), obwohl sie das Recht hätten, eine andere Klinik aufzusuchen«.[28]

In der Gewinnung ausländischer Patienten liegt ein neues Betätigungsfeld eines Krankenhausmarketings, das im übrigen auch in seiner innerdeutschen Ausrichtung immer noch als im Aufbau begriffen bezeichnet werden muß.[29] Zur Unterstützung der krankenhausindividuellen Bemühungen wurde im Mai 1998 ein gemeinnütziger Förderverein gegründet, zu dessen Gründungsmitgliedern die Deutsche Krankenhausgesellschaft (DKG) und der Bundesverband der Deutschen Privatkrankenanstalten (BDPK) gehören. Dieses »Kuratorium zur Förderung Deutscher Medizin im Ausland e.V.« möchte die »qualitativ hochwertigen und preiswerten deutschen Medizinleistungen« der deutschen Akut-Krankenhäuser und Rehabilitationskliniken im Ausland

26 *Bieback (1999)*, S. 690 f.
27 *Wille (1996b)*, S. 286; vgl. zu Chancen für deutsche Krankenhäuser auch *Koring (1999)*, S. 78.
28 *Schnack (1999)*.
29 Vgl *Braun (1999)*, S. 6 ff., und die in diesem Handbuch enthaltenen Beiträge zum Krankenhausmarketing: *Lohmann/Seidel-Kwem (1999)*; *Merschbächer (1999)*; *Richter (1999)*; *Bohle (1999)*; *Döring (1999)*; *Haibach (1999)*.

bekannt machen.[30] Offensichtlich sollen stärker die ausländischen Selbstzahler angesprochen werden.[31]
Auch der erste deutsche Krankenhausführer im Internet, der von der Bayerischen Landeskrankenhausgesellschaft initiiert und verantwortet wird, informiert zusätzlich in englischer Sprache ausländische Interessenten.[32]
Die DKG als Vertreterin der Krankenhausträger plädiert in ihrem Positionspapier vom 18. März 1999 für die Weiterentwicklung des Gesundheitswesens sowie für eine aktive Vorgehensweise im Bereich grenzüberschreitender Leistungen, und sie unterstützt eine Entwicklung deutscher Krankenhäuser zu internationalen Leistungsanbietern.[33] Ihrer Verbandsaufgabe gemäß weist sie auf gesetzlich notwendige Änderungen hin, um dadurch mit Hilfe des nationalen Gesetzgebers das neue Handlungsfeld zu eröffnen. Doch unabhängig davon können die erwähnten Aufgabenbereiche des Krankenhausmarketings natürlich auch schon heute bearbeitet werden. Immerhin sind seit der 5. Änderungsverordnung zur Bundespflegesatzverordnung (BPflV) vom 1. Januar 1998 die Krankenhäuser nicht mehr gezwungen, erzielte Erlöse aus der Behandlung von ausländischen Patienten (die eigens zur Krankenhausbehandlung nach Deutschland eingereist sind) mit dem Budget zu verrechnen. Erlöse der ausländischen Patienten können also außerhalb des Budgets erzielt werden.
Darüber hinaus sind für die Behandlung ausländischer Patienten neue Grundsätze einer leistungsgerechten Vergütung zu finden. Denn die Vergütungssätze auf der Basis des geltenden Rechts der Krankenhausfinanzierung führen zu einer möglicherweise unerwünschten Subventionierung ausländischer Patienten, da diese nur mit den laufenden Betriebskosten, nicht aber mit den Investitionskostenanteilen, belastet werden.[34] Die DKG fordert deshalb eine »völlige Abkoppelung der Vergütungen für diese Patientengruppe vom Abrechnungssystem der GKV mit einer entsprechenden Änderung des Krankenhausfinanzierungsgesetzes«.[35]
In den nächsten Jahren werden einzelwirtschaftliche Aktivitäten der Krankenhäuser, verbandliche Bemühungen der Selbstverwaltungsorgane, sicherlich weitere Urteile des EuGH und möglicherweise politische Systementscheidungen stehen, die allesamt die europäische Dimension der Krankenhauswirt-

30 *DKG (1999)*, S. 72.
31 Vgl. zum Kuratorium http://www.bibliomed.de/BIBLIOMED/FUW/THEMEN/KURATOR/HTM, abgerufen am 07.02.2000.
32 Vgl. http://www.bkg-online.de, abgerufen am 11.02.2000.
33 Vgl. *DKG (1999)*, S. 71.
34 Vgl. *Wasem (1999)*, S. 801.
35 *DKG (1999)*, S. 71.

schaft und darüber hinaus der Gesetzlichen Krankenversicherung erkennen lassen.

Literaturverzeichnis

Bieback (1999): Karl-Jürgen Bieback, Rechtliche und politische Dimensionen der EU-Gesundheitspolitik und des Zugangs der Bürger zu Gesundheitsleistungen, in: Zeitschrift für Sozialreform, 45. Jg., H. 8/1999, S. 663-692.

Bohle (1999): Thomas Bohle, Zulässige Werbung für Krankenhäuser, in: *Braun (1999a)*, S. 439-454.

Braun (1999a): Günther E. Braun (Hrsg.), Handbuch Krankenhausmanagement: Bausteine für eine moderne Krankenhausführung, Stuttgart.

Braun (1999b): Günther E. Braun, Konzept des integrierten Krankenhausmanagement: Grundlagen und Aufbau des Handbuches, in: *Braun (1999a)*, S. 3-18.

Danner (1999): Günter Danner, Die europäischen Herausforderungen für das deutsche Gesundheitswesen – ein Spannungsfeld zwischen nationalrechtlicher Struktur, Vergemeinschaftsdruck, Marktgeschehen und politischer Handlungsnotwendigkeit, in: *Wille/Albring (1999)*, S. 23 ff.

DKG (1998a): Deutsche Krankenhausgesellschaft (Hrsg.), Rundschreiben Nr. 81/98: Urteile des Europäischen Gerichtshofes (EuGH) v. 28.04.1998, Az.: C 120/95 u. C 158/96, zur Kostensenkung von ambulanten Leistungen in einem anderen EU-Mitgliedstaat, Düsseldorf.

DKG (1998b): Deutsche Krankenhausgesellschaft (Hrsg.), Geschäftsbericht 1998, Düsseldorf.

DKG (1998c): Deutsche Krankenhausgesellschaft (Hrsg.), Anlage 2 zum Rundschreiben 233/98, Anmerkungen der Deutschen Krankenhausgesellschaft zur Mitteilung der EU-Kommission v. 15.04.1998 über die Entwicklungen der Gemeinschaftspolitik im Bereich der öffentlichen Gesundheit, Düsseldorf u. Berlin.

DKG (1999): Deutsche Krankenhausgesellschaft (Hrsg.), Positionen der Deutschen Krankenhausgesellschaft zur Weiterentwicklung im Gesundheitswesen, überarb. Fassung v. 18.03.1999, Düsseldorf.

DKG (2000): Deutsche Krankenhausgesellschaft (Hrsg.), Rundschreiben Nr. 34/00, Düsseldorf u. Berlin.

Döring (1999): Joachim Döring, Zeitgemäße Presse- und Öffentlichkeitsarbeit eines Krankenhauses, in: *Braun (1999a)*, S. 455-478.

EU-Kommission (1998): Kommission der Europäischen Gemeinschaften, Mitteilung der Kommission über die Entwicklung der Gemeinschaftspolitik im Bereich der öffentlichen Gesundheit v. 15.04.1998, Brüssel.

Haibach (1999): Marita Haibach, Spendenmarketing – Fundraising des Krankenhauses, in: *Braun (1999)*, S. 479-501.

Hanika (1998): Heinrich Hanika, Europäische Gesundheitspolitik. Stärkung der Kompetenzen der Europäischen Union im Gesundheitswesen durch die Neufassung des Artikels 152 EG-Vertrag, in: Medizinrecht, 16. Jg., H. 5/1998, S. 193-196.

Hofmann/Kochs (1998): Barbara Hofmann u. Urban Kochs, Freier Zugang zu Gesundheitsleistungen in Grenzgebieten, in: Die Betriebskrankenkasse, 86.Jg. H. 6/1998, S. 306 ff.

Jakubowski/Busse (1998): Elke Jakubowski und Reinhard Busse, Das Gesundheitswesen in der EU: Eine vergleichende Studie, hrsg. vom Europäischen Parlament, Luxemburg.

Koring (1999): Hans-Dieter Koring, Stationäre Leistungen, Kuren und Rehabilitationen, in: *Wille/Albring (1999)*, S. 75-79.

Läufer (1999): Thomas Läufer (Hrsg.), Vertrag von Amsterdam, 3. Aufl., Bonn.

Lohmann/Seidel-Kwem (1999): Heinz Lohmann u. Brunhilde Seidel-Kwem, Das Konzept des strategischen Marketing und der strategischen Planung, in: *Braun (1999)*, S. 367-385.

Merschbächer (1999): Günter Merschbächer, Instrumente der strategischen Planung, in: *Braun (1999)*, S. 387-417.

Mountford (1998): Lyndsay Mountford, European Union Health Policy on the Eve of the Millenium, Luxemburg.

Münnich (1998): Frank E. Münnich, Wettbewerbsdruck durch Konvergenz der Gesundheitssysteme in der EU?, in: Recht und Politik im Gesundheitswesen, 4. Jg., H. 3/1998, S. 81-85.

Needle (1998): Clive Needle, Bericht über die Mitteilung der Kommission an den Rat, das Europäische Parlament, den Wirtschafts- und Sozialausschuß und den Ausschuß der Regionen über die Entwicklung der Gemeinschaftspolitik im Bereich der öffentlichen Gesundheit, Straßburg.

o.V. (1992): Der Vertrag von Maastricht (I), in: Der Spiegel, Hamburg, Juli 1992.

Pitschas (1999): Rainer Pitschas, Europäische Union und gesetzliche Krankenversicherung – Perspektiven aus rechtlicher Sicht, in: Zeitschrift für Sozialreform, 45. Jg., H. 9/1999, S. 804-820.

Richter (1999): Anne-Dore Richter, Kundenorientierung im Krankenhaus, in: *Braun (1999)*, S. 421-438.

Schnack (1999): Dirk Schnack, Grenzübergreifende Qualitätsprojekte liegen voll im Trend, in: Ärzte Zeitung, Nr. 57 v. 26./27.03.1999, S. 9.

Terwey/Danner (1998): Franz Terwey u. Günter Danner, Euro: Auswirkungen auf das deutsche Sozialsystem, in: Die BKK, 86. Jg., H. 4/1998, S. 202-208.

Verhees (1999): Hans Günter Verhees, Stationäre Leistungen, Kuren und Rehabilitationen, in: *Wille/Albring (1999)*, S. 80-86.

Wasem (1999): Jürgen Wasem, Europäische Union und gesetzliche Krankenversicherung – Entwicklungsperspektiven aus ökonomischer Sicht, in: Zeitschrift für Sozialreform, 45. Jg., H. 9/1999, S. 795-803.

Watzlawczik (1998): Gerd-Uwe Watzlawczik, Deutsche Krankenhäuser auf dem Weg vom Kostenfaktor zum Exportschlager?, in: Europa-Kontakt e.V. (Hrsg.), EU-Informationsbrief Gesundheit 3/98, S. 63-72.

Wille (1999a): Eberhard Wille, Mögliche Auswirkungen der Europäischen Währungsunion auf die Sozial-, insbesondere auf die gesetzliche Krankenversicherung, in: Verband der privaten Krankenversicherung e.V. (Hrsg.), Perspektiven der PKV in Europa, PKV-Dokumentation 23, Köln, S. 79-100.

Wille (1999b): Eberhard Wille, Effekte von EURO und Globalisierung auf die Sozial-, insbesondere die gesetzliche Krankenversicherung, in: Dietmar Bräunig und Dorothea Greiling (Hrsg.), Stand und Perspektiven der Öffentlichen Betriebswirtschaftslehre: Festschrift für Peter Eichhorn zur Vollendung des 60. Lebensjahres, Berlin, S. 281 ff.

Wille (1999c): Eberhard Wille, Resümee: Die Suche nach einem effizienten und adäquat finanzierten Gesundheitswesen in einem zusammenwachsenden Europa, in: *Wille/Albring (1999)*, S. 283-302.

Wille/Albring (1999): Eberhard Wille u. Manfred Albring (Hrsg.), Allokation im Marktwirtschaftlichen System, Bd. 42: Szenarien im Gesundheitswesen, Frankfurt/M.

*Viktor Wilpert Piel**

Freie Wohlfahrtspflege: Wettbewerbspolitische Impulse des Europäischen Binnenmarktes

Ganz im Sinne eines »schlanken Staates« beteiligen sich in Deutschland traditionell die nicht-staatlichen Einrichtungen der Freien Wohlfahrtspflege an der Bereitstellung von Leistungen der staatlichen Daseinsvorsorge und entlasten insoweit die öffentlichen Hände. Von denen werden sie dafür mit institutionellen Vorrechten ausgestattet und in mehrfacher Weise finanziell gefördert. Ob dieses für die Freie Wohlfahrtspflege kennzeichnende Beziehungsgeflecht zum Staat vor den Augen der europäischen Wettbewerbshüter auf Dauer bestehen kann, scheint indes fraglich. So wurde jüngst seitens der Ministerpräsidenten-Konferenz beklagt, dass die beihilferechtliche Überprüfung durch die EU-Kommission, welche gegenwärtig vor allem die Landesbanken und Sparkassen belaste, gleichsam im »Domino-Effekt« auch auf den öffentlich-rechtlichen Rundfunk, auf die kommunalen Energieversorgungsunternehmen und auf die öffentlich bezuschußte Wohlfahrtspflege ausgedehnt werden könnte, womit Kernelemente der öffentlichen Daseinsvorsorge in Frage gestellt würden.[1] Gleichzeitig klagen die Wohlfahrtsverbände über Mittelkürzungen seitens der öffentlichen Haushalte – wie beim Bewilligungsstopp im Bereich der ambulanten Erziehungshilfen durch die Stadt Hamburg. Durch die rein fiskalisch begründete Maßnahme sehen die Verbandsvertreter einen »Rechtsanspruch ausgehebelt«.[2]

* Der Verfasser dankt seinem akademischen Lehrer, Herrn Prof. Dr. Dietrich Dickertmann, für außerordentlich hilfreiche Anregungen und weiterführende Anmerkungen bei der Anfertigung des Manuskriptes.

1 So der Vorsitzende der Ministerpräsidenten-Konferenz, Henning Scherf (SPD), vgl. Meldung »Integration nicht zu Lasten der Länder«, in: Frankfurter Allgemeine Zeitung v. 03.02.2000, S. 3.

2 Meldung »Streit um Jugendhilfe – Verweigert die Stadt Hilfen für Familien in Not? Behörden stoppten Bewilligung »ambulanter Hilfen« – Verbände: »Das ist rechtswidrig«, in: Hamburger Abendblatt v. 21.02.2000, Lokalteil.

I. Die Stellung der Freien Wohlfahrtspflege in Deutschland

Unter Bezugnahme auf das grundgesetzlich verankerte »Sozialstaatsgebot« liegt die Gewährleistungspflicht für wohlfahrtspflegerische Leistungen in Deutschland bei öffentlichen Trägern.[3] An der Bereitstellung und Finanzierung der Leistungen sind neben staatlichen Stellen jedoch auch erwerbswirtschaftliche Unternehmen und insbesondere die Einrichtungen der Freien Wohlfahrtspflege beteiligt.[4] Letztere gehören weder zur Staatswirtschaft noch sind sie kommerziell-erwerbswirtschaftlich tätig; sie werden daher dem »Dritten Sektor« zugerechnet.[5] In Abgrenzung zu anderen Institutionen des Dritten Sektors – namentlich den Genossenschaften und den Versicherungsvereinen auf Gegenseitigkeit – definiert die Abgabenordnung die Freie Wohlfahrtspflege als »die planmäßige, zum Wohle der Allgemeinheit und nicht des Erwerbes wegen ausgeübte Sorge für notleidende oder gefährdete Mitmenschen. Die Sorge kann sich auf das gesundheitliche, sittliche, erzieherische oder wirtschaftliche Wohl erstrecken und Vorbeugung oder Abhilfe bezwecken.«[6] Ihre Leistungen erbringen zugehörige Einrichtungen als sogenannte Selbsthilfegruppen[7], als sozialstaatliche Auftragnehmer und auch als marktlich operierende[8], wirtschaftliche Einrichtungen mit mildtätiger Ausrichtung (Zweckbetriebe)[9]. Da diese Einrichtungen trotz fehlender Gewinnerzielungsabsicht und Rückgriff auf ehrenamtliche Kräfte eine betriebswirtschaftliche Führung durchaus erfordern, werden sie auch als »gemeinwirtschaftlich« bezeichnet. Die primäre Ausrichtung auf das Sach- bzw. Dienstleistungsziel betont demgegenüber die »bedarfswirtschaftliche« Kennzeichnung.[10] »Ge-

3 So *Schaad (1995)*, S. 72 f., unter Bezugnahme auf Art. 20 Grundgesetz (GG).

4 So bestimmt § 28 Abs. 2 Sozialgesetzbuch – Erstes Buch (SGB I), z. g. d. Art. 2 des Rentenreformgesetzes 1999 vom 16.12.1997 (BGBl. I, S. 2998), für die Durchführung der Sozialhilfe: »Zuständig sind die Kreise und kreisfreien Städte, die überörtlichen Träger der Sozialhilfe und für besondere Aufgaben die Gesundheitsämter; sie arbeiten mit den Trägern der freien Wohlfahrtspflege zusammen.«

5 Zur systematischen Abgrenzung der Wohlfahrtspflege siehe *Goll (1991)*, S. 77 ff., sowie *Flierl (1992)*.

6 § 66 Abs. 2 Abgabenordnung (AO) v. 16.03.1976 i. d. F. vom 14. 09. 1994 (BGBl. I, S. 2325).

7 Der Begriff der Selbsthilfegruppen innerhalb der Freien Wohlfahrtspflege rührt von der Aufnahme ursprünglich als Gegenbewegung zur verbandlichen Wohlfahrtspflege gegründeter Vereine her, die sich dann der organisierten »Fremdhilfe« zugewandt haben, vgl. *Goll (1991)*, S. 78 f., sowie *Schaad (1995)*, S. 84 ff.

8 Vgl. *Klug (1995)*, S. 43.

9 § 66 Abs. 1 AO mit Verweis auf § 53 AO (Mildtätige Zwecke).

10 Vgl. *Eichhorn (1996c)*, S. 213; zum Gemeinwirtschaftsbegriff siehe ergänzend *Münkner (1995)*, S. 15 ff.

winnstreben wird dabei keineswegs ausgeschlossen, ist aber nicht Hauptziel der Betätigung.«[11]

Im Zusammenwirken staatlicher und freier Wohlfahrtseinrichtungen sollen sich beide zum »Wohl der Leistungsempfänger wirksam ergänzen«.[12] Diesbezüglich bestimmt das Bundessozialhilfegesetz einen bedingten Vorrang der freigemeinnützigen Träger vor den öffentlichen Trägern[13], den sie sich allerdings seit Einführung der Pflegeversicherung dort mit den privatgewerblichen Trägern teilen müssen[14]. Die Selbstbestimmung der freien Träger hinsichtlich ihrer Zielsetzung und Aufgabendurchführung ist staatlicherseits zu achten.[15] Insoweit kommt darin derjenige Aspekt des Subsidiaritätsgedankens zum Ausdruck, welcher die Eigenverantwortung und Selbsthilfefähigkeit des Gemeinwesens betont.

Die aus dem Subsidiaritätsprinzip umgekehrt abzuleitende Fürsorgepflicht übergeordneter Instanzen findet ihre Konkretisierung in der staatlichen Verpflichtung zur Förderung der freien Träger.[16] Diese geht über eine rein auftragsbezogene Abgeltung der im Bundessozialhilfegesetz konkret bestimmten Leistungen hinaus.[17] Abgestuft nach dem jeweiligen Verantwortungsgrad des öffentlichen Trägers gilt sie vielmehr auch den »Leistungen freier Träger im Vorfeld öffentlicher Hilfen, die dazu beitragen, dass Pflichtleistungen des Staates gar nicht erst entstehen«.[18]

11 *Eichhorn (1995)*, S. 56.
12 § 17 Abs. 3 SGB I.
13 § 10 Abs. 4 Bundessozialhilfegesetz (BSHG) i.d.F. v. 23.03.1994 (BGBl. I, S. 646, 2975), z.g.d. das Vierte Gesetz zur Änderung des Elften Buches Sozialgesetzbuch (BGBl. I, S. 1656) bestimmt: »Wird die Hilfe im Einzelfalle durch die freie Wohlfahrtspflege gewährleistet, sollen die Träger der Sozialhilfe von der Durchführung eigener Maßnahmen absehen.« Der Hilfesuchende ist auf bestehende Angebote der Freien Wohlfahrtspflege hinzuweisen, vgl. § 8 Abs. 2 Satz 2 BSHG.
14 Vgl. § 11 Abs. 2 S. 3 und § 72 Abs. 3 S. 2 SGB XI, zur »Deprivilegierung« der Freien Wohlfahrtspflege und den Auswirkungen auf den deutschen Korporatismus siehe ergänzend *Backhaus-Maul (2000)*, S. 28 f.
15 Vgl. § 17 Abs. 3 SGB I.
16 Vgl. *Eichhorn (1995)*, S. 58.
17 Nach § 10 Abs. 3 BSHG sollen die Träger der Sozialhilfe die Wohlfahrtseinrichtungen in ihrer diesbezüglichen Tätigkeit »angemessen unterstützen«. Die bislang vorherrschende Kostenerstattung wird dabei allerdings zunehmend durch ein preisorientiertes Entgeltsystem abgelöst, vgl. *Allemeyer (1995)*, S. 3. Zur staatlichen Unterstützung müssen auch diejenigen steuerlichen Vergünstigungen gerechnet werden, welche sich aus der Abgabenordnung und den Folgevorschriften in einzelnen Steuergesetzen ergeben.
18 *Bundesarbeitsgemeinschaft (1985)*, S. 28.

II. Die europäische Position zur Wohlfahrtspflege in der Gemeinschaft

Die EU-Kommission hat sich seit 1989 in verschiedenen Mitteilungen mit der Freien Wohlfahrtspflege und vergleichbaren[19] sozialwirtschaftlichen Einrichtungen in den Mitgliedstaaten befasst; sie subsumiert diese unter dem Begriff der »Economie Sociale«.[20] Eine erste Mitteilung an den Rat über die »Unternehmen der Economie Sociale und die Schaffung des europäischen Marktes ohne Grenzen«[21] sowie zwei weitere Papiere der Kommission mit Vorschlägen für eine »Verordnung des Rates über das Statut des Europäischen Vereins« und für ein »Arbeitsprogramm (1994 bis 1996) der Gemeinschaft zugunsten von Genossenschaften, Gegenseitigkeitsgesellschaften, Vereinen und Stiftungen in der Gemeinschaft«[22] sind in Deutschland von den Verbänden wie auch von politischer Seite heftig kritisiert worden. Der Kommission wird demnach ein Vorstoß zur »Ökonomisierung sozialer Dienstleistungen« vorgeworfen, wodurch das »bewährte System der Finanzierung sozialer Arbeit über staatliche Zuwendungen« ebenso wie das »wichtige und unverzichtbare System der Gemeinnützigkeit« in Frage gestellt werde.[23]

Befürchtet wird, dass die europäische Integration im Bereich der Wohlfahrtspflege zu einem Wettbewerb sehr ungleicher Einrichtungen führt – unter anderem auch zum Nachteil der Freien Wohlfahrtspflege in Deutschland.[24] Nach dem deutschen Gemeinnützigkeitsrecht begründen die nicht-kommerzielle Verfolgung bestimmter gesellschaftlicher Ziele und eine dementsprechende Mittelverwendung die (steuerliche) Sonderstellung der Wohlfahrtseinrichtungen. Die von der Kommission verwandte Abgrenzung der Economie Sociale aber ist dem französischen Genossenschaftswesen entlehnt und »stellt auf bestimmte Rechtsformen ab«.[25] Sie führt zu einer Gleichsetzung von genossenschaftlichen Einrichtungen, die zum *gegenseitigen* Nutzen ihrer Mitglieder tätig werden, mit den gemeinnützigen Einrichtungen, die für einen nicht abgegrenzten Kreis hilfebedürftiger Dritter im allgemeinen oder im öffent-

19 Ein Ländervergleich der »Aufgaben, Finanzierungs- und Leistungsverantwortung« in der Wohlfahrtspflege findet sich bei *Eichhorn (1995)* sowie ausführlich bei *Eichhorn (1996a)* und *(1998a)*; für einen quantitativen Vergleich siehe ergänzend *Salamon/Anheier (1999)*.

20 Dort bezieht sich der Begriff zunächst nur auf Genossenschaften, Gegenseitigkeitsgesellschaften und Vereine, während Stiftungen erst in nachfolgenden Ausarbeitungen berücksichtigt werden.

21 *EU-Kommission (1989)*.

22 *EU-Kommission (1993)* und *(1995)*.

23 Vgl. Antrag der Abgeordneten Uwe Hiksch, [. . .] und der SPD-Fraktion: Freie Wohlfahrtsverbände erhalten, BTag-Drucks. 13/10881 v. 28.05.1998.

24 Vgl. *Eichhorn (1998b)*, S. 267.

25 *Benike (1996)*, S. 167.

lichen Interesse – eben zum *gemeinen* Nutzen – tätig werden.[26] Bestimmte Einrichtungen der deutschen Wohlfahrtspflege, beispielsweise die Gemeinnützige GmbH, lassen sich erst gar nicht in das Raster der Economie Sociale einordnen.[27]

Die nachdrücklichen Proteste der deutschen Seite führten im Jahr 1992 zur Aufnahme einer Erklärung der Regierungskonferenz »zur Zusammenarbeit mit den Wohlfahrtsverbänden« als Bestandteil des EU-Vertrags[28], in der betont wird, »dass zur Erreichung der im Artikel 117 EG-Vertrag [Maastrichter Fassung, d. V.] genannten Ziele die Zusammenarbeit der Europäischen Gemeinschaft mit den Verbänden der Wohlfahrtspflege und den Stiftungen als Trägern sozialer Einrichtungen von großer Bedeutung ist«[29]. Diese Position hat sich offenbar auch die EU-Kommission in ihrer Mitteilung »über die Förderung der Rolle gemeinnütziger Vereine und Stiftungen in Europa« aus dem Jahr 1997 zu Eigen gemacht.[30] Sie verbindet mit ihren Ausführungen die Zielsetzung, »sich ein besseres Bild dieses Sektors zu verschaffen und Probleme zu sichten, die in Angriff zu nehmen sind«, um im Dialog über die Rahmenbedingungen dieser Einrichtungen und Herausforderungen für deren weitere Arbeit »die Entwicklung dieses Sektors auf europäischer und nationaler Ebene zu begünstigen, ihn besser in die Lage zu versetzen, einen zukünftigen Bedarf zu decken, und seinen Beitrag zur Europäischen Integration zu maximieren« (S. 1). Die Schwierigkeiten einer europaweit anwendbaren Definition für die gemeinnützig tätigen Vereine konzidierend, orientiert sich die Abgrenzung der Kommission an sehr vagen Merkmalen. Die Vereine weisen danach einen »*gewissen* [. . .] *Grad an Formalität und Institutionalität*« auf, »*schütten keine Gewinne aus*, d.h. ihr Zweck besteht nicht darin, Gewinne für Führungskräfte oder Mitglieder zu erwirtschaften«, »sind *unabhängig*, insbesondere gegenüber *staatlichen Stellen und Behörden*«, werden »in einer Weise geführt [. . .], die »häufig als ›*uneigennützig*‹ bezeichnet wird«, und üben eine Tätigkeit aus, die »in gewissem Grade *in der Öffentlichkeit*« erfolgt und »zumindest teilweise auf das *Gemeinwohl* ausgerichtet« ist.[31] Stiftungen werden in diese Abgrenzung einbezogen, sofern sie Anliegen im öffentlichen

26 Vgl. *Münkner (1995)*, S. 42.
27 Vgl. *Benike (1996)*, S. 168.
28 Erklärung 23 zur Zusammenarbeit mit den Wohlfahrtsverbänden zum Vertrag über die Europäischen Union (EU-Vertrag) v. 07.02.1992 i.d.F. v. 02.10.1997 [1. Teil des sog. Amsterdamer Vertrags, d.V.].
29 Der genannte Art. 117 ist in Art. 136 der geltenden Amsterdamer Fassung des EG-Vertrags unter den Sozialvorschriften zu finden; vgl. Vertrag zur Gründung der Europäischen Gemeinschaft (EG-Vertrag) vom 07.02.1992, i.d.F. v. 02.10.1997 [2. Teil des sog. Amsterdamer Vertrags, d. V.].
30 *EU-Kommission (1997)*, siehe dazu auch *WSI (1997)*.
31 *EU-Kommission (1997)*, S. 2 (Hervorhebungen im Original).

Interesse verfolgen. Wegen ihrer jeweiligen Sonderstellung innerhalb des Gemeinwesens bleiben politische Parteien, Religionsgemeinschaften sowie Gewerkschaften und Arbeitgeberverbände bei der Betrachtung unberücksichtigt. Hinsichtlich der Zielsetzung der einzubeziehenden Einrichtungen werden darüber hinaus vier kennzeichnende Aufgabentypen genannt. Es sind dies (1) die Erbringung von Dienstleistungen der allgemeinen Daseinsvorsorge, (2) die Selbsthilfe oder die gegenseitige Hilfe, (3) die Interessenpropagierung oder Lobbyarbeit sowie (4) die Vermittlungs- und Koordinierungstätigkeit insbesondere zwischen dem Dritten Sektor und staatlichen Stellen (S. 2 f.).

Zum volkswirtschaftlichen Gewicht der gemeinnützigen Vereine und Stiftungen verweist die Kommission auf die dort angesammelten beträchtlichen Vermögenswerte[32] und auf die umfangreichen Humanressourcen (ehrenamtliche und bezahlte Mitarbeiter), mit welchen der Dritte Sektor einen erheblichen Beitrag zur Erstellung des Sozialprodukts leistet. Dabei wird nicht übersehen, dass »viele gemeinnützige Vereine und Stiftungen eine wirtschaftliche Tätigkeit im reinsten Sinne aus[üben]: Sie verkaufen Produkte, erbringen Dienstleistungen, für die sie bezahlt werden, und sie erzeugen Überschüsse, die sie dann reinvestieren« (S. 3).

Besondere Bedeutung wird den vom Dritten Sektor ausgehenden Beschäftigungsimpulsen zugemessen. Als Ursache dafür werden neben länderspezifischen Gegebenheiten die »Wahrnehmung neuer Bedürfnisse und die Entwicklung neuer sozialer Betätigungsfelder sowie vor allem die Neigung staatlicher Stellen, gemeinnützige Vereine und Stiftungen für die Erbringung von Dienstleistungen zu gewinnen, die diese Stellen ursprünglich selbst ins Leben gerufen und bereitgestellt haben« gesehen (S. 6). Auch Ausbildungs- und Umschulungsmaßnahmen, welche insbesondere für sogenannte benachteiligte Gruppen erbracht werden, und das Bemühen um eine (Re-)Integration von Arbeitslosen können demnach einen wirksamen Beitrag zur Unterstützung des Arbeitsmarktes leisten. Wegen ihrer Entdeckungs- und Experimentierfreudigkeit fördern sie die Bildung »künftiger sozialer und anderer Grundsätze« und schaffen »das politische, soziale und intellektuelle Klima, mit dem der Wandel als in größerem Maßstab notwendig erkannt wird« (S. 6). Mit Blick auf die nunmehr in Art. 17 EG-Vertrag (EGV) angestrebte Bildung eines Bewusstseins der Unionsbürgerschaft sieht sich die Kommission durch die Arbeit gemeinnütziger Vereine ebenso unterstützt, wie sie diesen eine

32 Nicht nur am Rande sei vermerkt, dass es verlässliche Angaben zu den erwähnten Vermögenswerten nicht gibt. Ein zugehöriger, regelmäßig vorzulegender Nachweis wäre dringend geboten. Zur mangelnden Datenlage in der Freien Wohlfahrtspflege siehe beispielsweise *Niedrig (1997)*, S. 20 f.

Mittlerrolle beim Informations- und Meinungsaustausch zwischen Staat und Bürger zuspricht.
Die von der Kommission demgegenüber festgestellten Mängel derartiger Leistungsträger sind im Wesentlichen organisatorischer Art. Um diese zu beheben, sei eine stärkere Unterstützung gemeinnütziger Einrichtungen in den Mitgliedsstaaten und auf Gemeinschaftsebene geboten. Die Organisationen des Dritten Sektors werden angehalten, vermehrt öffentliche Präsenz zu suchen, finanzielle Abhängigkeiten zu vermeiden und auf eine repräsentative Mitgliederstruktur zu achten. In eigener Sache verweist die Kommission ergänzend auf bereits eingeleitete Initiativen, etwa zur Schaffung eines Statuts des Europäischen Vereins (S. 12), durch das gemeinnützigen Einrichtungen auch in anderen Mitgliedsstaaten der Europäischen Union eine eigene Rechtspersönlichkeit verliehen und folglich auch eine grenzüberschreitende Tätigkeit eröffnet werden soll. Diese Zielsetzung gründet nicht zuletzt auf dem Umstand, dass solche grenzüberschreitenden Aktivitäten der gemeinnützigen Einrichtungen wegen der unterschiedlichen Rechtsverhältnisse in den einzelnen EU-Mitgliedsstaaten derzeit noch stark behindert werden (S. 15). Ferner will sich die Kommission um einen Dialog mit dem Dritten Sektor über das Europäische Sozialforum[33] und um eine Weiterentwicklung der Haushaltslinie[34] im EU-Etat zur Förderung der Zusammenarbeit mit den Wohlfahrtsverbänden bemühen (S. 15).
Vorausgesetzt wird dabei eine stärkere Partnerschaft zwischen den gemeinnützigen Vereinen und den staatlichen Stellen in den Mitgliedsstaaten (S. 13). Bezüglich des Vereins- und Stiftungsrechts sowie der zugehörigen steuerrechtlichen Behandlung fordert die EU-Kommission unter Hinweis auf die vorrangige einzelstaatliche Verantwortung eine erhöhte Rücksichtnahme auf die für diesen Sektor spezifischen Bedingungen, damit »das Potential des gemeinnützigen Sektors auf nationaler, regionaler und lokaler Ebene voll ausgeschöpft werden kann« (S. 13). Im Gegenzug dazu wird eine »Stärkung der öffentlichen Rechenschaftspflicht« durch die einzelnen Organisationen als zweckdienlich erachtet (S. 14).

33 In diesem Zusammenhang sei auf die jüngst stattgefundene Konferenz zum Thema »Wertigkeit und Wandel von Wohlfahrtsverbänden in Europa« des deutschen Familienministeriums und des Wirtschafts- und Sozialausschuss (WSA) am 17.12.1999 in Brüssel verwiesen. Dort wurde unter anderem über einen möglichen Beitrag der nationalen Wohlfahrtsverbände zu einem europäischen Sozialmodell diskutiert. Dabei ging es auch darum, »angemessene Rahmenbedingungen für den Wettbewerb bei sozialen Leistungen zu finden«, vgl. Bericht »Wertigkeit und Wandel von Wohlfahrtsverbänden in Europa«, in: CES info – Monatliche Veröffentlichung des Wirtschafts- und Sozialausschusses, Nr. 9 vom Dezember 1999, S. 3 f.
34 Haushaltslinie B3-4101 zur »Zusammenarbeit mit den Wohlfahrtsverbänden sowie den Nichtregierungsorganisationen und Verbänden für die Belange älterer Menschen«.

III. Perspektiven der deutschen Wohlfahrtspflege im Europäischen Binnenmarkt

Wenngleich die EU-Kommission in der zitierten Mitteilung eine nationale Regelungskompetenz bei der Rahmensetzung für die Einrichtungen der Economie Sociale betont, erscheint es fraglich, ob die derzeitige Stellung der Freien Wohlfahrtspflege in Deutschland als nationaler Sonderweg im Europäischen Binnenmarkt behauptet werden kann. Entgegenstehende Tendenzen ergeben sich etwa aus den Prinzipien der Wettbewerbsfreiheit in der Gemeinschaft, namentlich aus dem Diskriminierungsverbot (Art. 12 EGV), aus dem freien Warenverkehr (Art. 23 bis 31 EGV), aus der Freizügigkeit (Art. 39 bis 60 EGV) sowie vor allem aus dem Beihilfeverbot (Art. 87 bis 89 EGV). Artikel 86 EGV bekräftigt zudem – wenngleich mit Einschränkungen – die prinzipielle Gültigkeit letztgenannter Regelungen auch für solche »Unternehmen, die mit Dienstleistungen von allgemeinem wirtschaftlichem Interesse betraut sind«. Da der Europäische Gerichtshof bei der Auslegung des im EG-Vertrag nicht näher definierten Unternehmensbegriffs weder nach der Rechtsform noch nach der Art der Finanzierung unterscheidet, können darunter auch die Einrichtungen der Freien Wohlfahrtspflege subsumiert werden, selbst wenn sie einer im Binnenmarkt als »wirtschaftlich« angesehenen Tätigkeit tatsächlich ohne Gewinnerzielungsabsicht nachgehen.[35]

Nach Art. 87 Abs. 1 EGV sind staatliche Beihilfen grundsätzlich mit den Prinzipien des Gemeinsamen Marktes unvereinbar. Zu den als Beihilfe geltenden Begünstigungen müssen neben direkten Zuwendungen auch Steuerbefreiungen und wohl auch die Berechtigung zum Empfang steuerbegünstigter Spenden gerechnet werden.[36] Die Regelungs- und Kontrollkompetenz der Europäischen Kommission ist allerdings auf solche Beihilfen beschränkt, die sich auf den Wettbewerb und auf den Handel zwischen Mitgliedsstaaten auswirken. Sie bezieht sich folglich nur auf solche Begünstigte, die auf innergemeinschaftlichen Wettbewerbsmärkten tätig sind. Dieser Fall kann aber durchaus auch auf Organisationen ohne Erwerbscharakter zutreffen, sofern diese »Wirtschaftstätigkeiten nachgehen«.[37] Nur solange die Betätigungsfelder der Sozialwirtschaft national begrenzt sind, ist also eine Beanstandung beihilfeartiger Zuwendungen an die Einrichtungen der Freien Wohlfahrts-

35 Siehe ergänzend dazu den Beitrag von *Volkmar Götz* in diesem Band, S. 189-199 (m.w.N.).
36 Zur Maßgeblichkeit des europäischen Beihilfebegriffes in Bezug auf die verschiedenen Begünstigungstatbestände des deutschen Gemeinnützigkeitsrechts siehe ausführlich *Benike (1996)*, S. 169 ff.
37 *EU-Kommission (1999)*, S. 2.

pflege durch die EU-Kommission – wegen fehlender Zuständigkeit – nicht zu erwarten. In der Sache ist die Frage staatlicher Transferleistungen für die Einrichtungen der Freien Wohlfahrtspflege damit nicht entschieden: Zum einen wird der Ausbau des gemeinsamen Marktes vor den nationalen Grenzen dieser Bereiche kaum Halt machen. Zum anderen ist eine Anfechtung staatlicher Vorteilsgewährung auch auf nationaler Ebene möglich. So hat der Bundesfinanzhof eine Konkurrentenklage gegen die Steuerbefreiung gemeinnütziger Körperschaften für zulässig erklärt, sofern deren Tätigkeit einen Verstoß gegen das Gemeinnützigkeitsrecht vermuten lässt.[38]

Auch nach einer Öffnung der nationalen Sozialwirtschaften – und der damit eintretenden Zuständigkeit der europäischen Wettbewerbshüter – muss eine staatliche Förderung der Freien Wohlfahrtspflege nicht ausgeschlossen sein: Vorstellbar wäre die Einrichtung von Ausnahmeregelungen, wie sie derzeit für Regional- und Strukturförderungsmaßnahmen vorgesehen sind.[39] Erlaubt sind danach insbesondere auch »Beihilfen zur Förderung der wirtschaftlichen Entwicklung gewisser Wirtschaftszweige oder Wirtschaftsgebiete, soweit sie die Handelsbedingungen nicht in einer Weise verändern, die dem gemeinsamen Interesse zuwiderläuft«.[40] Die Zulässigkeitsprüfung derartiger Maßnahmen im Rahmen einer Freistellung vom Beihilfeverbot durch die EU-Kommission würde die Einrichtungen der Freien Wohlfahrtspflege dann allerdings auch den Bestimmungen der Transparenzrichtlinie[41] unterwerfen. Eine Rechnungslegung nach der Transparenzrichtlinie soll dabei sicherstellen, dass es nicht zu einer wettbewerbsschädlichen Quersubventionierung marktlicher Betätigungsfelder aus Zuschüssen für nicht-marktliche Leistungen kommt.

Eine Sonderstellung der Freien Wohlfahrtspflege könnte dann als europarechtlich unbedenklich angesehen werden, wenn diese nachhaltige und nachweisbare Besonderheiten aufweist, die im wettbewerblichen Kontext zwar nicht bestehen können, politisch aber erwünscht sind.[42] Für die formale Struktur mag eine derartige Ausnahmerolle bestritten werden.[43] Immer mehr werden die Einrichtungen der Freien Wohlfahrtspflege nach betriebswirtschaft-

38 Vgl. BFH-Urteil v. 15.10.1998, Az. IR 10/92.

39 Vgl. Art. 87, Abs. 2 u. 3 EG-Vertrag.

40 Art. 87 Abs. 3 c EG-Vertrag.

41 Richtlinie 80/723/EWG der Kommission v. 25.06.1980 über die Transparenz der finanziellen Beziehungen zwischen Mitgliedstaaten und den öffentlichen Unternehmen i.d.F. v. 03.01.1994 (ABl. L 001, S. 457). Eine Novellierung der – bislang nur für die öffentlichen Unternehmen geltenden – Transparenzrichtlinie ist derzeit in Arbeit, vgl. dazu den Beitrag von Karl Soukup in diesem Band, S. 93-98.

42 Vgl. *Klug (1995)*, S. 39 f.

43 Vgl. *Badelt (1993)*, S. 143.

lichen Regeln geführt, wie sie auch bei kommerziellen Anbietern praktiziert werden. Die Auflagen des Gemeinnützigkeitsrechts hinsichtlich der Rücklagenbildung aus Überschüssen, die Beschränkung der Mitarbeiterentlohnung auf das Niveau des Bundesangestelltentarifs durch das sogenannte Besserstellungsverbot[44] und die in der Nichtausschüttbarkeit von Gewinnen liegenden Schwierigkeiten bei der Beschaffung von Eigenkapital erweisen sich aus betriebswirtschaftlicher Sicht als Entwicklungshemmnisse. Längst haben die Wohlfahrtsunternehmen darauf mit einer schrittweisen »›Flucht‹ in privatrechtliche Organisationsformen« und die Ausgliederung »von Teilleistungen eines Betriebes wie Wäsche- oder Hausreinigung bis hin zur Essensversorgung«[45] reagiert. Wenn das Resultat eines derartigen Prozesses schließlich eine klare Trennung wirtschaftlich selbsttragender Betriebe von nicht-wettbewerbsgeeigneten Einrichtungen hervorbrächte, wäre eine Sonderstellung letzterer kein wettbewerbsrechtliches Problem mehr, sondern allenfalls eine Frage der staatlichen Kassenlage.[46]

Vor dem Hintergrund der prinzipiellen Niederlassungs- und Dienstleistungsfreiheit sowie des Diskriminierungsverbotes wird auch die erlaubte Förderung nicht-wettbewerblicher Bereiche unter Anpassungsdruck geraten. Sofern der Staat nicht – wie in Schweden geschehen – die Aufgaben der Wohlfahrtspflege praktisch gänzlich an sich reißt[47] und eine Förderung damit obsolet wird, werden entsprechende Einrichtungen anderer EU-Mitgliedsländer von den deutschen Regelungen des steuerlichen Gemeinnützigkeitsrechts im Allgemeinen und den Zuwendungen an die Freie Wohlfahrtspflege im Besonderen zukünftig kaum ausgeschlossen bleiben können, sofern sie hier tätig werden. Angesichts bestehender Überkapazitäten mögen auch deutsche Wohlfahrtsunternehmen daran interessiert sein, sich in anderen EU-Mitgliedstaaten betätigen und niederlassen zu dürfen. Nicht zuletzt liegt eine grenzüberschreitende Inanspruchnahme sozialer Dienstleistungen auch im Interesse der Leistungsadressaten. Eine derartige Stärkung der Konsumentensouveränität im Bereich der sozialen Dienstleistungen würde zugleich dem Mangel an Kontrolle und Qualitätsselektion entgegenwirken, welcher im »Sozialhilferechtlichen Dreiecksverhältnis« der finanzierenden Kostenträger, produzierenden Sozialunternehmen und konsumierenden Anspruchsberechtigten[48] beklagt

44 Vgl. *Meyer (1999)*, S. 75.
45 *Trube/Wohlfahrt (2000)*, S. 44 f.
46 Allerdings konstatieren *Backhaus-Maul/Olk (1995)*, S. 43, »in der faktischen Förderpolitik auf Landes- und Kommunalebene in den neuen Bundesländern bereits [im Jahr 1995] eine Auflösung dieser politischen Prioritätensetzung«, siehe dazu auch *Wohlfahrt (1997)*, S. 8.
47 Vgl. *Horgby/Wittkau-Horgby (1998)*.
48 *Meyer (1999)*, S. 102 ff.

wird, soweit auch für die zuschussbedürftigen nicht-marktgängigen Hilfsleistungen anreizkompatible Marktmechanismen geschaffen werden (können).[49]

IV. Fazit

Die Verbände wehren sich gegen einen Eingriff in das deutsche Wohlfahrtssystem und ein Überstülpen europäischer Rahmenbedingungen, welche den Besonderheiten der Freien Wohlfahrtspflege nicht gerecht werden. Die Verknüpfung nicht-marktlicher mit marktlichen Leistungen wird von den Trägern der Wohlfahrtspflege als prinzipiell unverzichtbar angesehen, um den zur Verfolgung ihrer Zwecke notwendigen Handlungsspielraum jenseits tagespolitischer Zwänge zu sichern. Eine Reduktion der Tätigkeitsfelder auf staatlicherseits mehr oder weniger direkt alimentierte Leistungen im nicht-marktlichen Auftragsbereich könnte demgegenüber zu einem faktischen Verlust der staatlich garantierten Unabhängigkeit führen.[50] Auch die EU-Kommission erkennt die inhaltliche und finanzielle Eigenständigkeit als maßgeblich für die Innovationskraft und wohlfahrtsstiftende Rolle der gemeinnützigen Einrichtungen im Sozialsektor an. Doch die Vorstellungen der EU-Kommission zur Zukunft der Freien Wohlfahrtspflege im europäischen Binnenmarkt sind bislang vage. Die notwendigen Schritte zu einer sachdienlichen Lösung auf der europäischen Ebene lassen den Beteiligten daher noch Zeit zur »Mitgestaltung«[51] und zur Anpassung an den Integrationsprozess. Anpassungskosten einer überstürzten Deregulierung, beispielsweise im Fall unerwünschter Qualitätsverschlechterungen oder bei einem Vertrauensverlust seitens der Leistungsempfänger, wenn die sachbezogene Aufgabenerfüllung hinter Rentabilitätsvorgaben zurückstehen muss, können so vermieden werden. Die notwendige Neuorientierung hat – nicht zuletzt auch aus fiskalischen Gründen – sowohl in der nationalen Gesetzgebung als auch bei den Wohlfahrtsunternehmen indes längst begonnen. Wenn der Dritte Sektor vor diesem Hintergrund eine Entwicklungsperspektive im europäischen Binnenmarkt haben soll, ist es erforderlich, dass er seine intermediäre Sonderrolle im Bereich zwischen

49 Vgl. *Wohlfahrt (1997)*, S. 5.
50 So weist *Wohlfahrt (1997)* darauf hin, dass verbandliche Bemühungen, durch politisches »Wohlverhalten finanzielle Ressourcen sicherstellen zu können«, den »Spagat zwischen Anwalts- und Dienstleitungsfunktion«, also die Mittlerfunktion der Wohlfahrtsverbände, aus dem Gleichgewicht zu bringen droht; zu derartigen »Fehlsteuerungen« vgl. auch Eichhorn (1996c), S. 212.
51 *Eichhorn (1998b)*, S. 271.

Staat und Markt institutionell klarer abgrenzt[52] und transparenter gestaltet, als das bisher der Fall ist.[53] Nur so können sich die Einrichtungen der Freien Wohlfahrtspflege gegenüber der europäischen Wettbewerbsaufsicht – wie auch gegenüber der Öffentlichkeit – auf Dauer legitimieren und ihren Status behaupten, soweit dieser letztlich als unverzichtbar nachgewiesen werden kann.

Literaturverzeichnis

Allemeyer (1995): Jürgen Allemeyer, Freie Wohlfahrt und Markt – Bedrohung oder Chance?, in: Theorie und Praxis der sozialen Arbeit, H. 1/1995, S. 2 ff.

Backhaus-Maul (2000): Holger Backhaus-Maul, Wohlfahrtsverbände als korporative Akteure – Über traditionsreiche sozialpolitische Institutionen und ihre Zukunftschancen, in: Aus Politik und Zeitgeschichte, Beilage 26-27 zur Wochenzeitung Das Parlament v. 23.06.2000.

Backhaus-Maul/Olk (1995): Holger Backhaus-Maul u. Thomas Olk, Von Subsidiarität zu »outcontracting«: Zum Wandel der Beziehungen zwischen Staat und Wohlfahrtsverbänden in der Sozialpolitik, Berlin.

Badelt (1993): Christoph Badelt, Soziale Dienste und Wirtschaftlichkeit, in: H. Effinger u. D. Luthe (Hrsg.), Sozialmärkte und Management. Herausforderungen bei der Produktion Sozialer Leistungen im Intermediären Bereich, Bremen, S. 143 ff.

Benike (1996): Christoph Benike, Die Bedeutung des EG-Rechts für gemeinnützige Einrichtungen, in: Europäische Zeitschrift für Wirtschaftsrecht, H. 6/1996, S. 165 ff.

Bundesarbeitsgemeinschaft (1985): Bundesarbeitsgemeinschaft der Freien Wohlfahrtspflege (Hrsg.), Die Spitzenverbände der Freien Wohlfahrtspflege – Aufgaben und Finanzierung, Freiburg i. Br.

Dickertmann/Piel (1995): Dietrich Dickertmann u. Viktor Wilpert Piel: Informationsbedarf auf dem Spendenmarkt, in: Wirtschaftsdienst, H. 1/1995, S. 49 ff.

Didicher (1987): Walter Didicher, Sozialpolitische Perspektiven und freie Träger, Konstanz.

Eichhorn (1995): Peter Eichhorn, Überlebenschancen der Unternehmen der Freien Wohlfahrtspflege im europäischen Binnenmarkt, in: Theorie und Praxis der sozialen Arbeit, 46. Jg., S. 55 ff.

Eichhorn (1996a): Peter Eichhorn, Freie Wohlfahrtsunternehmen im Wandel, in: *Peter Eichhorn (1996b).*

Eichhorn (1996b): Peter Eichhorn (Hrsg.), Freie Wohlfahrtspflege in Europa aus betriebswirtschaftlicher Sicht I, Länderstudien Frankreich Großbritannien und Italien, Baden-Baden.

52 Vgl. *Manderscheid (1998)*, S. 39.

53 Dies dient nicht zuletzt der Spendenbereitschaft in der Öffentlichkeit, vgl. *Dickertmann/Piel (1995)*.

Eichhorn (1996c): Peter Eichhorn, Freie Wohlfahrtspflege auf der Suche nach Corporate Identity, in: H. Puschmann (Hrsg.), Not sehen und handeln. Caritas: Aufgaben, Herausforderungen und Perspektiven, S. 208 ff.

Eichhorn (1998a): Peter Eichhorn (Hrsg.), Freie Wohlfahrtspflege in Europa aus betriebswirtschaftlicher Sicht II, Länderstudien Niederlande, Österreich, Schweden und Spanien, Baden-Baden.

Eichhorn (1998b): Peter Eichhorn, Auswirkungen der Harmonisierung des europäischen Marktes im Bereich der freien Wohlfahrtspflege, in: Caritas – Zeitschrift für Caritasarbeit und Caritaswissenschaft, H. 6/1998, S. 266 ff.

EU-Kommission (1989): Europäische Kommission, Mitteilung an den Rat über die Unternehmen der Economie Sociale und die Schaffung des Europäischen Marktes, [SEK (89) 2187].

EU-Kommission (1993): Europäische Kommission, Vorschlag für eine Verordnung des Rates über das Statut des Europäischen Vereins, [KOM (93) 252 – SYN 386].

EU-Kommission (1995): Europäische Kommission, Vorschlag für einen Beschluss des Rates über ein mehrjähriges Arbeitsprogramm (1994 bis 1996) der Gemeinschaft zugunsten von Genossenschaften, Gegenseitigkeitsgesellschaften, Vereinen und Stiftungen in der Gemeinschaft, [KOM (95) 253].

EU-Kommission (1996): Europäische Kommission, Mitteilung der Kommission über die Leistungen der Daseinsvorsorge in Europa, [KOM (96) 443].

EU-Kommission (1997): Europäische Kommission, Mitteilung der Kommission über die Förderung der Rolle gemeinnütziger Vereine und Stiftungen in Europa, [KOM (97) 241].

EU-Kommission (1999): Europäische Kommission, Vademecum – Gemeinschaftsvorschriften über staatliche Beihilfen, Luxemburg.

Flierl (1992): Hans Flierl, Freie und öffentliche Wohlfahrtspflege – Aufbau, Finanzierung, Geschichte, Verbände, 2. Aufl., München.

Goll (1991): Eberhard Goll, Die freie Wohlfahrtspflege als eigener Wirtschaftssektor – Theorie und Empirie ihrer Verbände und Einrichtungen, Baden-Baden.

Horgby/Wittkau-Horgby (1998): Per-Johan Horgby u. Annette Wittkau-Horgby, Das Beispiel Schweden – Freie Wohlfahrtspflege in einem dominanten Wohlfahrtsstaat, in: Soziale Sicherheit, H. 2/1998, S. 57 ff.

Klug (1995): Wolfgang Klug, Mehr Markt in die Freie Wohlfahrt?, in: Aus Politik und Zeitgeschichte, Beilage 25-26 zur Wochenzeitung Das Parlament v. 16.06.1995.

Meyer (1999): Dirk Meyer, Wettbewerbliche Neuorientierung der Freien Wohlfahrtspflege, Berlin.

Manderscheid (1998): Hejo Manderscheid, Freie Wohlfahrtspflege im Aufbruch?! Ein Beitrag aus der kommunalen Perspektive, in: B. Maelicke (Hrsg.), Freie Wohlfahrtspflege im Übergang zum 21. Jahrhundert, Baden-Baden, S. 25 ff.

Münkner (1995): Economie Sociale aus deutscher Sicht, Marburg.

Niedrig (1997): Heinz Niedrig, Daten und Tendenzen der Freien Wohlfahrtspflege, in: Theorie und Praxis der sozialen Arbeit, H. 12/1997, S. 20 f.

Reichard (1988): Christoph Reichard, Der Dritte Sektor – Entstehung, Funktion und Problematik von »Nonprofit-Organisationen« aus verwaltungswissenschaftlicher Sicht, in: Die öffentliche Verwaltung, 41. Jg., S. 363 ff.

Salamon/Anheier (1999): Lester M. Salamon, Helmut K. Anheier u. Mitarbeiter, Der Dritte Sektor: Aktuelle internationale Trends – Eine Zusammenfassung, The Johns Hopkins Comparative Nonprofit Sectior Project, Phase II, Gütersloh.

Schaad (1995): Martina Schaad, Nonprofit-Organisationen in der ökonomischen Theorie – Eine Analyse der Entwicklung und der Handlungsmotivation der Freien Wohlfahrtspflege, Wiesbaden.

Trube/Wohlfahrt (2000): Achim Trube u. Norbert Wohlfahrt, Privatisierung und Ausgliederung sozialer Dienste – Qualitätskriterien für einen verantwortungsbewussten Umgang, in: Theorie und Praxis der Sozialen Arbeit, H. 2/2000, S. 455 ff.

WSA (1997): Wirtschafts- und Sozialausschuss, Stellungnahme zum Thema »Zusammenarbeit mit den Wohlfahrtsverbänden als Wirtschafts- und Sozialpartner im sozialen Bereich« (SOZ/339) v. 10.12.1997.

Wohlfahrt (1997): Norbert Wohlfahrt, Mehr Wettbewerb – Folgen für freie Träger und ihre sozialen Dienste, in: Theorie und Praxis der sozialen Arbeit, H. 8/1997, S. 5 ff.

Viertes Kapitel:

Übersicht über die europäische Wettbewerbsrechtsprechung

Volkmar Götz

Die Öffnung der Märkte für Leistungen der öffentlichen Versorgung in der Rechtsprechung des Europäischen Gerichtshofs

I. Die Quintessenz der Rechtsprechung

Die Quintessenz der Rechtsprechung des Europäischen Gerichtshofs (EuGH) zur Öffnung der Märkte für Leistungen der öffentlichen Versorgung (»Liberalisierung«) kann auch auf knappem Raum mitgeteilt werden: Während der EuGH den in die Form europäischer Rechtsetzungsakte umgesetzten politischen Entscheidungen der Europäischen Kommission, des Rates und des Parlaments zur Marktöffnung nicht in den Arm fällt, zögert er, die Marktöffnung mit den Mitteln der Interpretation und Anwendung primärrechtlicher Bestimmungen über Binnenmarkt und Wettbewerb selbst zu fordern, solange es an Akten der Gemeinschaftspolitik in der Form von Sekundärrecht fehlt. Den ersten Teil dieser Feststellung wird man in jedem Falle als erwartungsgemäß ansehen müssen. Die Liberalisierung des Energie-, Post- und Telekommunikationssektors erfolgt, im Sinne einer »Doppelstrategie«[1], zum Teil durch Binnenmarktrichtlinien, also politisch durch Übereinstimmung von Kommission, Rat und Parlament; zum Teil – und zwar vor allem im Telekommunikationssektor[2], nicht dagegen im Energiesektor – erfolgt sie in der bisherigen Praxis auch durch Entscheidungen und Richtlinien der Kommission auf der Grundlage von Art. 86 Abs. 3 (ex-Art. 90 Abs. 3) EGV. Bei der Ausübung ihrer supranationalen Kompetenz nach ex-Art. 90 Abs. 3 EGV ist die Kommission mehrfach in Konflikte mit einzelnen Mitgliedstaaten geraten, aus denen sie vor dem EuGH aber durchweg mit Erfolg hervorging.[3] Betrachten wir den zweiten Teil der obigen Feststellung: Solange es an Liberalisierungsmaßnahmen in der Form verbindlicher Setzung von Sekundärrecht fehlt, erkennt der

1 *Ehlermann (1992)*, S. 690; *Lecheler/Gundel (1998)*, S. 94.
2 Die Praxis der Anwendung des Art. 86 Abs. 3 (ex-Art. 90 Abs. 3) EGV wird umfassend dokumentiert bei *Dohms (1999)*, § 35 Rn. 538 ff.; *Hochbaum (1999)*, S. 1799 ff.
3 S.u. zu II.2.

EuGH die Möglichkeit an, Versorgungsmonopole nach den Kriterien des Art. 86 Abs. 2 (ex-Art. 90 Abs. 2) EGV zu rechtfertigen. Diese mit dem Urteil vom 19. Mai 1993 in der Sache *Corbeau*[4] (belgisches Postmonopol) eingeleitete Rechtsprechungslinie wurde im Urteil vom 27. April 1994 in der Sache *Almelo*[5] (Einfuhr- und Belieferungsmonopol eines niederländischen Elektrizitätsversorgers) fortgeführt und erreichte einen Höhepunkt mit den Urteilen vom 23. Oktober 1997[6], mit welchen der EuGH die von der Kommission erhobenen Vertragsverletzungsklagen gegen die Niederlande, Frankreich, Spanien und Italien wegen der Einräumung von Ein- und Ausfuhrmonopolen für Elektrizität (sowie gegen Frankreich wegen entsprechender Monopole für Erdgas) abwies. War auch diese Rechtsprechung erwartungsgemäß? Nach der publizistischen Reaktion in Deutschland[7] war sie es anscheinend nicht. Die Urteile vom 23. Oktober 1997 durften allerdings nicht als gegen die Liberalisierung der Energiewirtschaft gerichtet missverstanden werden. Indem der EuGH die gegen die Elektrizitätseinfuhrmonopole gerichteten Vertragsverletzungsklagen abwies, verwies er im Ergebnis die Liberalisierung auf den Weg der politischen Entscheidung durch die Binnenmarktgesetzgebung. Zugleich verwies er aber mit seinen Urteilen auch die Rahmen setzende Entscheidung darüber, ob und in welchem Ausmaß gemeinwohlorientierte Leistungen in die Aufgaben der Elektrizitätsversorgungsunternehmen aufgenommen werden dürfen, in die gleichen politischen Entscheidungen der Gemeinschaftsorgane. Die Kommission hat am 11. September 1996 die Mitteilung »Leistungen der Daseinsvorsorge in Europa«[8] vorgelegt. In diesem politischen Dokument[9] bekennt sie sich zu einem »gleichgewichteten Verhältnis« zwischen den Binnenmarkterfordernissen der Freizügigkeit, der wirtschaftlichen Effizienz und Dynamik sowie des Wettbewerbs einerseits und der Berücksichtigung von Gemeinwohlzielen wie Versorgungssicherheit, Umweltschutz, Raumordnung und Verbraucherinteressen andererseits. Hätte der EuGH in den Urteilen vom 23. Oktober 1997 die für die Einfuhrmonopole vorgebrachten Rechtfertigungsgründe streng auf »Erforderlichkeit« überprüft, so hätte dies möglicherweise als Präjudiz gegen die Zulässigkeit einer Politik des Gleichgewichts zwischen Markt und Berücksichtigung von Gemeinwohlzielen gedeutet wer-

4 Rs. C-320/91, Slg. 1993, I-2533.
5 Rs. C-393-92, Slg. 1994, I-1477.
6 Rs. C-157/94, Slg. 1997, I-5699; Kommission/Niederlande, Rs. C 158/94, Slg. 1997, I-5789, Kommission/Italien, Rs. C-159/94, Slg. 1997, I-5815, Kommission/Frankreich, Rs. 160/94, Slg. 1997, I-5851, Kommission/Spanien.
7 Vgl. *Rapp-Jung (1994); Baur (1995); Schaub/Dohms (1998); Lecheler/Gundel (1998); Ehricke (1998); Baur (1999)*.
8 KOM(96) 443 endg.
9 *Dohms (1999)*, S. 1155. Siehe auch *Mestmäcker (1997)*, Bd. 2, S. 1576.

den können. Der EuGH hat es nicht nur vermieden, die »Erforderlichkeit« selbst und strikt zu überprüfen. Er hat außerdem betont, dass die Berufung auf (ex-)Art. 90 Abs. 2 EGV nur erfordert, dass die Anwendung der Vertragsvorschriften die Erfüllung der den Unternehmen auferlegten Verpflichtungen tatsächlich oder rechtlich gefährden würde, nicht dagegen, dass das Überleben des Unternehmens bedroht sei. Art. 86 Abs. 2 (ex-Art. 90 Abs. 2) EGV hat sich in den EuGH-Fällen *Corbeau, Almelo* und Ein- und Ausfuhrmonopole für Elektrizität als ein Schutzschild erwiesen, mit dem die Versorgungsmonopole gegen Wettbewerber oder Vertragsverletzungsklagen der Kommission mit Aussicht auf Erfolg verteidigt wurden. Die mit dem Vertrag von Amsterdam geschaffene neuartige institutionelle Garantie der »Dienste von allgemeinem wirtschaftlichem Interesse« (Art. 16 EGV) – keine deutsche Erfindung! – hat den Schutz tendenziell verstärkt. Art. 86 Abs. 2 EGV greift aber nur ein, wenn einem Unternehmen durch einen Hoheitsakt auferlegt wird, bestimmte gemeinwohlorientierte Dienstleistungen von allgemeinem wirtschaftlichem Interesse zu erbringen.[10] Fehlt es an diesen Voraussetzungen und scheitert infolgedessen eine Rechtfertigung von Versorgungsmonopolen nach Art. 86 Abs. 2 EGV, so bedeutet dies nicht, dass Monopole »automatisch« unzulässig sind. Dies ergibt sich aus Art. 86 Abs. 1 (ex-Art. 90 Abs. 1) EGV. Denn in dieser Bestimmung wird die Existenz ausschließlicher oder besonderer Rechte vorausgesetzt. Der EG-Vertrag behandelt die Monopole und die Systeme ausschließlicher Rechte als »an sich« rechtmäßig[11], unterwirft sie aber durch die in Art. 86 Abs. 1 EGV enthaltene Verweisung auf die Grundfreiheiten (Warenverkehrs-, Dienstleistungs- und Niederlassungsfreiheit) sowie das Verbot missbräuchlicher Ausnutzung einer Markt beherrschenden Stellung verschärften Rechtfertigungszwängen und Kontrollen[12], denen sie im Ergebnis nur in den seltensten Fällen standhalten könnten. Dieses Resümee wird man – ohne hier in Einzelheiten zu gehen – aus der Rechtsprechung des EuGH zu ex-Art. 90 Abs. 1 EGV ziehen müssen. Sie wurde in einer Reihe von Entscheidungen zu verschiedenen Erscheinungsformen des Fernsehmonopols entwickelt: Während die Ausgangsentscheidung *Sacchi* (1974)[13] noch die grundsätzliche Zulässigkeit von Ausschließlichkeitsrechten hervorhob, hat die darauf folgende Rechtsprechung[14] die Betonung auf die Erfordernisse

10 Vgl. *Mestmäcker (1997)*, Bd. 2, S. 1567 ff.; *Dohms (1999)*, Rn. 284 ff.
11 GA Tesauro, Schlussanträge in der Rs. Frankreich/Kommission, C-202/88, Slg. 1991, I-1223, 1247 (Rn. 24). Vgl. *Mestmäcker (1997)*, Bd. 2, S. 1548 f.
12 Vgl. *Mestmäcker (1997)*, Bd. 2, S. 1547 ff.; *Dohms (1999)*, Rn. 53 ff.
13 EuGH, Urt. v. 30.04.1974, Rs. 155/73, Slg. 1974, 409.
14 Vgl. EuGH, Urt. v. 18.06.1991, Rs. C-260/89, Slg. 1991, I-2925 – ERT; Urt. v. 25.07.1991, Rs. C-288/89, Slg. 1991, I-4007 – Gouda; Urt. v. 25.07.1991, Rs. C-353/89, Slg. 1991, I-4069 – Kommission/Niederlande (»Mediawet«).

des freien Dienstleistungsverkehrs und das Verbot des Missbrauchs der Markt beherrschenden Stellung gelegt.

II. Marktöffnung durch Sekundärrecht

1. Binnenmarktrichtlinien

Die Binnenmarktgesetzgebung zur Liberalisierung des Energie-, Post- und Telekommunikationssektors ist bisher noch nicht auf den Prüfstand des EuGH gelangt, nicht zuletzt wohl deshalb, weil sie im Rat einstimmig verabschiedet wurde, obwohl Beschlussfassungen mit qualifizierter Mehrheit rechtlich möglich gewesen wären. Von *Jürgen Baur*[15] wurde dem Gemeinschaftsgesetzgeber die Regelungskompetenz für die Liberalisierung der Energiemärkte nach Art. 95 EGV (ex-Art. 100 a) bestritten: Im Hinblick auf die wettbewerbsrechtlichen Zielsetzungen habe eine Kompetenz nur nach Art. 83 EGV (ex-Art. 87), im Übrigen allenfalls nach Art. 308 EGV (ex-Art. 235) bestanden. Es ist indessen nicht damit zur rechnen, dass diese Einwände die Reformen ernsthaft ins Wanken bringen könnten. Die Monopolstrukturen beruhen überwiegend auf staatlichen Akten oder werden von solchen legalisiert. Dies sind staatliche Akte, die im Hinblick auf die grenzüberschreitenden Effekte der Monopole im Binnenmarkt als Maßnahmen mit gleicher Wirkung wie mengenmäßige Einfuhrbeschränkungen (Art. 28 EGV [ex-Art. 30]) eingestuft werden. Umso weniger kann bezweifelt werden, dass die Liberalisierung eine Maßnahme ist, die das Funktionieren des Binnenmarktes zum Gegenstand hat (Art. 95 Abs. 1 EGV [ex-Art. 100 a]).
Nicht abschließend geklärt ist das Verhältnis zwischen den in die Binnenmarktrichtlinien aufgenommenen Vorbehalts- oder Freistellungsklauseln, welche den Staaten eröffnen, den Marktzugang im Hinblick auf auferlegte gemeinwirtschaftliche Verpflichtungen einzuschränken, zu Art. 86 Abs. 2 (ex-Art. 90 Abs. 2) EGV. Sind jene Klauseln[16] abschließend[17], oder eröffnet Art. 86 Abs. 2 EGV auch im harmonisierten Binnenmarkt Rechtfertigungsmöglichkeiten gemeinwohllegitimierter Marktzutrittsbeschränkungen[18]? In

15 *Baur (1997)*.
16 Vgl. *Tettinger (1999)*, S. 50.
17 *Baur (1999)*, S. 88.
18 *Schaub/Dohms (1998)*, S. 574 (Berufung auf Art. 90 Abs. 2 EGV möglich, aber im Prinzip irrelevant).

der Sache *Air Inter* gegen Kommission[19] wurde diese Frage für den durch die VO (EWG) Nr. 2408/92 vom 23. Juli 1992[20] liberalisierten Zugang von Luftfahrtunternehmen zu Strecken des innergemeinschaftlichen Flugverkehrs ausgetragen. Während die Kommission den in jene Verordnung aufgenommenen Vorbehalt zugunsten gemeinwirtschaftlicher Verpflichtungen für abschließend und Art. 90 Abs. 2 EWGV daher für unanwendbar hielt, nahm das EuG (Gericht erster Instanz) die von der Klägerin – die durch Entscheidung der Kommission ihr Monopol für Flüge Paris (Orly)-Toulouse und Paris (Orly)-Marseille verloren hatte – gewünschte Prüfung einer Rechtfertigung nach Art. 90 Abs. 2 EWGV vor, im Ergebnis freilich für die Klägerin ohne Erfolg.

2. Richtlinien der Kommission nach Art. 86 Abs. 3 EGV

Die »Überwachungsaufgabe«[21] der Kommission nach Art. 86 Abs. 3 EGV (ex-Art. 90 Abs. 3) bezieht sich nach dem eindeutigen Wortlaut der Vorschrift auf sämtliche in Art. 86 EGV getroffenen Regelungen: sowohl auf die den Staaten in Abs. 1 in Bezug auf öffentliche Unternehmen sowie auf Unternehmen, denen sie besondere oder ausschließliche Rechte gewähren, auferlegte Pflicht zur Einhaltung der Wettbewerbsvorschriften, als auch auf die in Abs. 2 vorgesehene Rechtfertigung und Ausnahme zugunsten der Unternehmen, die mit Dienstleistungen von allgemeinem wirtschaftlichem Interesse betraut sind oder den Charakter des Finanzmonopols haben. Die Kommission kann ihre Überwachungsaufgabe mit Entscheidungen und Richtlinien erfüllen. Dies ist in größerem Umfang geschehen in Bezug auf Art. 86 Abs. 1 (ex-Art. 90 Abs. 1) EGV, nicht jedoch in Bezug auf die Ausnahmeregelung für gemeinwirtschaftliche Dienstleistungen nach Abs. 2 und die Einhaltung der bei Inanspruchnahme der Ausnahme den Mitgliedstaaten gezogenen Grenzen. Die Kommission hatte bisher darauf verzichtet, Richtlinien oder Entscheidungen speziell zu ex-Art. 90 Abs. 2 EGV zu erlassen.[22] Dies bedeutet jedoch keineswegs, dass die Rechtfertigung von Ausnahmen nach Art. 86 Abs. 2 EGV (ex-Art. 90 Abs. 2) für die auf Art. 86 Abs. 3 EGV (ex-Art. 90 Abs. 3) in Verbindung mit Abs. 1 gestützte Marktöffnungspraxis keine Rolle spielt. Vielmehr bleibt den Staaten gegenüber den Maßnahmen der Kommission die auf Abs. 2 gestützte Rechtfertigung grundsätzlich erhalten. In der Richtlinie 88/301/

19 EuG, Urt. v. 19.06.1997, Rs. T-260/94, Slg. 1997, II-997. Vgl. Chérot (1998).
20 ABl. L 240/8.
21 EuGH, Urt. v. 06.07.1982, Rs. 188-190/80, Slg. 1982, 2545, 2575 – Frankreich, Italien, VK gegen Kommission (*Transparenzrichtlinie*).
22 *Dohms (1999)*, Rn. 454.

EWG über den Wettbewerb auf dem Markt für Telekommunikations-Endgeräte vom 16. Mai 1988[23], welche die Aufhebung ausschließlicher oder besonderer Rechte vorschrieb, hatte die Kommission zur Begründung u.a. ausgeführt, dass die Voraussetzungen für eine Ausnahme gemäß Art. 90 Abs. 2 EWGV nicht erfüllt seien. Der EuGH erwähnte in seinem Urteil vom 19. März 1991[24] diese Begründung und wies darauf hin, dass weder die klagende französische Regierung noch die Streithelfer ihr widersprochen hätten; den Rahmen des Rechtsstreits bildeten daher nur die Absätze 1 und 3 des Art. 90 EWGV. Die Nichtigkeitsklage Frankreichs gegen die Markt öffnende Richtlinie über Telekommunikations-Endgeräte blieb im Wesentlichen erfolglos. Die Kommission durfte die Aufhebung ausschließlicher Rechte betreffend die Einfuhr, den Vertrieb, die Einrichtung, Inbetriebsetzung und Wartung von Telekommunikations-Endgeräten verlangen. In der grundlegenden Entscheidung vom 6. Juli 1982[25], welche die Nichtigkeitsklage Frankreichs, Italiens und des Vereinigten Königreichs gegen die auf Art. 90 Abs. 3 EWGV gestützte Transparenzrichtlinie abwies, hatte der EuGH den Rahmen abgesteckt, den die Kommission in Erfüllung ihrer »Überwachungsaufgabe« einzuhalten hat: Der Kommission wurde es zwar versagt, die relevanten gesetzlichen Begriffe (öffentliches Unternehmen; Beihilfe) verbindlich zu interpretieren und zu definieren (dieses Vorrecht musste der EuGH selbstverständlich für sich reservieren), aber zugleich wurde der Kommission hinsichtlich der Festlegung dessen, was zur Umsetzung (des Art. 90 Abs. 1 EWGV) erforderlich war, ein Ermessen zugestanden. Auch wenn man dieses Ermessen sicherlich als »weit« anzuerkennen haben wird, sollte es allerdings, soweit es sich in Maßnahmen der Kommission niederschlägt, von dem »Aufgreifermessen« unterschieden werden, dessen Weite das Gericht erster Instanz[26] (aus Anlass von Konkurrentenklagen) mehrfach hervorgehoben hat.
Mit der am 29. Dezember 1999 im Entwurf vorgelegten Änderungsrichtlinie zur Transparenzrichtlinie[27] weitet die Kommission die Kontrolle der finanziellen Beziehungen zwischen den Mitgliedstaaten und den öffentlichen Unternehmen auf die Beziehungen der Mitgliedstaaten zu allen Unternehmen aus, denen ausschließliche oder besondere Rechte nach Art. 86 Abs. 1 EGV

23 ABl. L 131/76. Zu ihrer Auslegung s. EuGH, Urt. v. 27.10.1993, Rs. C-46/90, C-93/91, Slg. 1993, I-5267 – Lagauche; Urt. v. 27.10.1993, Rs. C-92-91, Slg. 1993, I-5383 – Taillandier.
24 Rs. C-202/88, Slg. 1991, I-1223 – Frankreich/Kommission.
25 Siehe FN 21.
26 EuG, Urt. v. 27.10.1994, Rs. T-32/93, Slg. 1994, II-1015 – Ladbroke I; EuG, B. v. 23.1.1995, Rs. T-84/94, Slg. 1995, II-101 – Bundesverband der Bilanzbuchhalter/Kommission; EuG, Urt. v. 27.02.1997, Rs. T-106/95; Slg. 1997, II-229 – FFSA/Kommission (*La Poste I*).
27 ABl. C 377/2 v. 29.12.1999.

gewährt wurden oder die nach Art. 86 Abs. 2 EGV mit gemeinwohlorientierten Dienstleistungen betraut sind. Damit wird erstmals eine Transparenz-Kontrolle speziell auch für die unter Art. 86 Abs. 2 EGV fallenden Unternehmen eingeführt, gleichviel, ob diese öffentliche oder private Unternehmen sind. Die neue Kontrollmaßnahme besteht in einer Verpflichtung zur getrennten Buchführung für die verschiedenen Geschäftsbereiche. Die operativen Konten sind künftig nach Geschäftsfeldern getrennt zu führen. Damit soll erreicht werden, dass Kosten und Erlöse für Produkte und Dienstleistungen des gemeinwohlorientierten Geschäftsfeldes gegenüber dem Bereich getrennt ausgewiesen werden, der den normalen Regeln des Wettbewerbs unterliegt. Unternehmen, denen in einem »offenen, transparenten nichtdiskriminierenden« Verfahren besondere oder ausschließliche Rechte übertragen wurden oder die mit der Erbringung gemeinwohlorientierter Dienstleistungen betraut wurden, sind von der Verpflichtung zur getrennten Buchführung befreit, ebenso solche Unternehmen, deren Umsatz unter einer bestimmten Schwelle (40 Mio. EUR) liegt.

III. Grenzen einer auf Primärrecht gestützten Marktöffnungsforderung

In seinen Schlussanträgen in der Sache *Almelo*[28] bezeichnete Generalanwalt *Darmon*[29] das Urteil in der Sache *Corbeau*[30] als Wendepunkt in der Auslegung des Art. 90 Abs. 2 EGV durch den Gerichtshof: Während die frühere Rechtsprechung die Mitgliedstaaten daran erinnert habe, was ihnen auf dem Gebiet der ausschließlichen Rechte verboten sei, werde jetzt angegeben, was sie tun dürften. In *Corbeau* ging es um die Erstreckung des Monopols der belgischen Post über den Universaldienst hinaus auf einen sog. Expressdienst. Während der Universaldienst unproblematisch die Qualität einer Dienstleistung »von *allgemeinem* wirtschaftlichem Interesse« für sich beanspruchen konnte, erkannte der EuGH – und auch dies war unstreitig – dass es sich bei dem Expressdienst um eine Dienstleistung handelte, die lediglich den *besonderen* Bedürfnissen von Wirtschaftsteilnehmern entsprach. Gleichwohl sah der EuGH es für möglich an, den Ausschluss des Wettbewerbs auf diesem

28 Siehe FN 5.
29 EuGH, Slg. 1994, I-1501.
30 Siehe FN 4.

Markt nach (ex-)Art. 90 Abs. 2 EGV als gerechtfertigt anzusehen. Die Voraussetzungen dafür werden negativ formuliert: Die Rechtfertigung scheitere, wenn bei Zulassung von Wettbewerb das »wirtschaftliche Gleichgewicht der vom Inhaber des ausschließlichen Rechts übernommenen Dienstleistung von allgemeinem wirtschaftlichem Interesse« – hier also des Universalpostdienstes – nicht in Frage gestellt werde. Der EuGH stellt darauf ab, dass das Unternehmen, das Dienstleistungen von allgemeinem wirtschaftlichem Interesse erbringe, die Möglichkeit haben müsse, diese Aufgabe unter »wirtschaftlich ausgewogenen Bedingungen« zu erfüllen und daher einen Ausgleich zwischen rentablen und weniger rentablen Tätigkeitsbereichen durchzuführen. Die hiernach denkbare zulässige Erstreckung des Monopols von den Dienstleistungen im allgemeinen wirtschaftlichen Interesse auf einen benachbarten Markt hat Kritik hervorgerufen, die darin eine Abweichung von der bisherigen Rechtsprechung erblickt.[31] In einigen früheren Urteilen[32] war in der Tat eine Erstreckung der auf Art. 90 Abs. 2 EWGV gestützten Ausnahme auf einen den im allgemeinen wirtschaftlichen Interesse erbrachten Dienstleistungen benachbarten Markt nicht angenommen worden. Andererseits hatte aber diese frühere Rechtsprechung auch nicht ausgeschlossen, dass, sofern eine Gefährdung der übertragenen Aufgabe nachweislich vorliegt, dies die Ausdehnung des Monopols auf einen benachbarten Bereich rechtfertigen könne. In der Entscheidung *»British Telecom«* wird diese Möglichkeit sogar ausdrücklich angedeutet.[33] Die *Corbeau*-Entscheidung ist daher nicht als Bruch mit der bisherigen Rechtsprechung zu bewerten, wohl aber als bedeutsame Stärkung der Position des mit der Erbringung von gemeinwohlorientierten Dienstleistungen beauftragten Unternehmens. Die Zuerkennung eines Anspruchs, die Dienstleistung »unter wirtschaftlich ausgewogenen Bedingungen sicherzustellen« und die Anerkennung des Spartenausgleichs sind die Eckwerte dieser gestärkten Position. In dem die französische Post betreffenden Beschluss *FFSA* gegen Kommission[34] zog der EuGH (als Rechtsmittelgericht) in Übereinstimmung mit dem EuG Konsequenzen aus der *Corbeau*-Entscheidung für die Beihilfenaufsicht: Die Gewährung von Steuervergünstigungen hält sich im Rahmen von ex-Art. 90 Abs. 2 EGV, wenn sie nur die Mehrkosten aufgrund des öffentlichen Versorgungsauftrags ausgleicht; unter dieser Voraussetzung ist die Steuervergünstigung selbst dann unbedenklich, wenn das den Universaldienst erbringende Unternehmen auf einem benach-

31 *Dohms (1999)*, S. 1136 f.

32 EuGH, Urt. v. 20.03.1985, Rs. 41/83, Slg. 1985, 873 – Italien/Kommission (*»British Telecom«*), Urt. v. 13.12.1991, Rs. C-18/88, Slg. 1991, I-5941 – RTT/GB-Inno-BM SA.

33 Slg. 1985, 873, 888.

34 EuGH, B. v. 25.03.1998, Rs. C-174-97 P, Slg. 1998, I-1303 – FFSA/Kommission.

barten Markt (Versicherungsdienstleistungen) in Wettbewerb mit anderen Unternehmen steht.
Die Urteile in der Sache *Almelo* und zu den Energie-Einfuhrmonopolen[35] bewegen sich in der durch *Corbeau* eingeschlagenen Richtung. Die besondere Problematik von *Corbeau*, der Übergriff des Monopols in den der gemeinwohl orientierten Dienstleistung benachbarten Markt, stellte sich hier allerdings nicht. Das Urteil *Almelo* erkannte das in den Niederlanden bestehende, durch wettbewerbsausschließende Vereinbarungen begründete Elektrizitäts-Versorgungsmonopol als Anwendungsfall des (ex-)Art. 90 Abs. 2 EGV an. Die Beurteilung der Frage, ob das mit dem Monopol verbundene Verbot der Einfuhr *erforderlich* ist, um die Erfüllung der im allgemeinen Interesse liegenden Aufgabe zu sichern, wurde aber dem nationalen Richter überlassen. Dies war möglich, weil *Almelo* auf dem Vorabentscheidungsersuchen eines niederländischen Gerichtes beruhte. In den von der Kommission gegen die Niederlande, Italien, Frankreich und Spanien wegen des Elektrizitäts-Einfuhrmonopols angestrengten Verfahren wegen Vertragsverletzung war dieser Ausweg verschlossen. Der EuGH musste selbst über die *Erforderlichkeit* des Monopols entscheiden. Er hat sich dieser Aufgabe so unterzogen, wie dies mit den Mitteln, über die der Gerichtshof verfügt, nur möglich war: Weder durch eine Einschätzung mit Hilfe von Sachverständigen, noch durch die Überlassung der Einschätzung an eine der beiden Seiten, die Kommission oder den beklagten Mitgliedstaat, sondern indem er den Ausgang des Streites von der Qualität des Vorbringens der Parteien im Prozess abhängig machte. In diesem unterlag die Kommission, weil sie, nachdem die Niederlande die Notwendigkeit ihres Monopols schlüssig dargelegt hatten, nicht den Gegenbeweis angetreten und auch das nach ihrer Behauptung verletzte Gemeinschaftsinteresse nicht »definiert« hatte.

IV. Der nichtwirtschaftliche und hoheitliche Sektor

Weder die Binnenmarktkompetenzen noch das Wettbewerbsrecht der Gemeinschaft sind auf diejenigen Sektoren der Daseinsvorsorge und der öffentlichen Verwaltung anwendbar, die nicht als wirtschaftliche Tätigkeit von »Unternehmen«, sondern als »nichtwirtschaftliche Tätigkeit« oder »Erfüllung hoheitlicher Aufgaben« anzusehen sind. Darüber besteht kein Streit. Aber wie

35 Siehe FN 6.

ist dieser Sektor von demjenigen der Erbringung von Versorgungsleistungen von (allgemeinem) wirtschaftlichem Interesse im konkreten Fall abzugrenzen? Die Kommission nennt in ihrem Dokument über die Leistungen der Daseinsvorsorge in Europa[36] als Beispiel für nichtwirtschaftliche Tätigkeiten das Pflichtschulwesen und die soziale Sicherheit, als Beispiel für hoheitliche Aufgaben, »bei denen es um die Ausübung von Staatsgewalt geht«, die Sicherheit, Justiz, auswärtige Beziehungen und das Standesamt. Die Grenzziehung zwischen nichtwirtschaftlichen und hoheitlichen Tätigkeiten einerseits und den Versorgungsleistungen wirtschaftlicher Natur andererseits muss juristisch durch den Begriff des »Unternehmens«[37] geleistet werden, wie ihn die Regelungen des europäischen Wettbewerbsrechtes verwenden. In dem Urteil zum deutschen Arbeitsvermittlungsmonopol bekräftigte der EuGH[38] den von ihm vertretenen funktionellen Unternehmensbegriff, wonach Unternehmen »jede eine wirtschaftliche Tätigkeit ausübende Einheit, unabhängig von ihrer Rechtsform und der Art ihrer Finanzierung« ist. Der EuGH sah die Arbeitsvermittlung als »wirtschaftliche Tätigkeit« an – mit dem Ergebnis, dass die Bundesanstalt für Arbeit zum »Unternehmen« wurde und ihre Vermittlungstätigkeit dem Wettbewerbsrecht unterlag. Die Entscheidung des EuGH bedeutet, dass dieser nicht auf die konkrete Art der Aufgabenerfüllung durch den Mitgliedstaat abstellt. Die Aufgabenerfüllung durch die BfA war nämlich eindeutig die einer Leistungsverwaltung, die ohne Gewinnerzielungsabsicht arbeitete und ihre Leistungen nicht gegen Entgelt anbot, sondern durch allgemeine Beiträge der Arbeitgeber und Arbeitnehmer finanzierte. Indem der EuGH sich demgegenüber mit dem Argument begnügte, die Arbeitsvermittlung werde nicht immer (d.h. nicht überall) und nicht notwendig von öffentlichen Einrichtungen betrieben, machte er deutlich, dass es ihm für die Abgrenzung zwischen Unternehmens- und nichtwirtschaftlicher Tätigkeit darauf ankommt, die Grenzlinie europaweit möglichst einheitlich zu ziehen, den Staaten also keinen oder nur wenig Gestaltungsspielraum zu lassen. In den Unternehmensbereich fällt hiernach die Arbeitsvermittlung[39], nicht dagegen die Tätigkeit von Krankenkassen als Sozialversicherungsträger mit Pflichtmitgliedschaft[40] und die als »typisch hoheitlich« vom EuGH[41] eingestufte Überwachungstätigkeit eines staatlich beauftragten Unternehmens zur Bekämpfung der Umweltverschmutzung in einem Erdölhafen.

36 Siehe FN 8.
37 *Bala (1997)*, S. 7 ff.; *Emmerich (1997)*, S. 127 ff.; *Dohms (1999)*, S. 1039 ff.
38 EuGH, Urt. v. 23.4.1991, Rs. C-41/90, Slg. 1991, I-1979 – Höfner u. Elsner/Macotron.
39 Bestätigt im Urt. v. 11.12.1997, Rs. 55/96, Slg. 1997, I-7119 – Job Centre (Italien).
40 EuGH, Urt. v. 17.02.1993, Rs. C-159, 160/91, Slg. 1993, I-637 – Poucet.
41 EuGH, Urt. v. 18.03.1997, Rs. C-343/95, Slg. 1997, I-1547 – Servizi Ecologici porto di Genova.

Bala (1997): Andreas Bala, Art. 90 Abs. 2 EGV im System unverfälschten Wettbewerbs, Diss. iur., Münster.

Baur (1995): Jürgen Baur, Der Vertrag über die Europäische Gemeinschaft und die ausschließliche Zuständigkeit von Unternehmen zur Versorgung mit Energie, in: Marcus Lutter, Jürgen Schwarze u. Ole Due (Hrsg.), Festschrift für Ulrich Everling, Bd. 1, Baden-Baden, S. 69.

Baur/Friauf (1997): Jürgen Baur u. Karl Heinrich Friauf, Energierechtsreform zwischen Europarecht und kommunaler Selbstverwaltung, Baden-Baden.

Baur (1999): Jürgen Baur, Art. 90 Abs. 2 EGV und die Binnenmarktrichtlinien für Strom und Gas, in: Recht der Energiewirtschaft, Jg. 1999, S. 85.

Chérot (1998): Jean-Yves Chérot, L'article 90, paragraphe 2, du Traité CE après les arrêts de la Cour de justice des Communautés européennes du 23 octobre 1997 sur les monopoles d'importation d'électricité, in: Revue française d'administration publique, Jg. 1998, S. 135.

Dohms (1999): Rüdiger Dohms, Unternehmen nach Art. 90 EG-Vertrag (Art. 86 n. F.), in: Gerhard Wiedemann, Handbuch des Kartellrechts, München, S. 1034 ff.

Ehlermann (1992): Claus-Dieter Ehlermann, EG-Binnenmarkt für die Energiewirtschaft, in: Europäische Zeitschrift für Wirtschaftsrecht, Jg. 1992, S. 689.

Ehricke (1998): Ulrich Ehricke, Zur Konzeption von Art. 37 I und Art. 90 II EGV, in: Europäische Zeitschrift für Wirtschaftsrecht, Jg. 1998, S. 741.

Emmerich (1997): Volker Emmerich, Art. 85 Abs. 1 EGV, in: Ulrich Immenga u. Ernst-Joachim Mestmäcker, EG-Wettbewerbsrecht, Kommentar, Bd. 1, München.

Hochbaum (1999): Ingo F. Hochbaum, Artikel 90, in: Hans v. d. Groeben, Jochen Thiesing u. Claus-Dieter Ehlermann, Kommentar z. EU-/EG-Vertrag, 5. Aufl., Baden-Baden.

Lecheler/Gundel (1998): Helmut Lecheler u. Jörg Gundel, Die Rolle von Art. 90 Abs. 2 und 3 EGV in einem liberalisierten Energiemarkt – Zur Bedeutung der EuGH-Entscheidungen vom 23.10.1997 für die Zukunft, in: Recht der Energiewirtschaft, Jg. 1998, S. 92.

Mestmäcker (1997): Ernst-Joachim Mestmäcker, in: Ulrich Immenga u. Ernst-Joachim Mestmäcker, EG-Wettbewerbsrecht, 2 Bde., München.

Rapp-Jung (1994): Barbara Rapp-Jung, Der Energiesektor zwischen Markt und öffentlicher Aufgabe, in: Europäische Zeitschrift für Wirtschaftsrecht, Jg. 1994, S. 464.

Schaub/Dohms (1998): Alexander Schaub u. Rüdiger Dohms, Der wettbewerbliche Binnenmarkt für Strom und Gas, in: Die Aktiengesellschaft, Jg. 1998, S. 566.

Tettinger (1999): Peter J. Tettinger, Für die Versorgungswirtschaft bedeutsame Entwicklungslinien im primären Gemeinschaftsrecht, in: Recht der Energiewirtschaft, Jg. 1999, S. 45.

Autorenverzeichnis

Prof. Dr. *Gerold Ambrosius*, Universität/GH Siegen, Fachbereich 1, Adolf-Reichwein-Straße 2, 57068 Siegen

Dr. *Achim-Rüdiger Börner*, Rechtsanwalt, Bernhard-Feilchenfeld-Straße 11, 50969 Köln

Prof. Dr. *Günther E. Braun*, Universität der Bundeswehr München, Fakultät für Wirtschaft- und Organisationswissenschaften, Institut für Betriebswirtschaftslehre des öffentlichen Bereichs und Gesundheitswesens, Werner-Heisenberg-Weg 39, 85579 Neubiberg

Prof. Dr. *Helmut Brede*, Universität Göttingen, Institut für Rechnungs- und Prüfungswesen privater und öffentlicher Betriebe, Platz der Göttinger Sieben 3, 37073 Göttingen

Prof. Dr. *Helmut Cox*, Gerhard Mercator Universität Gesamthochschule Duisburg, Lehrstuhl für Volkswirtschaftlehre im Fachbereich Wirtschaftswissenschaften, Lotharstraße 65, 47057 Duisburg

Ulrich Cronauge, Vereinigung der kommunalen Entsorgungswirtschaft im Verband kommunaler Unternehmen, Brohler Straße 13, 50968 Köln

Prof. Dr. Dr. h.c. *Peter Eichhorn*, Universität Mannheim, Lehrstuhl für Allgemeine Betriebswirtschaftslehre, öffentliche Verwaltung und öffentliche Unternehmen, insbesondere Krankenhauswesen, L 5,4 am Schloß, 68131 Mannheim

Prof. Dr. *Volkmar Götz*, Universität Göttingen, Institut für Völkerrecht, Abteilung Europarecht, Platz der Göttinger Sieben 5, 37073 Göttingen

Ralf Gruneberg, Vereinigung der kommunalen Entsorgungswirtschaft im Verband kommunaler Unternehmen, Brohler Straße 13, 50968 Köln

Prof. Dr. *Jens Harms*, Hessischer Rechnungshof, Eschollbrücker Straße 27, 64295 Darmstadt

Prof. Dr. Dr. h.c. *Helmut W. Jenkis*, Krebsgasse 9A, 30823 Garbsen (Universität Dortmund)

Dr. *Ulrich Kirchhoff*, Landesbank Hessen-Thüringen, 60313 Frankfurt/M.

Dr. *Thomas Muthesius,* Verband Deutscher Verkehrsunternehmen, Kamekestraße 37-39, 50672 Köln

Prof. Dr. Dres. h.c. *Karl Oettle*, Sandstraße 11, 82110 Germering-Unterpfaffenhofen (Universität München)

Dipl.-Volksw. *Viktor Wilpert Piel*, Universität Trier, Fachbereich IV: Wirtschafts- und Sozialwissenschaften/Mathematik/Informatik, 54286 Trier

Prof. Dr. *Günter Püttner*, Universität Tübingen, Juristische Fakultät, Wilhelmstraße 7, 72074 Tübingen

Dr. *Sabine Schulte-Beckhausen,* Verband kommunaler Unternehmen e.V., Brohler Straße 13, 50968 Köln

Dr. *Karl Soukup*, Europäische Kommission, Generaldirektion Wettbewerb, Rue de la Loi 200, 1049 Bruxelles (Belgien)